原来，可以这样读和教
——初中语文经典篇目文本解读及教学设计

主　编：管德欣　刘东升

副主编：吴永红　熊兴旺

编　委：（排名不分先后）

陈红春	何海燕	何　琪	胡晓怡
胡　茵	李　婧	李心伟	林兰晖
林清惠	林　瑜	刘思斯	唐翠桃
王翠华	吴　婕	吴志海	谢蕴芬
杨洁莹	杨诗影	余文菁	赵　璇
郑艺韵	朱红妹		

Wuhan University Press
武汉大学出版社

图书在版编目（CIP）数据

原来，可以这样读和教：初中语文经典篇目文本解读及教学设计/管德欣，刘东升主编.—武汉：武汉大学出版社，2023.9

ISBN 978-7-307-23842-8

Ⅰ.原… Ⅱ.①管… ②刘… Ⅲ.中学语文课—教学研究—初中 Ⅳ.G633.302

中国国家版本馆CIP数据核字（2023）第116794号

责任编辑：周媛媛　冯红彩　责任校对：牟　丹　版式设计：文豪设计

出版发行：**武汉大学出版社**　　（430072　武昌　珞珈山）

（电子邮箱：cbs22@whu.edu.cn 网址：www.wdp.com.cn）

印刷：三河市京兰印务有限公司

开本：710×1000　1/16　　印张：15　　字数：245千字

版次：2023年9月第1版　　2023年9月第1次印刷

ISBN 978-7-307-23842-8　　定价：68.00元

序

阅读和阅读教学是两码事，恰如自己做菜和教孩子做菜。

自己做菜轻松自在，但其实是在熟练至自动化程度地活用着各类知识和能力，形成了"左右逢源"的做菜素养。其中有"是什么"知识，如锅碗瓢盆、荤素搭配、柴米油盐……有"为什么"知识，如为什么要吃猪肉，为什么要吃西蓝花，为什么要喝汤……有"怎么做"知识，如煎一条鱼的程序，炖一只鸡的步骤……按照安德森广义知识的分类，做菜其实需要陈述性知识、程序性知识、策略性知识和元认知知识。

这些知识一开始我们并未接触，在若干年前被我们的长辈手把手地教授给我们，我们由"门外汉"到逐渐接触，进而跌跌撞撞地反复习练，渐渐习以为常并烂熟于心，经过日复一日的反复训练，达到肌肉记忆的熟练程度之后，终于"运用之妙，存乎一心"，可以出神入化地使用而浑然不觉了。没有人一边做菜一边喃喃自语，因为这些做菜所必备的各类知识经过万千遍的反复习练，已经烂熟于心，信手拈来了。

教孩子做菜则费事得多。

第一次进厨房的孩子对做菜的知识基本上是零起点。因此，必须教授"是什么"，还要讲清楚"为什么"，这样他们才不会常常打破砂锅问到底。此外，还必须连讲带示范地明确"怎么做"，手把手地教他们做菜的方法和步骤。弄清楚这三层知识之后，鉴于语文学科"实践性"的特点，还得创造机会、搭建平台，让孩子一遍又一遍地练习，如此才能让孩子逐步掌握要诀，具备做菜技能。当然，最好让孩子掌握"一鱼多味"式的一材多用，同样一条鱼用多种烹制方法，为的不仅是自己享用起来美味无穷，还要为来自不同地区、具有不同口味需求的客人作准备。

与此同理，阅读是成熟的社会公民出于各自目的的自由社会文化活动，或者出于工作需要，或者基于搜寻资料，或者为了娱乐消遣，或者源自自我提升。目的不同，阅读的方式和重点各异。由于阅读能力素养的差异，公民的阅读效率当然千差万别。

学校阅读教学的目的不止于"读懂"，而在于"读懂"各类文本之后的"会读"。因为阅读教学是语文教学的重要内容，重在以众多范例的阅读为例子，教会学生掌握阅读不同类型文本的规律和方法，实现"读懂一例，会读一类"。阅读教学不仅要弄清楚文本"写了什么""为什么写"等言语内容方面的要点，还应当花大力气搞清楚"怎么写的""为什么这样写"等言语形式方面的要义。

为此，教师要做先行而内行的阅读者，做"春江水暖鸭先知"的先试者，先跳进文本畅游一番，以专业的眼光发现文本里有些什么，当然是抛开所有参考资料和固有印象的"素读"。阅读讲究深入浅出，厚积薄发。教师不必将自己的阅读所得都分享给学生，而要紧扣语文课程标准的要求，结合学段教材体系的特点，尤其要综合考虑单元教材、教师用书的要求和学情实际，从丰富厚重的文本解读信息中，挑选在有限的课时内学生能掌握的合适的学习内容，力求"一课一得，得得相连"。

从这个意义上来说，文本解读是语文教师的核心竞争力，直接决定着他所能给予学生的启发、引领和指导，决定着他阅读教学的高度、广度和深度。因而，凡是优秀语文教育工作者无不重视文本解读。

任何一篇课文都是特殊的，它不仅具备作者写作时特定的社会价值，还因被编入特殊的教学单元而具备了教学价值，由于教学时间、师生精力所限还具有核心教学价值。任何一篇课文的教学都不是天马行空、随心所欲的，因为它既然被编入某个单元，位列单元中的某个位置，就必定承担着凸显单元核心教学任务的重任。正如特级教师郑朝晖所言，单元教学恰似"形散而神不散"的散文，单元内每篇课文都有其独特的个性，但都必须指向单元人文主题和语文要素。

对于语文教师而言，语文教材里的篇目是非常特殊的，因为它们已经不仅仅是普通的作品，它们的背后有作家、编者、学生、教师、读者这些不同的身份角色。面对这些不一般的作品，语文教师如何施展拳脚？

管德欣老师撰写的这本专著是深耕一线二十余年的基层语文教师用实际行动对上述问题的回答，是对初中语文阅读教学的实践探索。全书以统编版初中语文教材中的经典篇目和推荐名著为解读对象，进行文本解读，设计教学活动，从"教什么"和"怎么教"两个维度，尝试为阅读教学提供更多案例呈现和理念印证。

管老师不愧为岭南初中语文名师队伍中的佼佼者。多年对国家通用语言文字运用的潜心钻研，使他养成了咬文嚼字的良好习惯，执着于用语文的方式解决语文的问题，从一篇篇教授多年的经典课文的字里行间不断发现语言文字的音韵美、节奏美、情感美和意蕴美。

品读史铁生的《秋天的怀念》，"带出温暖永远在背后""纵使啰嗦始终关注""不懂珍惜太内疚""教我坚毅望着前路""春风化雨暖透我心"，发人深省；解析茅盾的《白杨礼赞》，于兴趣盎然中注意美，于反复诵读中感知美，于遣词炼句中鉴赏美，催人奋进；解读郑振铎的《猫》，既有三只猫视角中的"我们"，又有三妹视角中的三只猫，还有"我"视角中的死亡悲剧，多维分析的方法启人心智；联读登高诗，既见观照自我的得志与失志，又有观照他方的思亲与怀远；感受苏轼的《定风波》，体验其突破苦难的三重境界，即初遇风雨的宽慰接受，乐在途中的从容欣赏，蓦然回首的豁达释然；以不同视角审读莫泊桑的《我的叔叔于勒》，聚焦于勒的放纵不羁终落魄，审视菲利普夫妇被社会浸染终市侩，展望约瑟夫的人性之光终救赎，全新解读令人大开眼界；从情节突变、处境暗变、人物多变、"变"与主题等维度全面审读《范进中举》，启发读者全面看待文本；关于《骆驼祥子》"无根之树"的毁灭历程的剖析，解析祥子从生机勃勃的树、风雨打击下的树到被彻底毁灭的树的堕落过程，让人惊叹于作者的奇思妙想；关于《水浒传》英雄战力比较的思考，战斗力最强的是哪些人，宋江为何能坐上第一把交椅，读《水浒传》给我们带来什么启示，让读者由表及里，读有所获。

基于对文本的深刻而独到的解读，管德欣老师总能深入浅出地设计拾级而上的教学环节，帮助学生打开思路，在一篇篇课文的深度解析中探寻阅读规律，掌握文本解读的基本方式，由阅读的"门外汉"逐渐成长为内行的阅读者，为将来的工作、学习和生活奠定坚实的基础。

与管德欣结识十余年，他给我最深的印象是既有宏观的视域，又有微观的精细。他给我展示的他所引领的南海实验中学语文团队复习的方案，既有三年一盘棋的清晰布局，又有阶段性复习的科学规划，更有精确到每一天、每个时段的具体复习细节，真正完美落实了"方向正确"与"夯实细节"的语文常规教学与复习备考策略。

与这样的专业同行交流，幸莫大焉！

能接受重托为其首部专著作序，幸甚至哉！

是为序。

周华章

癸卯年劳动节前夜作于凤山水岸叠云轩

目　录

1　秋天的怀念

以歌为媒，春风化雨

当我读《秋天的怀念》，透过史铁生看似平淡宁静的文字，为母亲的隐忍和深情而感动，为儿子永不愈合的沉痛而哀伤时，手机音乐正好切换到 Beyond 的《真的爱你》。歌词随着悠扬的音乐飘到我耳边，"无法可修饰的一对手，带出温暖永远在背后，纵使啰嗦始终关注，不懂珍惜太内疚，沉醉于音阶她不赞赏，母亲的爱却永未退让，决心冲开心中挣扎，亲恩终可报答，春风化雨暖透我的心，一生眷顾无言地送赠……"这一刻，我仿佛听到两颗心碰撞的声音。

音乐传递了一种情感：在儿子绝望之时，母亲用春风化雨般的温柔默默支持儿子；在《秋天的怀念》中，作者也让我们看到了在绝望的儿子背后默默注视的母亲。在面对母爱这一普遍而深厚的命题时，这两部不同年代、不同体裁的作品传达了相似的情感内核。既然如此，我们为何不能将歌曲与文学文本结合起来呢？笔者在此以歌曲为媒介，将歌词与散文结合起来，感受母爱的春风化雨，体会作者的内疚，看到作者的成长。

一、"带出温暖永远在背后"

21，这个数字对史铁生而言意味着噩梦的开始：在一个最是狂妄的年纪，在一个最是绚烂的年纪，他失去了双腿，同时也失去了对抗世界的勇气。21，这个数字对母亲而言，是生命倒计时的开始，也是抗争命运的开始：她不仅要与病魔抗争，还要与正值青壮年的儿子的自暴自弃抗争。这种抗争体现在母亲于背后默默注视着儿子，她要用自己的温暖化解儿子的暴怒，正如歌词所言——"带出温暖永远在背后"。

面对无常的命运给儿子带来的伤痛绝望，母亲深深地理解，却无能为力，唯有用沉默的陪伴消解儿子的痛苦。当儿子发泄内心的愤恨与不满时，母亲做了什么——

"母亲就悄悄地躲出去。"

"她又悄悄地进来。"

两次"悄悄地"可以看出母亲极致的细致温柔。当儿子陷入狂躁不安的状态时，母亲用沉默的离去、沉默的回来给他释放的空间。她理解自己的儿子，也心疼自己的儿子，但这种疼惜不能表现在儿子面前，敏感的儿子会觉得怜爱等同于强调自己与常人的不同，这种疼惜只会撕开儿子还未愈合的伤口。母亲只能通过"悄悄"的方式，将自己对儿子的关切隐藏起来，无声动作的背后是一个母亲的温暖。

当母亲躲出去后，她做了什么？她依然做了一个无声的动作：偷偷地听着儿子的动静。母亲理解儿子，但放心不下儿子，满心的牵挂与担忧凝结到"偷偷地听"这个动作中。母亲给儿子发泄的出口，但害怕儿子在失去理智的情况下伤害自己，只能在背后偷听儿子的动静。躲在背后的母亲，让我们感动。

除了躲在背后关注儿子的动态，母亲还做了什么？她躲在儿子看不到的地方偷偷地哭。儿子可以光明正大地表达对命运不公的愤怒，母亲却只能在背后无声地舔舐伤口；儿子可以光明正大地哭泣，母亲却只能在背后小声啜泣。母亲的心在滴血，却将千疮百孔的心掩藏起来，我们只能通过母亲发红的眼边儿窥见母亲脆弱无奈的心理，窥见一个母亲对儿子的心疼与无奈。

"后来妹妹告诉我，她常常肝疼得整宿整宿翻来覆去地睡不了觉。"在无数个不眠夜晚，母亲翻来覆去睡不着。母亲活在一个怎样的世界中？生命所剩无几，经常要忍受肝疼的折磨，在那些与死神擦肩而过的夜晚，在无数个作者不知道的夜晚，母亲一夜无眠。难以入睡仅仅是因为身体上病痛的折磨吗？不，还有内心的煎熬。儿子的一蹶不振紧紧揪住母亲的心，在一个个无眠的夜晚，母亲牵挂着儿子，怕自己支撑不到儿子振作的那一天。死神的钟声已经敲响，母亲的内心愈加焦灼，她怎能睡得着？在作者看不到的地方，母亲终于可以不用压制对儿子的担忧。

在儿子看不见的背后，母亲已不是最初的母亲，她连最心爱的花都无力侍弄，将全部心思都放在双腿残疾的儿子身上。永远在背后的母亲，用无声的行为默默温暖作者的心，这与歌词的意境有异曲同工之处。

二、"纵使啰嗦始终关注"

语言是表达内心感受的情感密码。在《秋天的怀念》一文中，史铁生借助母亲的语言来表达对朴素母爱的赞扬。从全文来看，母亲的话语出现次数不多，但每一次出现都在关键之处，质朴的语言是情感的自然流露，是母亲对儿子时时刻刻的关注。

儿子将自己封闭在房间里，也将内心禁锢在绝望状态中，不肯踏出一步。而母亲却总是对儿子说，想推他去北海走走，看看开放的花朵。文中出现的虚词"总"抓住了笔者的心。对儿子而言，一次次拒绝后，母亲多次重复的话语无疑是啰嗦的，为此，儿子不耐烦。母亲却不厌其烦，一次次地询问，每次小心翼翼的问话，都带着祈求的意味，这种祈求透露着母亲对儿子的担忧，她希望儿子能出去散散心，希望儿子能透过绚丽的花朵找到生命另一种开放的方式。这种小心翼翼的试探是卑微的，也是伟大的。每次询问后，母亲都做好了被拒绝的心理准备，但下次依然询问、依然试探。坚持不懈的话语，纵然啰嗦，却也感人。

终于儿子答应了，母亲顿时喜出望外，兴奋之情溢于言表，念念不忘终有回响，母亲多次的询问有了回应。这时候我们看到了母亲开朗的一面：她的话语明显增加了，絮絮叨叨地向儿子回忆起当初去北海的场景，这样的母亲很久没有出现过了。史铁生在《合欢树》里曾说过，十岁那年他在一次作文比赛中得了第一，母亲却和他炫耀当初自己的光荣写作史，那时候的母亲，健谈，有青春朝气，无所顾忌，和孩子打成一片。但自从儿子瘫痪后，母亲也因儿子的改变而改变了，母亲总是在压抑自己，怕自己哪一句话触碰了儿子的伤疤。当讲到当初儿子"踩""跑"的场景时，母亲回到了现实，也意识到自己的话语对儿子可能是伤害，便悄悄出去了，母亲这样的啰嗦让我们动容，这样的敏感也让我们心疼。

在《秋天的怀念》中，母亲说过两次类似的话语，这需要我们注意，那就是"好好儿活"。这是母亲对儿子最大的期待，当儿子觉得生活没有了期待之时，母亲克制内心的悲痛，说出了这句话，不仅是让儿子好好儿活，也是让自己好好儿活，娘儿俩一起共克难关。这句话第二次出现却是母亲去世前最后的诀别，那是一个母亲对儿女最大的不舍与牵挂。

母亲每次的话语都出现在关键地方，可以看出母亲对儿子始终关注。比如说母亲能及时关注到儿子看窗外落叶的凄凉场景，能及时挡住儿子的视线，并让儿子去看花。话语能让我们感受到一位母亲对儿子的关注，也就是"纵使啰嗦始终关注"。

三、"不懂珍惜太内疚"

文中不仅有母亲，还有"我"的存在。文中有两个"我"，一个是当初少不更事愤世绝望的"我"，另一个是涅槃后重生的"我"，母亲的逝世对这一转变有重要影响。母亲去世后，当作者回想起关于母亲的点点滴滴时，会多么痛彻心扉，会多后悔。但作者并没有在文中表现出鲜明的情感，而是将情感深深地隐藏在字里行间。文中一些看似平淡的字眼，细细品读之下，却如无声处的惊雷，震撼着我们的心灵。比如说"我却一直不知道"，一个"却"字能感受到作者的内疚，当初的自己沉浸在双腿残疾的打击中，无暇顾及身边的人，半点不知母亲遭受如此大的厄运。"一直"可看出时间之长，作者对母亲的忽视之多，当作者想起这一切时，愧疚之情排山倒海般向他涌来。

又比如，作者看着载着吐着鲜血的母亲的三轮车远去，没有想到那是最后的诀别。文中出现了一个"绝"字，无尽的悔恨、无尽的自责将作者淹没。直到母亲的身体撑不住吐血了，作者还没有意识到母亲病情的严重性，等看到艰难呼吸的母亲时才如梦初醒，悔不当初。在母亲去世后，作者内心肯定经历过痛心的忏悔，这种情感不断地积累、爆发，最后归于平静。在史铁生其他的作品，如《合欢树》《有关庙的回忆》《我与地坛》中，我们可以看到这种情感的爆发。写《秋天的怀念》时，作者的情绪已归于平静，我们只能通过这些平淡的话语体会作者的反思。

这段回忆对作者而言是沉痛的，也是最不愿回首的，但多年以后，作者能将这件事情写出来，这是一种勇气，这种勇气让我们动容；这也是一种反思，这种反思让我们敬佩。史铁生能冷静地回望过去，这些文字犹如一把刀，指向史铁生自己。作者的疾病、作者的自我放逐，是横亘在作者与母亲情感交流中的鸿沟。在母亲有生之年，作者无法让她看到她所期待的样子，这是史铁生的遗憾，也正因此，史铁生才能在情感爆发后获得直面自己的勇气，直面自己的"不懂珍惜太内疚"。

四、"教我坚毅望着前路"

余华在《活着》韩文版自序中写道："'活着'在我们中国的语言里充满了力量，它的力量不是来自喊叫，也不是来自进攻，而是忍受，去忍受生命赋予我们的责任，去忍受现实给予我们的幸福和苦难、无聊和平庸。"母亲通过自己对待苦难的态度影响了作者，让作者明白活着的真正含义。在文章最后，作者和妹妹终于完成了菊花之约，这次菊花之行是母亲一直期待的。菊花饱经风霜，却傲然开放，气质高洁，象征着健康、不屈，母亲希望作者能够如同菊花一般，经历了人生的种种磨难后，能战胜凛冽的秋风，活得坚强，活出生命的转机。

母亲面对疾病的困扰，选择忍受；面对儿子的残疾，想教会儿子接受。在母亲去世四年后，作者在复杂的情感冲突中终回宁静，实现了自己的"重生"，用文字描绘出生活的苦难与人性的坚韧，最终实现了个体生命的自我救赎。作者到北海，看到了菊花色彩缤纷，这些亦是作者生命的色彩，不再是单纯的灰色，还有黄色、白色、紫红色。菊花在秋风中开得烂漫，作者的生命之花也开得泼洒热闹。

著名学者、教育家莫提默·J.艾德勒（Mortimer J. Adler）在《如何阅读一本书》中提到，理解一本书的内容规则，需要找到诠释作者的关键字，并与之达成共识。找到一篇文章的关键字或者关键词，也就找到了理解文章的关键。"好好儿活"就是这篇文章的灵魂，也是文章的最后一个层次，是母亲最后教给儿子的人生哲学，即歌词中所说的"坚毅望着前路"。"好好儿活"在文中出现了三次，分别代表母亲绝望时的自勉、母亲去世前放不下的牵挂及作者最后的释然成长。"好好儿活"是一种积极向上的生活信念，是不放弃、不丧气、昂首阔步的姿态。这就是母亲反复提及的"好好儿活"，是史铁生身体力行的"好好儿活"。

"教我坚毅望着前路"，母亲身体力行的教诲让作者不再害怕未知的未来，坚毅望着前路。史铁生之所以能够振作起来，正是源于母亲"好好儿活"的生活信念，他在无法弥补的身体缺憾中勇于踏上另一条生命之路。

五、"春风化雨暖透我的心"

歌声再一次响起，歌手的情绪在唱到"春风化雨暖透我的心，一生眷顾无言地送赠"时，开始达到顶峰。在文章中，母亲的一言一行对"我"的影响也如春风化雨般暖透"我"的心，让"我"以积极向上的心态面对身体的缺憾。

歌词文章，互文表达

▶ 设计意图

《秋天的怀念》叙述语调平静，感情却浓烈深沉，如果没有一个突破口，学生很难设身处地地体悟到文章真挚动人的情感，更别说把握"好好儿活"的内涵。读这篇文章时，我正好听到 Beyond 的《真的爱你》，感受到了两部作品相同的电波。不管是音乐，还是文学作品，都用真挚隽永的文字来表达对母爱的赞颂，写出了在母亲影响下自己的成长。基于此，笔者以歌曲为媒介，将歌词与散文结合起来，感受母爱的春风化雨，体会作者的内疚，看到作者的成长。

《秋天的怀念》是当代作家史铁生写的一篇怀念母亲的散文，作者回忆了自己因瘫痪变得暴怒无常、对生活失去希望后，怀着博大无私之爱的母亲是怎样痛心与细致地照顾自己，一个个平凡的细节为读者诠释了母爱的内涵，语言含蓄，情感真挚细腻。七年级学生正是人生观、价值观初步形成时期，经过第一单元自然美景的享受，他们的审美情感被激发出来，学会了亲近自然、热爱生活。本文平静叙事下的磅礴浓情，正好让学生进一步深入感悟，接受母爱的熏陶与感染，感悟真挚动人、深沉热烈的情感。

除此之外，《秋天的怀念》的主旨并不局限于母爱，还可以读出儿子的悔恨和愧疚，以及对生命意义的感悟，蕴含着自强不息、热爱生活的精神。

因此我们既要把握母爱的动人之处，也要体会作者的愧疚、后悔之情，更要进一步领会如何面对生命的残缺与遗憾。

具体而言，本节课的教学拟结合具体歌词，通过分析歌词"带出温暖永远在背后""纵使啰嗦始终关注"，让学生感悟母爱的伟大，从而体验人间至爱亲情；引导学生自主探究或合作探究，自主学习歌词"不懂珍惜太内疚"，分析作者面对双腿瘫痪时的暴怒无常，以及对母亲的忽视；引导学生结合歌词"教我坚毅望着前路"，了解作者及其相关经历，体悟母亲对作者的影响也如春风化雨般暖透作者的心，让他学会正确对待人生道路上的困难和不幸。

▶ 教学过程

第一环节：导入歌曲，营造氛围

同学们，Beyond 有一首赞颂母爱的歌，非常动人，我们一起欣赏下。

教师播放歌曲《真的爱你》，学生沉浸在歌曲营造的氛围中。提问：从这首歌中你们听出了什么？——感动、感激、愧疚、成长。

导入课题：今天我们也来学习和母爱有关的一篇文章——史铁生的《秋天的怀念》。

关注题目，阅读文章。教师提问：读了题目，你想知道什么？

第一环节设计意图：创设情境，用一首动人的歌曲营造动人的氛围。关注标题，提出问题，将提问权还给学生。

第二环节：带出温暖永远在背后

刚刚那首歌曲有这么一句歌词——"带出温暖永远在背后"，老师觉得用来表达文中母亲的言行也很合适，请大家默读文章，思考文中哪些细节与这句歌词相呼应。

一、文章例句补充分析

① 对比两个词组：

a. 母亲就悄悄地躲出去，在我看不见的地方偷偷地听着我的动静。当一切恢复沉寂，她又悄悄地进来，眼边儿红红的，看着我。

b. 母亲就躲出去，在我看不见的地方听着我的动静。当一切恢复沉寂，她又进来，眼边儿红红的，看着我。

分析："悄悄地""偷偷地"可以看出母亲极致的细致温柔。当儿子陷入狂躁不安的状态时，母亲用沉默的离去、沉默的回来给他释放的空间，但又放心不下儿子，害怕儿子做出伤害自己的事情，满心的牵挂与担忧凝结到"偷偷地听"这个动作中。歌词"永远在背后"在这里体现得淋漓尽致。

② 再一次对比两个词组：

a. 当一切恢复沉寂，她又悄悄地进来，眼边儿红红的，看着我。

b. 当一切恢复沉寂，她又进来，看着我。

分析：无声动作的背后，是母亲疼痛不已的揪心和牵挂。而红红的眼边儿可看出母亲的无奈、心疼，但她只能躲在背后偷偷地释放。

③ "她常常肝疼得整宿整宿翻来覆去地睡不了觉。"

分析：在无数个儿子不知道的不眠之夜，母亲被病痛折磨着，但在儿子面前表现得云淡风轻。除了身体的折磨，她还忍受着内心的煎熬：儿子的一蹶不振紧紧揪住母亲的心。

二、教师补充课外资料，体会母亲背后的担忧

"曾有过好多回，我在这园子里待得太久了，母亲就来找我。她来找我又不想让我发觉，只要见我还好好地在这园子里，她就悄悄转身回去，我看见过几次她的背影……有一回我坐在矮树丛中，树丛很密，我看见她没有找到我；她一个人在园子里走，走过我的身旁，走过我经常待的一些地方，步履茫然又急迫。我不知道她已经找了多久，还要找多久……这园中不单是处处都有过我的车辙，有过我的车辙的地方也都有过母亲的脚印。"（《我与地坛》）

三、小　结

在作者看不到的地方，母亲终于可以不用压制对儿子的担忧。母亲的理解、宽容、苦痛，尽数融入平淡的叙述中，凝聚在歌词"带出温暖永远在背后"中。

第三环节：纵使啰嗦始终关注

母爱的温暖除了体现在背后的动作中，也体现在她的啰嗦、她的关注中，请大家再思考：文中又有哪些细节体现了歌词"纵使啰嗦始终关注"？

一、文章例句补充分析

① 对比词组：

a. "听说北海的花都开了，我推着你去走走。"她总是这么说。

b. "听说北海的花都开了，我推着你去走走。"她这么说。

分析：虚词"总"说明母亲不止一次对儿子说这句话，重复的话语对儿子而言是啰嗦的，但母亲不厌其烦，一次次地询问，体现了母亲的执着与耐心。

② 母亲进来了，挡在窗前……她憔悴的脸上现出央求般的神色。

分析：母亲时刻关注着我，生怕我会触景生情。一个无声的动作，体现了母亲的细致。

憔悴：绝症晚期的身体折磨，加上残疾而又绝望的儿子造成的心理折磨。

央求：屡遭儿子拒绝却从未改变的关怀与渴望。

③ 絮絮叨叨地说着："看完菊花，咱们就去'仿膳'，你小时候最爱吃那儿的豌豆黄儿。还记得那回我带你去北海吗？你偏说那杨树花是毛毛虫，跑着，一脚踩扁一个……"她忽然不说了。

分析：忍不住啰嗦回忆往事的母亲是鲜活的，但因儿子的残疾、儿子的暴怒无常而变得谨慎，生怕儿子觉得自己烦。

二、教师补充课外资料，看到母亲的变化

"十岁那年，我在一次作文比赛中得了第一。母亲那时候还年轻，急着跟我说她自己，说她小时候的作文做得还要好，老师甚至不相信那么好的文章会是她写的。'老师找到家来问，是不是家里的大人帮了忙。我那时可能还不到十岁呢。'"（《合欢树》）

分析：这时的母亲，健谈，有青春朝气，无所顾忌，和孩子打成一片。但自从"我"瘫痪后，母亲也因"我"的改变而改变了。

三、小 结

作者借助生活中的小事，抓住人物的语言、动作、神态等描写，来表达对母亲的一片深情，刻画出一位坚强、无私、睿智、包容、隐忍、细心的母亲形象。

第二和第三环节设计意图：巧妙地将歌词与课文结合起来，让学生有针对性地开展学习。通过分析"带出温暖永远在背后""纵使啰嗦始终关注"来分析母亲对作者的爱，小组思考讨论并总结体会人物情感、性格的方法。在此环节中，重心下移，让学生参与到解决问题的过程中。

第四环节：不懂珍惜太内疚

母亲默默为"我"付出了这么多，"我"当时懂了吗？正如歌词所说，"不懂珍惜太内疚"。请大家用上述学到的方法，分析"我"的不懂与内疚。

一、教师补充课外资料，分析"我"的暴怒

① "死，对我曾是诱惑……每天早晨醒来，都很沮丧，心说我怎么又活过来了。"（《人生就是与困境周旋》）

② "两条腿残废后的最初几年，我找不到工作，找不到出路，忽然间几乎什么都找不到了。"（《我与地坛》）

分析：面对这样天大的打击，"我"活得好苦呀！

二、文章例句补充分析

① "可我却一直都不知道，她的病已经到了那步田地。"

"我没想到她已经病成那样。看着三轮车远去，也绝没有想到那竟是永远的诀别。"

分析："却""一直""绝没有想到"体现了作者的悔恨、愧疚。

② 朗读句子，注意体会对话流露出的情感。

"北海的菊花开了，我推着你去看看吧。"

"什么时候？"

"你要是愿意，就明天？"

"好吧，就明天。"

"那就赶紧准备准备。"

"哎呀，烦不烦？几步路，有什么好准备的！"

"看完菊花，咱们就去'仿膳'，你小时候最爱吃那儿的豌豆黄儿。还记得那回我带你去北海吗？你偏说那杨树花是毛毛虫，跑着，一脚踩扁一个……"

三、教师补充课外资料，理解"我"的内疚

① "那时她的儿子还太年轻，还来不及为母亲想，他被命运击昏了头，一心以为自己是世上最不幸的一个，不知道儿子的不幸在母亲那儿总是要加倍的。"（《我与地坛》）

② "我一直有个凄苦的梦……在梦中，我绝望地哭喊，心里怨她：'我理解你的失望，我理解你的离开，但你总要捎个信儿来呀，你不知道我们会牵挂，不知道我们是多么想念你吗？'但就连这样的话也无从说给她，只知道她在很远的地方，并不知道她在哪儿。这个梦一再地走进我的黑夜，驱之不去……"（《有关庙的回忆》）

四、小　结

通过分析作者当时对母亲的不珍惜、对母亲的坏脾气，我们体会到了他深深的内疚之情。

第五环节：教我坚毅望着前路

当母亲去世后，"我"理解了母亲，理解了"好好儿活"的深刻含义，也懂得了母亲"教我坚毅望着前路"的良苦用心，"我"的理解体现在哪儿？

一、全班齐读最后一段

"又是秋天，妹妹推我去北海看了菊花。黄色的花淡雅，白色的花高洁，紫红色的花热烈而深沉，泼泼洒洒，秋风中正开得烂漫。我懂得母亲没有说完的话。妹妹也懂。我俩在一块儿，好好儿活……"

作者终于可以出去欣赏菊花，欣赏热烈多彩的世界，真正懂得了母亲的期待：活得坚强。

二、教师补充课外资料，体会作者的振作

① 史铁生生平及其创作：

1977 年，母亲因肝病去世。

1979 年，短篇小说《爱情的命运》，发表于《希望》第 1 期。

1981 年，因肾病回家休养，散文《秋天的怀念》发表于《南风报》第 1 期。

1983 年，加入中国作家协会，获首届"青年文学创作奖"及全国优秀短篇小说奖。

1985 年，短篇小说《来到人间》发表于《三月风》第 6 期，获得《三月风》全国小小说联合征文大奖赛金杯奖。

1998 年，因尿毒症开始透析治疗。

1999 年，随笔《病隙碎笔》发表于《花城》第 4 期。

2003 年，入围 2003 年度"中华文学人物之文学先生"。

2010 年 12 月 31 日凌晨 3 时 46 分，因突发脑溢血逝世。

② "生病也是生活体验之一种，甚或算得一项别开生面的游历。这游历当然是有风险，但去大河上漂流就安全吗？不同的是，漂流可以事先做些准备，生病通常猝不及防；漂流是自觉的勇猛，生病是被迫的抵抗；漂流，成败都有一份光荣，生病却始终不便夸耀。不过，但凡游历总有酬报：异地他乡增长见识，名山大川陶冶性情，激流险阻锤炼意志，生病的经验是一步步懂得满足。"（史铁生《病隙碎笔》）

三、小　结

"好好儿活"是一种积极向上的生活信念，是不放弃、不丧气、昂首阔步的姿态。这就是母亲反复提及的"好好儿活"，是史铁生身体力行的"好好儿活"。史铁生之所以能够振作起来，正是源于母亲"好好儿活"的生活信念。

"教我坚毅望着前路"，母亲身体力行的教诲让作者不再害怕未知的未

来，坚毅望着前路。

第四和第五环节设计意图：继续将歌词和文章结合起来，让学生自主学习。"我"当时沉浸在悲痛中，因而忽视了母亲的情况，学生在此环节可了解"我"心态的转变过程，体会"我"从母亲身上学到的"好好儿活"。

第六环节：春风化雨暖透我的心

在文章中，母亲的一言一行对"我"的影响也如春风化雨般暖透"我"的心，让"我"以积极向上的心态面对身体的缺憾。希望大家走出怀念，读出思考：史铁生在无法弥补的身体缺憾中找到另一种生命延展。

老师把史铁生的这句话送给你们："我们太看重了白昼，又太忽视着黑夜。生命，至少有一半是在黑夜中呀——夜深人静，心神仍在奔突和浪游。"（《病隙碎笔》）

希望大家无论是在生命的白昼还是黑夜，无论是在人生的春天还是秋天，都能够用积极的姿态去面对。

2 白杨礼赞

以"读"为媒，走向"深"处

《白杨礼赞》是茅盾先生所作的一篇优美的抒情散文，是我国现代散文名篇。这篇抒情散文运用象征手法，借物咏人，托物言志，借赞美白杨树的不平凡，热情歌颂了中国共产党领导下的广大抗日军民，歌颂了中华民族朴质、坚强、团结、力求上进、不折不挠的斗争精神。

《白杨礼赞》这篇文章感情充沛，是一篇适合朗读的经典美文。课文情感充沛丰满，思想博大精深，除了象征、托物言志，还运用了对比、先抑后扬等写作手法，使文章波澜起伏，富于变化。而且，学生在初一已经学习过重音、停连、节奏、语速、语调等多种朗读技巧。这为本课以"读"为媒、走向"深"处提供了操作的可能。因此，教学时要注意引导学生有感情地朗读课文，指导学生的语气、语调、节奏等朗读技巧，以读代讲，以读感悟，以读品情。要注重学生对课文的理解和把握，使学生掌握散文的多种写法，在写作练习中提高能力。

一、于兴趣盎然中注意美

爱因斯坦曾说："兴趣是最好的老师。"在语文阅读教学中，抓住学生的兴趣点，激发学生的好奇心，对学生主动了解课文、深入感知课文具有不可估量的作用。学生情感的激发与思想的生成需要课堂形成诗意的情境。笔者在执教《白杨礼赞》时，巧妙设计问题情境，准确把握学生的兴趣点，引导学生走进课文。

白杨树的"不平凡"究竟体现在哪些方面呢？乘上茅盾先生的汽车，去领略白杨树的不平凡。身临其境，你会有种真的到了西北高原，看到了耳目一新的景色的感觉，静静地读第一至第三自然段，默默地看，细细地找，你会发现有很多你想拍的镜头。

如：当汽车在望不到边际的高原上奔驰，扑入你的视野的，是黄绿错综的一条大毯子……黄与绿主宰着，无边无垠，坦荡如砥……

随着茅盾先生奔驰的汽车观赏了一路的西北高原风景，黄土高原给我们留下的最深刻的印象是什么呢？是"辽阔平坦"！看到这样的高原，作者的感觉又是怎样的呢？是"雄壮，伟大，单调的"！我们在汽车上望着这"黄绿错综的一条大毯子"，"无边无垠""坦荡如砥"的黄土高原，不觉心里涌起"雄壮""伟大"的感觉，然而，一直看着这"黄绿错综的一条大毯子"，"另一种的味儿在你心头潜滋暗长了——'单调'"！

作者在第二段描绘了一幅辽阔平坦、色彩鲜艳的高原图景，为全文开拓了一个广阔的背景，烘托了白杨树的不平凡。

在教学时，可以以"乘上茅盾先生的汽车，我曾走过＿＿＿＿＿的高原"设置情境，以"旅游拍照"为切入点，依据学情巧妙设疑，激发学生对课文中的"黄土高原的特点"产生兴趣。学生兴趣益然，全身心地投入寻找最美镜头中去，主动、自觉地把文字片段转化成一幅幅画面在脑海中呈现，享受着语言文字带来的美感。由字入情，由浅入深，透过课文，携着情感去注意、去发现课文中的诗意美。透过"镜头"，不仅增强了文章的意境之美，也拓展了学生的想象空间，相信在这一环节中，学生的状态是主动的、积极的、活跃的。

二、于反复诵读中感知美

在阅读教学中，"读"是整体感知课文的关键一步。苏东坡有诗《送安惇秀才失解西归》，开头两句便是："旧书不厌百回读，熟读深思子自知。"对于课文，只有经过多次诵读，学生才有可能了解其内容，感知其内涵，体悟其中蕴含的情感。在《白杨礼赞》的教学中，笔者引导、带领学生反复读、示范读，以读为主线，层层深入，贯穿教学始终。从上课伊始，学生齐读题目，到课堂结束，学生齐读优美段落，反复齐读，以读代讲，读中渗讲，唤起学生对课文的独特体验和诗意感受。

在齐读过程中，教师指导学生要注意字音、停顿、语速；要读得准确，读得有节奏感；要读出韵味，读出诗意，读出情感。其中，还穿插学生自由读、个人读、轮读、配乐读、教师示范读等方式，形式多样，引领学生深入字词之中，由整体感知课文，了解白杨树的不平凡，走向用心研读，品味白杨树的品质、白杨树的象征意义。学生激昂的读书声，加上教师深情的示范朗读，使语文课堂充满诗意。

深度学习一定不是停留于知识表层的学习，而是深入知识内核的学习，是由浅入深把握事物本质和深层意义的学习。在《白杨礼赞》一文中，怎么读很重要，但为什么要这么读更重要。这时可以让学生设计朗读方案，让学生进行讨论、完善、演绎，这就在无形中为学生搭建了促进思维从低级向高级发展的框架。这为本课以"读"为媒、走向"深"处开辟了道路。

笔者是这样引领学生于反复诵读中感知美的：

师：作者连用七个感情色彩强烈的褒义词语"伟岸""正直""朴质""严肃""温和""坚强不屈""挺拔"热情赞美白杨树是"树中的伟丈夫"，从外在形象到内在气质全面地赞美白杨树。请男同学来读一读这句话。

男生齐读。

师指导：要注意读出大丈夫的阳刚之气来，再读"伟丈夫"一句。

男生再读（较前有明显的情感变化）。

师：作者热情赞美白杨树"是树中的伟丈夫"，此前却说它"算不得树中的好女子"，女同学读一读"好女子"一句。

女生齐读。

师：这里运用了什么写作手法？

师引导分析：对比、欲扬先抑。

师：在作者的眼中，它已经不只是一棵树了。想一想，作者用这些"绘神"的词语写什么人呢？

学生自读课文，寻找答案"北方抗日军民"。

…………

师：作者连用四个"难道"句，层层深入，揭示了白杨树的象征意义。此处也是全文思想内容的精华所在，展现了一种更为阔大、更为深远的境界。

下面，我们分小组来读一读这四个"难道"句。第一组读第一个句子，第二组读第二个句子，依次类推，最后全班齐读。通过分层诵读，让学生体会排比句的表达效果，气势充沛，情感强烈，层层递进，深刻理解白杨树的象征意义。

读到这里，学生不会觉得白杨树只是树，他们能感受到作者把对中国共产党、对抗日根据地军民的深挚感情全部倾注在白杨树身上了。可以说，作者写白杨树的目的，既是在高度赞美白杨树，更是在讴歌奋起与日寇进行殊死战斗的广大农民、战士，讴歌他们身上所具有的令人尊敬的顽强意志和坚强精神。

俗话说，书读百遍，其义自见。笔者带领学生在读的实践中，感知课文，以读导思，以读悟情；培养学生语感，开发智力，发展思维；从语言文字的积累和运用中，启发学生感知课文的诗意美，体验语文之美。

三、于遣词炼句中鉴赏美

鉴赏美是教师引导学生对课文中已经感知和初步理解的审美对象从整体到局部、从局部到整体进行反复推敲，仔细咀嚼，认真回味，从而深入体验感情，领会意境，把握形象，进而体察遣词造句、布局谋篇的奥妙与匠心，全面评价审美对象的活动。

唐朝诗人卢延让曾吟："吟安一个字，拈断数茎须。"名人大家作诗、写文章皆注重对字、词的反复推敲，仔细玩味。如此，才成就了流传千古的诗作佳篇。作为语文教师，想要引导学生读出文章里的情意，感悟文章中蕴含的各种"美"，也要下些功夫才行。在阅读教学中，语文教师是学生发现美、鉴赏美的"指路明灯"。

《白杨礼赞》这篇散文很美，值得我们细读品情，寻赏美点，笔者带领学生反复诵读，巧设疑问，激起学生对课文的兴趣；带领学生多次诵读，培养学生的语言感悟能力；进一步推敲字、词，指导学生从语言文字中鉴赏作者用词的精巧和汉字的魅力。

1. 用词之美

如：以"这（那）是＿＿＿的白杨树"的句式说一句话。

你可以在文中找到大量感情色彩非常鲜明的褒义词：力争上游、倔强挺立、努力向上、参天耸立、不折不挠、伟岸、正直、朴质、严肃、温和、坚强不屈、挺拔、团结、力求上进……这些词饱含作者的崇敬与赞美，洋溢着激情，可见作者的用词之美。

2. 结构之美

如：直接抒发对白杨树赞美之情的句子。

第一段：白杨树实在是不平凡的，我赞美白杨树！

第四段：那就是白杨树，西北极普通的一种树，然而实在是不平凡的一种树！

第六段：这就是白杨树，西北极普通的一种树，然而决不是平凡的树！

第九段：我要高声赞美白杨树！

全文以"不平凡"为抒情线索，相似的抒情主题句反复出现，分散穿插于文章的各个部分，巧妙地组合各部分内容。条理清晰，层次分明，结构严谨。巧妙的过渡，自然的呼应，疏密有致。情感层层递进，将作者的崇敬与赞美之情展现得淋漓尽致，可见结构之美。

3. 技巧之美

又如第七段，前三句采用先抑后扬、对比、拟人、比喻等手法，可见技巧美。后几句采用反问、排比等手法。反问：强调，加强肯定语气，引起读者的注意和思考，四个"难道"句层层深入，揭示白杨树的象征意义，可见句式美。排比：增强气势，气势恢宏，感情充沛，可见修辞美。

在教学的时候，我们可以引导学生质疑、思考，再通过对特殊句式的多次品读、对比读，让学生带着自己的人生阅历和情感体验，深入字词之中，仔细揣摩品味，使每个学生都能够在自主、自由的课堂氛围中，对文章遣词造句的独到之处有所感悟，让小组成员共同讨论朗读方案，共同设计朗读形式，共同进行朗读表演等形式，从而促进学生反省、研究、评价和创造，引导学生在问题解决过程中"熟读深思"，以"读"为媒，走向"深"处，从而使学习走向深入，感悟课文的美点——美在情感（崇敬赞美，激昂豪迈），美在结构（条理清晰，严谨完美），美在技巧（立意深刻，波澜起伏），美在用词（精当传神，情感鲜明）……并受到美的熏陶。

在诵读中读出"不平凡"

▶ 设计意图

《白杨礼赞》是茅盾先生写于中国人民抗日战争最艰苦时期的一篇经典散文。皖南事变后，作者借礼赞西北高原上的白杨树，来表达对北方抗日军民的热爱和赞美之情。针对经典课文，教师备课时很容易把自己装进套子中，找不到出口，看不清方向。所以，此次备课的开局是很艰难的，要想走出经典课文教学的旧路，唯有老老实实地诵读，读出一点儿自己的味道，方能真正看清自己想要到达的方向。除了低头老老实实地读课文，我们还要有抬头看路的智慧，清楚语文文本特质与课型创新思想像一把钥匙打开了内心闭塞的门，帮助我们跳出思维的地牢，看到经典课文背后还有很多有趣的秘径等着我们去开辟。通过反复诵读，笔者发现《白杨礼赞》是茅盾先生对白杨树所象征的北方抗日军民伟丈夫式的礼赞：朴质严肃，而又强烈炽热。语言质朴，情感炽热，结构清晰，主题鲜明，这样的散文不正是诵读型文本最佳的设计对象吗？所以整堂课笔者就是以诵读为抓手、助推器，推动师生在课文里行行复行行，然后带着课文里的精华与发现创造新的文字世界，用师生多形式的诵读活动真切地去感受茅盾先生对白杨树所象征的北方抗日军民伟丈夫式的礼赞。

▶ 教学过程

一、导　入

出示白杨树图片，观图，了解白杨树，请学生说说对白杨树的初步印象。
提问：我们平时能见到白杨树吗？它生长在什么地方？
今天我们就一起来学习茅盾先生的《白杨礼赞》（引出课题）。

二、比较诵读

1.齐读标题，说说标题是什么意思，并说说你读出了作者怎样的情感？
解题——赞：赞美。礼：有礼、致礼、敬礼。

题目的意思：以崇敬的心情赞美白杨树。

我读出了作者对白杨树的崇敬和赞美之情。

2.初读课文，请将直接抒发作者对白杨树赞美之情的句子找出来。

第一段：白杨树实在是不平凡的，我赞美白杨树！

第四段：那就是白杨树，西北极普通的一种树，然而实在是不平凡的一种树！

第六段：这就是白杨树，西北极普通的一种树，然而决不是平凡的树！

第九段：我要高声赞美白杨树！

3.比读两组文字，读出不平凡的礼赞。

第一组	**第二组**
白杨树是不平凡的，	白杨树实在是不平凡的，
我赞美白杨树！	我赞美白杨树！
那就是白杨树，	那就是白杨树，
西北普通的一种树，	西北极普通的一种树，
然而是不平凡的一种树！	然而实在是不平凡的一种树！
这就是白杨树，	这就是白杨树，
西北普通的一种树，	西北极普通的一种树，
然而不是平凡的树！	然而决不是平凡的树！
我要赞美白杨树！	我要高声赞美白杨树！

（1）女生读第一组，男生读第二组。

思考：哪一组句子更能抒发作者对白杨树的崇敬和赞美之情？为什么？

预设：第二组更能抒发作者对白杨树的崇敬和赞美之情。"实在""决不是"更能表达作者对白杨树的赞美是发自内心的真诚表达；"极普通"更能衬托白杨树的"不平凡"；"高声赞美"强烈地抒发了作者对白杨树的崇敬和赞美之情。

师：第二组句子可谓是作者对白杨树伟丈夫式的礼赞，直抒胸臆，朴质严肃，而又强烈炽热。

（2）全班齐读第二组句子，重读加着重号的字，读出作者对白杨强烈炽热的礼赞。

三、创意诵读

1. 作者赞美白杨树的什么？请用作者直抒胸臆的句子中反复出现的一个词形容。

预设：刚才我们读的这些句子中有一个赞美白杨树的词反复出现，巧妙地连接文中三个部分的内容，这个词就是不平凡。"不平凡"是全文的抒情线索。情感层层递进，将作者的崇敬与赞美之情展现得淋漓尽致。

2. 创意诵读。

（1）小组合作。对文章第二、第三段（生长环境）和第五段（外在形态）进行朗读方案设计，用声音来演绎作者的礼赞，体会这份昂扬的激情。每组以小组为单位选择自己喜欢的语段进行讨论，设计并展示。

（2）小组进行朗读展示，然后由组长阐述设计的理由，其他小组学生进行评价。第二、第三段朗读要点：第二段前面部分主要写高原之广袤无边，以舒缓的语气朗读；第二段末"单调"二字应重读，"单调，有一点吧"语速缓慢，读出心情之压抑；第三段"然而刹那间""惊奇地叫了一声"读出见到白杨树的激动兴奋。总之，要读出两段文字之间情感的突转、由抑到扬的变化。正是这种突转，有力地烘托作者见到傲然耸立在这样的高原之上的白杨树而惊喜，为下文细致描写白杨树作铺垫。

第五段朗读要点：总体舒缓轻快，近距离欣赏白杨树的外部形态美。可以从学生的朗读设计中体会本段的内在逻辑关系：先实写外在形态，最后两句以抒情议论的方式写内在气质。

四、诵读比赛

1. 这篇散文作者要赞美的仅仅是白杨树吗？

预设：作者借赞美白杨树来赞美"朴质、严肃、坚强不屈"的北方农民，来赞美在敌后坚强不屈守卫家乡的哨兵，来赞美在中国共产党领导下的抗日军民和整个中华民族的精神和意志。

2. 作者为什么不直接赞美北方抗日军民呢？

背景介绍：《白杨礼赞》写于中国人民抗日战争最艰苦的时期。由于中国国民党顽固派消极抗日，积极反共，抗日民族统一战线面临濒于分裂的局面，中国共产党肩负着艰苦卓绝的抗日任务。1940 年 5 月，茅盾受朱德同志邀请前往延安。在延安参观讲学期间，他亲身体验了解放区军民的斗争生活，看到了抗日军民团结战斗的精神风貌，留下了深刻的印象。皖南事变后，作者借礼赞西北高原上的白杨树，来表达对北方抗日军民的热爱和赞美之情，便写下了此文。

由于当时作者生活在国民党统治区，没有言论自由，不能直抒胸臆，所以采用含蓄的象征手法来表达自己的思想感情，热情歌颂共产党领导下的抗日军民和中华民族英勇不屈的斗争精神。

3. 作者是如何从赞美白杨树过渡到赞美抗日军民的？请找到这段文字。

预设：第七段。

师：作者连用七个感情色彩强烈的褒义词语"伟岸""正直""朴质""严肃""温和""坚强不屈""挺拔"热情赞美白杨树是"树中的伟丈夫"，从外在形象到内在气质全面地赞美白杨树。请男同学来读一读这句话。

男生齐读。

师指导：要注意读出大丈夫的阳刚之气，再读"伟丈夫"一句。

男生再读（较前有明显的情感变化）。

师：作者热情赞美白杨树"是树中的伟丈夫"，此前却说它"算不得树中的好女子"，女同学读一读"好女子"一句。

女生齐读。

师：这里运用了什么写作手法？

师引导分析：对比、欲扬先抑。

师：在作者的眼中，它已经不只是一棵树了。想一想，作者用这些"绘神"的词语写什么人呢？

学生自读课文，寻找答案"北方抗日军民"。

…………

师：作者连用四个"难道"句，层层深入，揭示了白杨树的象征意义。此处也是全文思想内容的精华所在，展现了一种更为阔大更为深远的境界。下面，我们分层来读一读这四个"难道"句。

领诵女生 1：它没有婆娑的姿态……好女子。

领诵男生 1：但是它伟岸……伟丈夫！

领诵女生 2：当你在积雪初融的高原上走过……难道你就觉得它只是树？

全组女生：难道你就不想到……至少也象征了北方的农民？

全组男生：难道你竟一点也不联想到……守卫他们家乡的哨兵？

全组齐诵：难道你又不更远一点想到……那种精神和意志？

师：你还觉得白杨树只是树吗？

生：不是。

师：作者把对中国共产党、对抗日根据地军民的深挚感情全部倾注在白杨树身上了。可以说，作者写白杨树的目的，既是在高声赞美白杨树，更是在讴歌奋起与日寇进行殊死战斗的广大农民、战士，讴歌他们身上所具有的令人尊敬的顽强意志和坚强精神。这就是托物言志的写法。

4.朗诵比赛。

分小组朗诵本文的第七段，比一比，哪个小组更能完美地演绎作者情感的递进与炽热，表达作者对抗日军民的赞美。

在朗诵比赛前，指导学生组内分层朗诵，并配乐拍视频，激发学生的朗诵热情。

第一小组：但是它伟岸……伟丈夫！

第二小组：当你在积雪初融的高原上走过……难道你就觉得它只是树？

第三小组：难道你就不想到……至少也象征了北方的农民？

第四小组：难道你竟一点也不联想到……守卫他们家乡的哨兵？

全班齐诵：难道你又不更远一点想到……那种精神和意志？

教师点评，评选出一等奖、二等奖、三等奖，颁发小奖品。

五、集体朗诵

全班起立，配乐朗诵《白杨礼赞》。

六、教师小结

这篇散文很美，希望同学们课后好好地品读这篇课文，读出情感，读出文章的美。也愿我们每一个人都像白杨树一样，能在自己广阔的生命原野，纵横决荡，努力向上，不折不挠，做生活里的"伟丈夫"！

3　猫

真情还是假意？

在人教版初中语文教材中，郑振铎先生的文章《猫》堪称经典之作。作者在文章中以第一人称的视角讲述了三次养猫的经历，描写了"我"对三只猫命运的不同情感变化，表达了"我"因对第三只猫不公正评判而自责悔恨的心理。一般而言，我们理解这篇文章主要是以三只猫的命运比较、第三只猫被冤枉的可笑之处为着力点，从而知道做事不可因偏见而主观臆断的道理。

重读这篇文章，笔者想跳出思维定式，跳出"我"的视角，从多个视角切入，在猫、三妹与"我"的视角转换中感受不同人物内心最真切的情绪，在更深层次上把握作者对三只猫"亡失"的思考。

一、三只猫视角中的"我们"

1. 猫视角中的三妹与"我"

第一只猫刚出生没多久便被"我们"要回家，第二只猫也是在很小的时候被拿来"我们"家的，因此对这两只猫而言，这里是它们熟悉的地方，"我"和三妹是它们尤其熟悉的人。"我们"会陪它们玩耍：第一只猫在太阳光里滚来滚去时，三妹会拿着带子去逗弄它，而"我"则会静静地坐在藤椅上，家庭其乐融融的惬意感扑面而来，岁月静好温和闲静。我们会关注它们：三妹课后回到家会常常逗它，"我"可以花费一二小时的光阴陪伴它。对于第二只猫，三妹会时常查问小猫的下落，生怕小猫突然有一天走失。无论处于何种心态，在这两只猫的视角中，这种牵挂体现了"我"与三妹对猫的在意。第二只猫会经常坐在铁门外面迎接"我"，看到"我"进门后，才跑进房间，这是猫表达依赖与喜爱的一种方式。除此之外，这只猫还会捉老鼠，用自己最实际的行动表明自己存在的价值。

第三只猫呢？它曾经是一只流浪猫，来到这个家后没有得到它所渴望的温暖。在它的视角中，"我"与三妹只是可怜它才会收留它，对它并没有喜爱之类的情感。它是卑微的，不仅因为不讨喜的外表，还因为长期流浪而形成的忧郁的性格。但它渴望关怀，当"我们"在太阳底下闲聊时，当"我们"享受一家人的温馨和睦的亲情时光时，它会忍不住凑过来，蜷伏在三妹或者母亲的脚下，获取内心的温暖。这是这只猫情感流露的方式，隐秘却让人心疼，虽然它知道"我们"对它不在意，却渴望"我们"的关注，因为它早把"我们"当成它的依靠。

被第三只猫视为温暖的"我们"，却在芙蓉鸟被杀害后，第一时间愤怒地认为此猫是杀害鸟的凶手。没有任何犹豫，没有任何求证，便给猫下达了最后的通牒，对猫而言这无疑是第一重隐形的伤害。当一无所知的猫还惬意地在露台板上悠闲地晒着太阳时，在猫视角中一向温和的"我"却突然拿起木棒，带着满腔怒意追过去，打了它一下。它无端承受着"我们"的滔天怒意，不清楚愤恨之意从何而来，只知道这里不是它曾经所认为的温暖的家了，这里的"我们"也不是它能依靠的家人了，因此它只能逃离，最后死在别人家的屋脊上。这是对猫的第二重伤害，这种伤害是深入骨髓的，因此它死亡前的最后一刻，不是在以前的家中，而是在邻居家的屋顶上，多么讽刺、多么悲凉！

2. 猫视角中的张妈

在前两只猫的视角中，张妈的存在感不强。读者可以从文中的一句描绘中看出："连向来不大喜欢它的张妈也说：'可惜，可惜，这样好的一只小猫。'"这里的"它"指的是第二只猫，通过作者字里行间的表述，我们知道第二只猫确实很可爱，但这样一只讨喜的猫张妈都不喜欢，可见张妈可能不喜欢"猫"这种生物。因此，张妈不会如"我"和三妹那般关注猫，在前两只猫的视角中，张妈的角色可有可无。

意味深长的是，当第三只猫蜷伏在家门口，被饥饿、严寒折磨时，张妈收留了它，给它一个栖息的归宿。对这只猫而言，张妈给予了它抵御饥寒的场所，给予了它第二条生命，张妈在猫心目中的地位不言而喻。不太爱猫的张妈会记得每天给它喂饭，因此，当春天来临时，这只猫已不复刚来时的屡弱不堪，成了一只胖胖的壮猫，可见张妈确实将它照料得很好。那我们可以推断，在第三只猫的视角中，张妈是善良的，是这个家庭中对它最好的人。这样的张妈，在妻子的质疑责骂声中沉默不语，她的沉默中，有身为下人对主人言行的不可违逆，也有对自己看管不力失职的心虚，当然也有对妻子说法的认可——她也默认这只猫杀死了芙蓉鸟。信任之人的怀疑——这是猫受到的第三重伤害！

3. 猫视角中的周家丫头与李妈

周家丫头是在作者叙述第二只猫的亡失时出现的。通过张妈的述说："刚才遇到隔壁周家的丫头，她说，早上看见我家的小猫在门外，被一个过路的人捉去了。"这里透露了两个信息：一是周家丫头是第二只猫亡失的第一目击者，二是作为邻居的她视若无睹，没有阻止这场悲剧的发生。因此，在第二只猫的视角中，捉猫的过路人是个极端自私自利的人，为了一己私利将它从主人家偷走；而周家丫头是个冷漠无情的人，面对邻居家的猫遭受的厄运，事不关己，高高挂起。

李妈在文章中的存在感不强，第二只猫的故事里有李妈的出现，但不甚重要。但在第三只猫的故事中，她发挥了不可忽视的"作用"。在"我"惩戒完猫后的几天，李妈说了一句话："猫，猫！又来吃鸟了！"这里有一个词吸引了笔者的注意，那就是"又"。"又"有再一次之意，透露出很多信息：其一，她曾经看到过这只猫吃鸟，所以才会说出"又"这个字眼；其二，她沉默了，在"我们"冤枉且惩戒这只猫时，她没有说一句辩解的话，任由猫承受莫须有的罪名。在这只猫的视角中，自己是何其无辜，李妈又是何其淡漠！李妈的淡漠与旁观，和周家丫头的行为举止如出一辙。

二、三妹视角中的三只猫

1. 三妹视角中的第一只猫

文章第二句话便说三妹是最喜欢猫的。事实真是如此吗？

在文章中有许多散落在字里行间的冷门词句，乍一看不起眼，往往被读者忽略，但往往又是这些词句，能够显示出最深层的内涵。我们可以通过课文中的冷门词句来分析三妹视角中的猫究竟是怎样的。

在三妹眼中，第一只猫无疑是可爱的。她常常摇晃着红带或者绳子，来陪小猫玩，但这意味着三妹将这只猫当作平等的存在吗？我们先看第一个冷门词：逗。"逗"在文中出现了两次：第一次是三妹放学逗小猫玩，说明小猫是三妹消遣的玩具，三妹通过逗弄小猫来满足自己娱乐的需求；第二次出现在小猫消瘦后，三妹想尽各种方法去"逗"弄它。当小猫突然消瘦、精神不振时，三妹的第一想法竟然不是小猫生病了，而是去逗它，可见在三妹心中，这只猫不值得她费尽心思。

当这只猫对三妹的逗弄无动于衷时，三妹又做出了另一个行为，即买一个铜铃挂在猫的脖子处，这时候出现了第二个需要注意的词：不相称。为何这只"很小很小"的铜铃与猫不相称？一是猫消瘦得很快，铜铃再小，也是猫的负担，将猫衬得更瘦弱；二是铜铃象征着生命与活力，戴在毫无生气的小猫上，显得极为不协调。第三个冷门词：忽然。我们是在某个瞬间才发现小猫消瘦得厉害，这个情况透露出三妹对它的不关心，除了闲暇时去逗弄它，其他时间不会关心它的身体状况。当猫消瘦到了一定程度后，三妹不是带猫去看病，而是不顾猫的感受，做了一系列于病情恢复毫无用处的举动。读者不由得怀疑，三妹是否打心底里关爱这只猫。

2. 三妹视角中的第二只猫

第一只猫去世后，三妹很难过，但这种难过之情只维持了几天。隔了几天后，三妹便怂恿二妹从舅舅家拿来另一只黄色的小猫。一条鲜活生命的消逝，换来的是三妹几天的伤心情绪，这种难过是何等的浅显。第二只小猫被抱来后，三妹"立刻"被它吸引了一部分的注意力。当看到一只浑身黄色的更可爱的小猫时，第一只猫的地位便被取代了，这种喜爱之情是何等的浅薄。

需要注意的是，三妹偏爱新的猫，一方面是出于新鲜感，另一方面是因为这只猫更讨喜的性格。由此可知，在三妹眼中，不管是第一只猫，还是第二只猫，都只是可替代的玩具而已。

最先因第二只猫的消失而产生紧张心理的是"我"，而非三妹。从前文可知，这只小猫过于活泼，会经常跑到外面去，这种性格给它留下了隐患，因此"我们"会经常为它提心吊胆，生怕它被捉走。"我"没有看到小猫，第一反应是去小园中寻找一遍，但看不到小猫的踪迹，我心中便隐隐有些不好的预感，当即让家里的人帮忙找。对于小猫的踪迹，"我"持相对积极的态度，反观三妹，她找了一遍便停止了搜寻，回到楼上，没有想过小猫是不是跑到外面遭遇了不测。三妹并没有将这只猫放在心上，在她的视角中，这只猫只是一件更讨喜的玩具罢了，这件玩具的命运如何能在她的考虑范围内？

3. 三妹视角中的第三只猫

第三只猫既不好看，也不讨喜，它是瘦弱的、忧郁的，因此大家都不喜欢它，当然也包括三妹。三妹喜欢猫，但并不是喜欢所有的猫，她只喜欢活泼的、漂亮的、能带给她视觉享受和乐趣的猫，第三只猫显然不属于此列。文章中的这么一句话——"连三妹那样爱猫的，对于它，也不加注意"，显示了三妹对这只猫的忽视。兴致上来了，三妹偶尔会逗它玩，但不像对前几只猫那般感兴趣，自然也不会在它身上花费时间和精力。

当我们想去寻找这只"罪大恶极"的猫时，三妹也加入此行列。三妹知道我们找猫的意图，也知道当猫被找到后的卜场，但她依然积极寻找。当找到猫时，三妹在楼上叫道："猫在这里了。"一向爱猫的三妹，没有为这只猫辩解，反而积极提供猫的踪迹，希望猫得到惩戒。这时候，在三妹视角中，这只猫由此前可有可无的玩具，变成了畏罪潜逃的罪犯。

三妹对猫是真情实感的？未必。

三、"我"视角中的死亡悲剧

对于三只猫的亡失，"我"的情感是递进的。第一只猫是因病而死，当听到这个消息时，"我"心中并没有很大的波澜。文中用"一缕"来形容酸辛，可见这酸辛之淡薄，"我"难过之情的浅浅。而"我"产生酸辛的理由也仅仅是因为"可怜",可怜这只陪伴了我们两个月的小伙伴,甚至"我"还能很轻松地安慰三妹,说可以从别处再拿来一只猫来代替。在情感上,"我"认为这只猫是可以随便被替代的,它的死亡是一个悲剧,但色彩并不浓厚。从更深层次理解,这只猫的离去是"天灾",我们没有办法去干预,自然也只能淡然接受。

第二只猫在全家人心中的地位显然比第一只猫高。"我们"经常为它的活泼好动提心吊胆,每日都要找它好几次,生怕它跑到外面被抓走了。当它走失后,"我"内心还抱着一线希望,认为它只是走远了,总会回来的。张妈的述说却打破了"我"的幻想:隔壁周家丫头看到小猫被过路人捉走了,这时候,"我"的情感波动值上升了,"我"诅咒着那个捉猫的人,并且是带着愤恨、怅然之情来诅咒的。"怅然""愤恨""诅咒"都是情感色彩很浓烈的词,不难看出"我"对这只小猫的亡失抱着极大的痛惜与憎恨。究其原因,主要有两点:一是这只猫更讨人喜欢;二是因为这次悲剧是人为的,捉猫人的自私自利、周家丫头的冷漠无情是造成这场悲剧的主要原因。通过这只小猫的亡失,"我"看到了人性的亡失,情感上更难接受。

第三只猫是不被"我们"欢迎的,但当它死在邻居家的屋脊上时,"我"的良心却仿佛被针刺过一般,留下了永远的伤痛。为什么最不受"我"喜爱的猫,却让"我"最难以释怀?

"我"不喜欢这只猫,当看到芙蓉鸟被杀害后,"我"的第一反应是愤怒,然后断定凶手是它,接着便要去找它。"我"为何没有任何求证便断定此"凶杀案"为第三只猫所为?因为这只猫整日忧郁且丑陋,不讨"我"喜欢,"我"打心底里不喜欢它,便对它存在偏见,认定它会残忍地将鸟杀害。"我"为何要立刻去找它呢?在"我"的视角中,"我们"给了这只猫所谓的家,是它的恩人,这只猫却违抗"我们"的权威,恩将仇报,因此"我"恨不得立刻将这只猫"绳之以法"。当用木棒追着这只猫打了一下后,"我"还觉得惩戒得没有快意。文中用了"惩戒"一词,暗示了此刻的"我"是带着高高在上的审判的视角来看待这件事情的。在"我"的眼中,"我"对这只猫必须具有绝对的支配权力,"我"的惩戒是为了体现"我"的优势地位。再看另一个词语"快感","我"已不是带着公平、公正的态度来处理"芙蓉鸟被杀"事件,而是带着极度恶意来伤害猫并从中获得畅快感,"我"已经丧失了冷静，丧失了理智，变得残暴不堪、暴怒狰狞。

仅仅因为偏见，"我"便冤枉了第三只猫，造成了这只猫的死亡悲剧。这场悲剧是"我"一手造成的，"我"是罪魁祸首。当第二次悲剧发生时，"我"还在感叹人性之恶，这次悲剧的发生却让"我"意识到，"我"的人性也亡失了！因此，"我"才如此愧疚。

三只猫的死亡悲剧揭露了"我"对猫的虚情假意："我"对猫的喜爱、酸辛、怅然、愤恨、愤怒等一系列情绪，都带着居高临下的优越感。"我"惊讶地发现，自己潜意识里并不具备平等、尊重、博爱的人道主义思想，"我"也是一个虚假之人。

在视角切换中，读者看到了猫对人的真情，人对猫的假意。正如郑振铎翻译的泰戈尔作品中提到的"真正的爱，是无条件的接纳与包容"，这一点"我们"都没有做到。

在视角切换中体会真情假意

▶ 设计意图

在《猫》这篇文章中，作者用细腻的笔触刻画了三只形态各异的猫，讲述了它们各自的命运轨迹，描写了"我"心路历程的变化。这三只猫外形各不相同，性格有所差异，命运也不尽相同，但最后都亡失了，所以"我"与家人都感到很遗憾。随着三只猫的亡失，"我"的悲痛之情一次次加剧，在第三只猫死去时达到顶峰。情感的变化，体现了"我"对人与动物关系的重新审视，折射出"我"对人性的思考，反映了作者对生命的尊重与可贵的自我觉知精神。

学习这篇文章，我们将重点放在第三只猫上，通过分析第三只猫的"冤案"，体会"我们"的偏见与主观臆断，从而得出文章的主题。重新解读此文，我们不妨换个角度来切入，将生活的体验融入文章中。在生活中，我们会有一些机会接触到猫，对猫也会有不同程度的了解，那么我们可以将这些了解串联到《猫》这篇文章中。

　　我们先进行共情的尝试，将自己的视角转移到猫上，设身处地地体会在猫眼中，文中的"我们"对它们而言意味着什么。之后，我们再将视角从猫转移到三妹的身上，通过对比猫对人的情感、人对猫的情感，可以看出"我们"与猫彼此情感付出的不对等，从而体会"我们"的虚情假意。最后，再将视线聚焦在"我"的情感变化上，通过对比"我"情感的波动，探究"我"对第三只猫悔恨的原因，分析"我"对猫的复杂心理，理解作者的反思精神。

▶ 教学过程

第一环节：共情导入

　　同学们有没有养猫的经历？可否分享你们之间的故事？

第二环节：看图识猫

　　教师展示三只猫的图片（这三只猫分别对应文中描写的三只猫），引导学生思考：你们认为图片上的三只猫分别代表文中的哪一只猫？请尽可能在文中找出理由。提示：可以从来历、外形、动作、性情中找证据。

　　设计意图：在这个环节，教师根据学生的答案，归纳三只猫的不同之处，从而对文章进行简单梳理，使学生对文章有一个初步的了解。

　　形成表格：

猫	第一只猫	第二只猫	第三只猫
来历	从隔壁要来的	从舅舅家要来的	门口拾来的
外形	花白的毛，如带着泥土的白雪球 后期：消瘦、毛色污涩	浑身黄色	毛色花白，很瘦，后来毛被烧脱了好几块
动作	滚来滚去、抢来抢去	乱跑、捉、爬树	终日蜷伏
性情	活泼	活泼、有趣、不怕生	忧郁

第三环节：三只猫视角中的"我们"

　　对于猫，我们都有了解，区别在于了解的程度，请大家分析：在三只猫的眼中，"我们"是什么样的？

一、三只猫视角中的三妹与"我"

1. 学生自主分析文本，教师进行补充

① "三妹常常地，取了一条红带，或一根绳子，在它面前来回地拖摇着，它便扑过来抢，又扑过去抢。"

"常常"说明三妹经常陪这只猫，不管三妹出于何种目的，对这只猫而言，三妹愿意长时间陪伴它，就是爱它的体现。

② "我们都很替它忧郁。"

在这只猫看来，"我们"担心着它，对它是真情实意。

③ "我回家吃中饭，总看见它坐在铁门外边，一见我进门，便飞也似的跑进去了。"

第二只猫把"我"当作亲人，会经常迎接"我"回家。

④ "过了二三个月，它会捉鼠了。"

第二只猫用实际行动报答"我们"对它的关爱。

⑤ "大家在廊前晒太阳闲谈着时，它也常来蜷伏在母亲或三妹的足下。"

第三只猫性格忧郁，但它依然会亲近"我们"，渴望"我们"带来的温暖。它虽然知道"我们"对它不在意，却渴望得到"我们"的关注，因为它早把"我们"当成它的依靠。

2. 总结

在这三只猫的视角中，"我们"会牵挂它们、担忧它们，是它们家人一般的存在。

二、三只猫视角中的张妈

1. 学生自主分析文本，教师进行补充

① "连向来不大喜欢它的张妈也说。"

这么可爱有趣的猫，张妈不喜欢，说明她确实不喜欢猫这个物种。

② "张妈把它拾了进来，每天给它饭吃。"

对第三只猫而言，张妈给予了它抵御饥寒的场所，给予了它第二条生命，同时张妈会记得每天给它喂饭，因此在这只猫的视角中，张妈是善良的，是这个家庭中对它最好的人。

2. 总结

张妈在前两只猫的视角中形象不突出，但在第三只猫的视角中，她是对它好的人。

三、三只猫视角中的周家丫头和李妈

1. 学生自主分析文本，教师进行补充

"隔了几天，李妈在楼下叫道：'猫，猫！又来吃鸟了！'"

李妈曾经看到过这只猫来吃鸟，却眼看着"我"将责任甩给第三只猫，在第三只猫的视角中，李妈是它悲惨遭遇的一个冷眼旁观者。

2. 总结

在第二只猫的视角中，捉猫的过路人是个极端自私自利的人，为了一己私利将它从主人家偷走；而周家丫头则是个冷漠无情的人，面对邻居家的猫遭受的厄运，事不关己，高高挂起。在第三只猫的视角中，李妈又是何其淡漠！李妈的淡漠与旁观，和从前周家丫头的行为举止如出一辙。

第四环节：三妹视角中的三只猫

由上个环节可知，三只猫认为"我们"对它们是怜爱的，是真情实意的，因此它们也用真情对待"我们"。请大家再仔细分析三妹的言行举止，思考：三妹对这三只猫是真情实意的吗？

1. 学生自主分析文本，教师进行补充

① "她常在课后回家时，逗着猫玩。"

"三妹想着种种方法去逗它，它都不理会。"

三妹只是逗它玩，为了消遣。

② "三妹特地买了一个很小很小的铜铃，用红绫带穿了，挂在它颈下，但只显得不相称。"

小猫生病了，三妹却只是买了一个铜铃来逗它，而不是带它去看病。

③ "立刻三妹一部分的注意，又被这只黄色小猫吸引去了。"

第一只猫亡失后，三妹的伤心情绪只维持了几天，注意力就被另一只更可爱的猫吸引去了。

④ "连三妹那样爱猫的，对于它，也不加注意。"

仅仅因为外表和气质，就忽略第三只猫，三妹真的爱猫？

⑤ "三妹在楼上叫道：'猫在这里了。'"

芙蓉鸟被杀后，爱猫的三妹没有去调查真相，也没有给第三只猫一点辩驳的机会，而是立刻去找第三只猫进行惩戒。

2. 总结

在三妹视角中，三只猫只是供她玩耍的玩具，她对猫的关注并不是真的基于平等的爱，她对动物没有平等尊重的观念。

第五环节："我"视角中的死亡悲剧

视角切换，在"我"眼中，三只猫的死亡悲剧是由谁造成的？

1. 学生自主分析发言，教师进行补充

① "我很愤怒，叫道：'一定是猫，一定是猫！'于是立刻便去找它。"

没有任何调查取证，凭主观臆想判断芙蓉鸟被杀是第三只猫所为，"我"的愤怒来得莫名其妙。

② "我想，它一定是在吃着这可怜的鸟的腿了，一时怒气冲天，拿起楼门旁倚着的一根木棒，追过去打了一下。……我心里还愤愤的，以为惩戒得还没有快意。"

小猫的一个正常动作，"我"却衍生出了不好的猜想，这是"我"对猫居高临下的评判。"快意"一词，揭露了"我"的残暴。

2. 结合生活实际

教师播放猫日常生活中舔脚的视频，让学生判断这只猫在干什么。——惬意、爱干净。

3. 总结

第一只猫——在情感上，"我"认为这只猫是可以随便被替代的，它的死亡是一个悲剧，但色彩并不浓厚。从更深层次理解，这只猫的离去是"天灾"，

"我们"没有办法去干预，自然也只能淡然接受。

第二只猫——这次悲剧是人为的，捉猫人的自私自利、周家丫头的不闻不问是造成这场悲剧的主要原因。通过这只小猫的亡失，"我"看到了人性的亡失，因而情感上更难接受。

第三只猫——仅仅因为偏见，"我"便冤枉了第三只猫，造成了这只猫的死亡悲剧。这场悲剧是"我"一手造成的，"我"是罪魁祸首。

4. 教师补充课外资料

梁实秋说："小说可以没有故事，但绝对不能总是在讲故事，最上乘的艺术手段是凭借一段故事来'发挥作者对人性的描写'。"

5. 第三、第四、第五环节的大总结

在视角切换中，我们看到了猫对我们的真情，"我们"对猫的假意。正如郑振铎翻译的泰戈尔的作品中提到的，"真正的爱，是无条件的接纳与包容"，这一点"我们"都没有做到。

第六环节：寻找生活中的"我们"

请学生寻找：在平常的生活里寻找"我们"，"我们"在无意识中扮演着专制、霸道的角色，欺凌许多无法述说的弱小对象。

总结：作者将"我"的心路历程娓娓道来，可以看到作者的反思精神。"我"的愧怍有一份担当和良知，体现了"我"直面自己、剖析自己的自省。正如杨绛在《走到人生边上》中所说："人生的价值在于修炼灵魂，在于完善自我。"希望大家能够时时反思自己，提升自己。

4 假如生活欺骗了你

从诗文中汲取力量

第一次读到《假如生活欺骗了你》，是在初中的时候。当时懵懵懂懂，读完之后对"不要悲伤，不要心急""一切都是瞬息，一切都将会过去"印象深刻。在大学学习外国文学时，求职阶段重温教材时，真正走上教学岗位教授这篇课文时，不同的人生阶段，我都从《假如生活欺骗了你》这首诗中汲取了向上的力量。

被誉为"俄罗斯诗歌的太阳"的普希金，在短短的一生中创作了众多的抒情诗。前期的作品更多地体现他对快乐的追求，后期的作品更多地呈现生命的厚度。纵观普希金的作品，各个阶段呈现出来的都是昂扬向上、积极进取的情绪。中学生读普希金的诗，最能在他的作品中汲取养分，塑造更为完善的人生观与价值观。

普希金在二十六岁时写下了《假如生活欺骗了你》。二十几岁，正是朝气蓬勃、施展抱负、大有作为的年龄。但二十几岁时的普希金，过着寂寂无名、孤苦寂寞的生活。1825年，普希金被流放到父亲的领地，被迫与世隔绝。同年，十二月党人在俄国搅弄风云，社会局势动荡。被流放的普希金既无法投入如火如荼的斗争中，也无法和亲朋好友相聚袒露心扉，身处黑暗却心向光明的他在沟渠中勾勒出了彩虹。他依然热爱生活，热爱写作，和当地人交友。《假如生活欺骗了你》正是他为庄园主人奥西波娃的女儿所写，短短数行，却倾注了诗人诸多的情怀。

　　《假如生活欺骗了你》中呈现出一个循循善诱、内心无比柔软的普希金。他像一位挚友在你的耳边呢喃着，他的遣词是多么温柔啊，字里行间透露出来的都是真诚、至善和对生命的关怀。在伊始，普希金说"假如生活欺骗了你"，这个表达似乎能击中我们内心最柔软的地方。我们会失意，会有不顺利，或是遭受更大的挫折，普希金没有用很激烈的表达方式来呈现我们所经受的不如意。他用"欺骗""假如"，这些不如意只是生活给我们的一个小小"欺骗"，这似乎没什么大不了的。"假如"是种假设，是种试探，尤其能展现出诗人的美丽心灵。普希金只是对被生活欺骗这类负面状况作了个假设：瞧，我们的生活也许没有那么糟糕，只是"假如"被生活欺骗。开篇的魅力，在于普希金没有用激烈的表达方式引起读者的共鸣，他用和风细雨的方式勾起我们的记忆，回想起一些我们被生活"欺骗"的经历。

　　一首好诗不能只是因为它有悲天悯人的情怀，还要因为它如沐春风的表达而流传于世。在《假如生活欺骗了你》中，当生活显露出不那么美好的一面时，我们该如何应对呢？普希金在下文中给出了他的回答。

> 不要悲伤，不要心急！
> 忧郁的日子里须要镇静：
> 相信吧，快乐的日子将会来临。
>
> 心儿永远向往着未来；
> 现在却常是忧郁：
> 一切都是瞬息，一切都将会过去；
> 而那过去了的，就会成为亲切的怀恋。

　　纵观全文，循循善诱的普希金和读者直面困境时提供了三个解决方法：一是打"强心针"，注入精神的力量；二是养成时间观念；三是进行思维的转换。

　　普希金连用两个否定，"不要悲伤，不要心急"。他就像身边的朋友一样，设身处地，和读者一起直面困境。面对生活的欺骗，我们首先要做的就是保持镇静。诗歌朴素清新的语言让人感到亲切无比，如涓涓细流淌过心底。在字里行间，普希金传达出坚定的力量——"相信吧，快乐的日子将会来临""一切都是瞬息，一切都将会过去"。他让读者相信，我们的坚定能和生活的欺骗对抗，能和"悲伤""心急""忧郁"对抗。因此，在直面困境时，第一个解决方法是打"强心针"，注入精神的力量。

"一切都是瞬息，一切都将会过去"传递的是第二个解决方法——养成时间观念。逝者如斯夫，好的坏的都将会过去。若这个问题我们现阶段解决不了，倒不如交给时间，调整好心态，经由时间的沉淀，问题或许就迎刃而解了。面对世事的瞬息万变，养成时间观念要求我们做到心向远方，相信"瞬息""过去"后的美好。

"而那过去了的，就会成为亲切的怀恋"这句诗所传达的，便是第三个解决方法——进行思维的转换。正如"塞翁失马，焉知非福"一样，此时的困顿不堪随时间过去后，会成为记忆里的珍藏。我们都有这样的人生体验：当我们走上坡路时，总是会觉得吃力，但当埋头赶路的我们默默前行了一大段路时，发现自己走得更远、更高了。当发出类似于"原来我走了那么多路"的惊叹时，负重前行时的辛酸苦楚就显得微不足道了。

通过《假如生活欺骗了你》，我们能汲取向上的力量。普希金就像我们身边的一位朋友一样，用自由、隽永的语言，为我们谱写了一首难以忘却的诗篇。别林斯基说过："在普希金的任何情感中，永远有一些特别高贵的、温和的、柔情的、馥郁的、优雅的东西。"跨越时空距离，我们读到《假如生活欺骗了你》时，体会到的是普希金通达的情怀、对未来的坚定、含义隽永的话语。

这些美好的情感体验是在知人论世的基础上，反复涵咏、反复朗读得来的。因此在教学过程中，很有必要在知人论世的基础上，带领学生抓住诗歌的特点，多读多思，在反复朗读的过程中增进对诗歌内容的理解，将诗歌的养分内化成自己的一部分。此外，还可以通过以写促读的方式，加强学生对诗歌内容的理解。

联系中国古代文学史，不少文人面临着被贬谪、怀才不遇、不能施展抱负的人生困境。他们或选择"采菊东篱下，悠然见南山"，或抒发"长风破浪会有时，直挂云帆济沧海"的人生感慨，或抒发"人生得意须尽欢，莫使金樽空对月"的情怀。从中国古代诗歌中，我们同样能够汲取向上的力量，这是文学作品的魅力所在，我们同样能从外国抒情诗歌中汲取力量，获得人生启示，激励我们前行。但在表现方式上，外国抒情诗歌和中国古代诗歌有不同。若能将外国抒情诗歌和中国古代诗歌的相关篇目联系起来阅读，不仅能够为学生提供一个丰富的文化场域，使之接受文学的熏陶，还能培养学生的辩证思维，使之在对比阅读中感受中外作品的不同魅力。

当生活揭开她的面纱，显露出她真实的、和我们预期不太相符的一面时，请不要悲伤，不要心急。暂时不能解决的就先交给时间吧。"艰难困苦，玉汝于成"，走过崎岖的山路，经受岁月的沉淀，我们的未来会是康庄大道。失意时，不妨静下心来，从诗文中汲取向上的力量。

生活并不一定会欺骗我们

▶ 设计意图

现代诗歌是一种常见的文体，已成为初中语文教学的重要内容。抓住现代诗歌的抒情性、凝练性和自由性进行教学，有独特的价值。第一，抒情性。抒情性是诗歌的一大特征，现代诗歌同样如此。诗人往往在诗歌中倾注了丰富的情感，诗歌内容是诗人内心丰富感受的外化，源于生活又超越生活。现代诗歌的感情更加外放，学生能够很好地受到熏陶感染，自然而然又潜移默化地汲取现代诗歌中的养分。普希金在《假如生活欺骗了你》中抒的是他的达观，是他对生活的坚定，这些都对处在青春期的学生有独特的教学价值。第二，凝练性。凝练性也是诗歌的特点，诗歌言简意赅，用简练的语言将诗人的所思所想传达出来。短短的篇幅承载着诗人丰富的情感和深刻的内核。通过学习现代诗歌凝练的语言特征能够提高学生的写作水平。第三，自由性。和古代诗歌相比，现代诗歌没有严格的韵律要求，句子长短不一，形式更为自由，表情达意更为奔放，表现手法也更加多样，初一学生容易模仿，能锻炼学生的创作能力。

《假如生活欺骗了你》这首诗被放在七年级下册第五单元，第五单元的课文体裁多样，但无论是散文还是诗歌，其中都蕴含着丰富的哲理，给人启迪。教材的单元导读部分是这样说明的：建议运用比较阅读的方法，分析作品之间的相同或不同之处，以拓展视野，加深理解。《假如生活欺骗了你》这首诗歌虽然没有什么具体可感的人物形象，整首诗歌也很短小精悍，但是诗歌的语言清新而亲切，如在耳旁叮咛，入情入理，具有极强的哲理性和情感的韵味，很贴近人群，也易被学生接受。

因此，笔者将教学要点设计为：读、看、写。通过多读的方式，加深学生对课文的理解。将外国抒情诗歌和中国古代诗歌的相关篇目联系起来阅读，不仅能够为学生提供一个丰富的文化场域，使之接受文学的熏陶，还能培养学生的辩证思维，使之在对比阅读中感受中外作品的不同魅力。以写促读的方式，同样能促进学生对课文的理解。

▶ **教学过程**

一、导　入

被誉为"俄罗斯诗歌的太阳"的普希金，在短短的一生中创作了众多的抒情诗。前期的作品更多地体现他对快乐的追求，后期的作品更多地呈现生命的厚度。纵观普希金的作品，各个阶段呈现出来的都是昂扬向上、积极进取的情绪。

普希金在二十六岁时写下了《假如生活欺骗了你》。二十几岁，正是朝气蓬勃、施展抱负、大有作为的年龄。但二十几岁时的普希金，过着寂寂无名、孤苦寂寞的生活。1825年，普希金被流放到父亲的领地，被迫与世隔绝。同年，十二月党人在俄国搅弄风云，社会局势动荡。被流放的普希金既无法投入如火如荼的斗争中，也无法和亲朋好友相聚袒露心扉，身处黑暗却心向光明的他在沟渠中勾勒出了彩虹。他依然热爱生活，热爱写作，和当地人交友。《假如生活欺骗了你》正是他为庄园主人奥西波娃的女儿所写，短短数行，却倾注了诗人诸多的情怀。

二、美文共读

1.学生自由朗读。
同学们，这首诗歌是普希金在流放途中写的，想劝慰邻居家的小女孩。

因此，我们应该用什么样的语气读这首诗呢？注意，读的时候注意重音、韵律，声音要轻柔。

2. 教师点评学生的朗读情况，示范朗读。

3. 学生自由朗读，尝试背诵。

三、类文比读

出示外国诗歌：《假如生活欺骗了你》《心，我的心，你不要忧郁》《西风颂》《致恰达耶夫》。出示中国古代诗歌：《行路难》《望岳》《酬乐天扬州初逢席上见赠》《咏竹》。

问：请同学们以小组为单位，阅读诗歌。试着分析和比较，这两类诗歌有什么相同点和不同点，给了同学们什么启发呢？

预设：从内容上分析，从体裁上分析，从抒情方式上分析，从诗歌表达情感上分析，从文化背景方面分析。

假如生活欺骗了你

普希金

假如生活欺骗了你，

不要悲伤，不要心急！

忧郁的日子里须要镇静：

相信吧，快乐的日子将会来临。

心儿永远向往着未来；

现在却常是忧郁：

一切都是瞬息，一切都将会过去；

而那过去了的，就会成为亲切的怀恋。

心，我的心，你不要忧郁

海涅

心，我的心，你不要忧郁，

快接受命运的安排，

寒冬从你那儿夺走的一切，
新春将重新给你带来。

为你留下的如此之多，
世界仍然这般美丽！
一切一切，只要你喜欢，
我的心，你都可以去爱！

西风颂（节选）

雪莱

像你以森林演奏，请也以我为琴，
哪怕我的叶片也像森林的一样凋谢！
你那非凡和谐的慷慨激越之情，
定能从森林和我同奏出深沉的秋乐，
悲怆却又甘洌。但愿你勇猛的精灵
竟是我的魂魄，我能成为剽悍的你！
请把我枯萎的思绪播送宇宙，
就像你驱遣落叶催促新的生命，
请凭借我这韵文写就的符咒，
就像从未灭的余烬飏出炉灰和火星，
把我的话语传遍天地间万户千家，
通过我的嘴唇，向沉睡未醒的人境，
让预言的号角奏鸣！哦，风啊，
如果冬天来了，春天还会远吗？

致恰达耶夫（节选）

普希金

我们忍受着期待的煎熬，
切盼那神圣的自由时刻来到，
正像风华正茂的恋人

等待忠实的幽会时分。
趁胸中燃烧着自由之火，
趁心灵向往着荣誉之歌，
我的朋友，让我们用满腔
壮丽的激情报效祖国！
同志啊，请相信：空中会升起
一颗迷人的幸福之星，
俄罗斯会从睡梦中惊醒，
并将在专制制度的废墟上
铭刻下我们的姓名！

行路难
李白

金樽清酒斗十千，玉盘珍羞直万钱。停杯投箸不能食，拔剑四顾心茫然。
欲渡黄河冰塞川，将登太行雪满山。闲来垂钓碧溪上，忽复乘舟梦日边。
行路难！行路难！多歧路，今安在？长风破浪会有时，直挂云帆济沧海。

望岳
杜甫

岱宗夫如何？齐鲁青未了。造化钟神秀，阴阳割昏晓。
荡胸生曾云，决眦入归鸟。会当凌绝顶，一览众山小。

酬乐天扬州初逢席上见赠
刘禹锡

巴山楚水凄凉地，二十三年弃置身。怀旧空吟闻笛赋，到乡翻似烂柯人。
沉舟侧畔千帆过，病树前头万木春。今日听君歌一曲，暂凭杯酒长精神。

咏竹
郑板桥

咬定青山不放松，立根原在破岩中。千磨万击还坚劲，任尔东西南北风。

四、以写促读

同学们，刚上课的时候我们就明确了，这首诗是普希金赠予邻居家小女孩的，题写在她的笔记本上。设想一下，小女孩收到这首诗时，会写给普希金什么样的回信呢？让我们隔着时空的距离，以小女孩的身份，用诗歌的形式，来和普希金对话吧！句式上可以仿照《假如生活欺骗了你》。

5　登高诗联读

登高致远，超脱俗尘

　　登高望远，这一独特的视角往往引人遐想与思考。登高，是中国古典诗歌的一个重要题材。古代文人有登高的情结。登高是指登临高处，既可以是高峻山峰，也可以是亭台楼阁，凡是能置身于高处，从高处视野中获得见闻感悟的诗歌，都可以称作"登高诗"。

　　孔子云"君子登高必赋"，登高成了文人的高雅活动，同时文人通过登高望远抒发自己的感受。纵观浩荡诗海，登高诗因诗人的不同心理状况，注入了个性化的情感，或抒情言志，或慨叹际遇，或思亲怀远，或吊古伤今……尽管诉说的情感不尽相同，但其开阔的视野，展现一种壮阔磅礴之美。

　　统编版初中语文教材也精选了几首经典的登高诗，如七年级上册的《观沧海》（曹操）、《行军九日思长安故园》（岑参）；七年级下册的《登幽州台歌》（陈子昂）、《望岳》（杜甫）、《登飞来峰》（王安石）；九年级下册的《临江仙·夜登小阁，忆洛中旧游》（陈与义）。这几首诗词跨越不同作者和时代，在教材中又跨越不同的单元，看似无关，但若用"登高"这一主题串联比较，读起来别有一番趣味。下面以这几首诗词为例，从"登高"的视角来品读情感意蕴。

一、观照自我：得志与失志

　　韩元吉在《虞美人·怀金华九日寄叶丞相》中说"登临自古骚人事"，而"骚人之事"往往与其"志"相关，传统文人受到儒家思想的熏陶，不管是追求"兼济天下"还是"独善其身"，都追求个人才华能够施展，建功立业的志向能够实现。在这种心理背景下，登上高处，恰好可以在高远的视角上观照自我，在壮阔的景观面前思考自己的人生价值，在得志与失志中抒发不同的情怀。

（一）放大自我，抒写志向

1. 胸怀天下：《观沧海》

《观沧海》写于建安十二年（公元207年）曹操北征乌桓得胜回师途中，行军到海边，途经碣石山，登山观海兴起所作。这次胜利巩固了曹操的后方，奠定了挥戈南下的基础，以期实现统一中国的宏愿。他意气风发，登高望远，"水何澹澹，山岛竦峙。树木丛生，百草丰茂"，看到的是汹涌澎湃的波涛、树木繁茂的山岛，秋风萧瑟之际，不觉苍凉，反而是一派欣欣向荣的气象。

"日月之行，若出其中。星汉灿烂，若出其里。"立于高处，曹操顿生遐想。看时空的广阔，抬头看天，远眺无边的大海，海天相接，似乎天地万物融于眼前；穿梭日月星辰之间，仿佛时间变化如弹指一瞬。渺远的天地时空仿佛瞬间缩小了，仿佛目之所及就是这广阔的"天地"，而诗人曹操就是凌驾于天地时空之间的"大人"，观沧海吞吐日月，怀天下广阔胸襟。

2. 信心满怀：《登飞来峰》

《登飞来峰》是宋代王安石的诗歌。宋仁宗皇祐二年（1050年），诗人王安石在浙江鄞县知县任满回江西临川故里时，途经杭州，写下此诗。此时诗人只有三十岁，正值壮年，抱负不凡，这是实行新法的前奏。"飞来山上千寻塔"，高峻的山峰上，"千寻"的高塔，大胆夸张极言其高，仿佛把自己置身于无人企及的巅峰。"闻说鸡鸣见日升"，清晨于高处，鸡鸣破晓，遥望太阳冉冉升起，仿佛与日同在，冲破黎明的黑暗，光芒闪耀。

前一句叙事写景，后一句笔锋一转，直抒胸臆，"不畏浮云遮望眼，自缘身在最高层"。"不畏"展现出无所畏惧的决心，似乎有"初生牛犊不怕虎"的壮志，看着眼前的"浮云"也无所畏惧，因为自己就是站在最高层。"最"是何其自信，坚信自己站在顶端，高瞻远瞩，坚信自己的远见能冲破浮云的阻挡。在古代诗歌中，"浮云"有特定的文化内涵，其中有遮蔽、阻挡之意，喻指"奸佞小人"。王安石不与小人为伍，不苟且琐碎，超脱俗尘，自认为站在顶端，立足高远，排除迷雾，似乎前程就如那上升的太阳，光芒四射。

登高，给王安石带来宏大的视野，也让他有身临巅峰之感，信心满怀，未来可期！

3. 壮志凌云：《望岳》

与前面两首诗略有不同，前面两位诗人站在高处，有身临巅峰之感，而杜甫的《望岳》似乎还在攀登途中，"望"字写出了登高的所见，也写出了登高的决心，也正是"望"给了这首登高诗更丰富的视角。

"岱宗夫如何？齐鲁青未了。"开篇设问，以穿越时空的角度对泰山进行总体评价——遥想春秋战国时期，泰山已经耸立在世，所及之地跨越齐鲁，历史悠久，雄伟壮阔。"造化钟神秀，阴阳割昏晓。""钟"意为聚集，大自然把所有的神奇秀丽都聚集于泰山，诗人似以造物者的视角，把山"割"成阴阳两面，极言山之高。"荡胸生曾云，决眦入归鸟。"虽然还没到达顶峰，但诗人看着层云升起，心胸震荡，"决眦"写出了诗人欲把视域扩大到极点，与"欲穷千里目，更上一层楼"有异曲同工之妙。因此，最后发出"会当凌绝顶，一览众山小"的誓言，表现诗人登顶的决心，展现一览天下的雄心壮志！

这首诗写于杜甫青年时期，诗人到洛阳参加科考，结果落第而归，开元二十四年（736年），二十四岁的诗人开始过一种不羁的漫游生活。虽然考试成绩不佳，但杜甫没有颓废消极。因为年轻，他对自己充满期望；因为年轻，他敢于抒发豪言壮志，让我们读出杜甫也有年少轻狂时！

4. 探析视角，感受得志

上述三首登高诗，都是展现积极昂扬的生命状态，是抒发"得志"的登高诗。通过诗歌意境与个人视角的探析，可以发现三位诗人都在意气风发之时，站立高处，登高望远，让自己成为高处的中心，有"君临天下"的自信。曹操的"日月之行，若出其中。星汉灿烂，若出其里"，把自己化作胸怀天下的主角；王安石的"自缘身在最高层"，把自己放在高峰之巅，似乎无人能及；杜甫的"一览众山小"，颇有"大地在我脚下"的壮阔之感。

得意之时，高处是舒展抱负的理想视野，把个人的生命状态放大，把天下缩小，突显个人之志，写出壮阔崇高之美。

（二）飘渺人生，感慨失意

与得志相反，登高也能抒写"失志"，如《岳阳楼记》所言，得志者"登斯楼也，则有心旷神怡，宠辱偕忘，把酒临风，其喜洋洋者矣"，失志者"登斯楼也，则有去国怀乡，忧谗畏讥，满目萧然，感极而悲者矣"。表现失意的登高诗，经典之作莫过于陈子昂的《登幽州台歌》。

1. 陈子昂的错位时空：《登幽州台歌》

陈子昂是开时代风气的诗人，杜甫称他"有才继离骚"，韩愈评价他"国朝盛文章，子昂始高蹈"，他自幼聪慧，但又因桀骜不驯、直言敢谏导致仕途坎坷、壮志难酬。三十五岁那年，陈子昂随建安郡王武攸宜北征契丹，他只是随军参谋，看出了武攸宜策略的弊端，进谏提议，不被采纳，再次进谏，遭到贬斥。

正是失意之时，登上"幽州台"——燕国时期燕昭王所建的黄金台。修建黄金台用于招纳贤才，因燕昭王将黄金置于其上而得名。个人身世与这座楼台形成反差，这种强烈的落差感，让诗人情郁于中，不能自已。

细读此诗，感受其简洁背后的震撼。"前不见古人，后不见来者"，忆往昔，不见贤明君主招贤纳才；而未来的自己大约也看不见贤明之主，生于当下，正不逢时，感慨时间的错位，怀才不遇。

"念天地之悠悠，独怆然而涕下"，看似冷淡的叙述，却别有一番悲凉。作者立于高处，看到广阔的天地，看到悠悠历史，贯穿于宏大的时空之中审视自己，仿佛自己是"渺沧海之一粟"，把天地放大的同时，把自己缩小，在大与小的错位中，仿佛自己是被抛弃的孤独者，独自哀伤……寥寥数字，道尽生不逢时、人生不济的悲哀。

抒发怀才不遇的诗歌浩如烟海，表现形式多样，但这首诗能立于高远，纵横广阔时空，在时间和空间的错位中，突显自己的格格不入，意境宏大，颇有悲壮之美。

2. 探析视角，领悟失志

与"得志"之诗不同，潦倒落魄之时登上高处却有另一番滋味。"每当登临高处，回顾四野，天地苍茫辽阔，然而作为个体的人与之相比，却渺小犹如沧海之一粟。广袤无际的空间与蜉蝣一般存在的个体，不由心生对大自然的敬畏和对自身力量微薄的悲叹。"①在意气风发之时登高，是把高邈的心境包揽于怀，似把自己放大成为天地的主宰。在失意落魄之时登高，就会把天地放得更大，如"念天地之悠悠""无边落木萧萧下，不尽长江滚滚来"；也会把自己缩小，苍茫之间，小得微不足道，小得无可奈何。

王国维言："以我观物，故物皆著我之色彩。"同为立于高处，却因人生际遇不同，有不同的感触，在广阔天地与自我角色的交互中呈现不同的情感。但尽管所抒之志不同，崇高的诗歌风格是伟大心灵的共同追求。

二、观照他方：思亲与怀远

除了关注自己、述怀志向以外，登高诗还有其他常见的抒情方向。站在高处，除了感慨自身际遇，更能观照他人、观照历史，或思念远方亲朋，或吊古伤今。

1. 思忆故园念家国：《行军九日思长安故园》

追溯古代登高主题作品的源头，一是古代的宗教祭祀活动，二是"重阳登高的民俗"。九九重阳，"以为宜于长久，故以享宴高会"，宜登高望远，赏菊赋诗。王维有《九月九日忆山东兄弟》"独在异乡为异客，每逢佳节倍思亲"，在重阳佳节怀远思亲。古人远游，重逢不易，"思乡怀远"是中国古典诗歌的重要主题，而登上高处，极目远眺，诗人此时多么希望目之所及的远处就是故乡。

岑参的《行军九日思长安故园》作于唐玄宗天宝十四年（755年），安禄山起兵叛乱，次年长安被攻陷。唐肃宗至德二年（757年）二月唐肃宗由彭原行军至凤翔，岑参随行。这首诗原有小注说："时未收长安。"至德二年九月唐军收复长安，此诗可能是当年重阳节在凤翔写的。本是亲友团聚的佳节，却因为时局动荡，远征在外，未能相聚。

"强欲登高去，无人送酒来。"一个"强"字道出其中的无奈，勉强登高是习惯，是寄托，还是逢场作戏？然而，登上高处，更感到大为不同，本是相聚赏菊饮酒的日子，却无人相伴，落差感让人生悲。"遥怜故园菊，应

---

① 魏景.登高诗源流及心理根源[J].中国科教创新导刊，2012（26）：93.

傍战场开。"立于高处，遥望故乡，那才是真正赏菊的地方，才是真正的家园，思绪随着诗人的视角伸向远方，似乎回到故乡的温床。可是一句"应傍战场开"，让诗人从思亲的美梦中惊醒，何处为家？恐怕故乡也已经沦为战场了。

在"行军"的背景下，登高思亲，想到的不仅是自己的小家，更有国家社稷，寄托着诗人对无数饱经战争忧患的人民的同情，对国事的忧虑。从思念故乡到记挂国事，承载着诗人的家国情怀，表现出诗人对早日平定安史之乱、重获和平的渴望。

2. 穿越时空寄情思：《临江仙·夜登小阁，忆洛中旧游》

陈与义是南北宋之交的著名诗人，被誉为"诗俊"，与"词俊"朱敦儒和"文俊"富直柔同列"洛中八俊"。陈与义生于两宋之间，在北宋曾任太学博士，在南宋也是朝廷重臣，他也是一位爱国诗人，留下许多忧国忧民的诗篇。《临江仙·夜登小阁，忆洛中旧游》写于宋高宗绍兴五年（1135 年）左右，陈与义四十六岁，当时退居青墩镇僧舍。他是洛阳人，夜登小阁追忆起二十多年前的"洛中旧游"，那时是宋徽宗政和年间，天下太平，人们游赏玩乐"忆昔午桥桥上饮，坐中多是豪英""杏花疏影里，吹笛到天明"。午桥上的宴饮之乐、与英雄豪杰的畅谈之乐，有幽雅的杏花可以观赏，也有悠悠的笛声助兴，一切美好尽在回忆中。可是，"长沟流月去无声"一切如沟水中的月影，无声地离去。

"二十余年如一梦，此身虽在堪惊。"二十余年后金兵南下，北宋灭亡，诗人流离逃难，饱尝艰苦，此时正是南宋王朝建立初期，在局势动荡之时，一切繁华如泡影，劫难如梦幻一场，让人惶恐、感慨。如今"闲登小阁看新晴"，政局初步安定，再登此楼，故地重游，物是人非。立于高处，眺望远方，顿生时空之广阔感，思绪穿过悠悠的历史长河，感叹"古今多少事，渔唱起三更"。所有的往事，繁华也好，动荡也罢，都不过成了渔唱樵歌，成为记忆罢了。

3. 探析视角，感受怀远

登上高处，往往有广阔的视野，让人想望尽前方、感怀远方。此时的"远方"，是空间上遥远之地，于是想起远方的亲朋，游子便会思念遥远的故乡。"远方"也可以是时间上的，回顾悠久的历史长河，也有对崭新未来的展望，而更多的诗人偏向于回望历史，于是常有吊古伤今之诗，如"古今多少事，渔唱起三更"（陈与义《临江仙·夜登小阁，忆洛中旧游》），"千古兴亡多少事？悠悠。不尽长江滚滚流"（辛弃疾《南乡子·登京口北固亭有怀》）。

登高怀远的诗歌，大部分把视角投向广阔的时空，因为"远"而不能及，常有哀愁苍凉之感。

三、结　语

刘勰在《文心雕龙》中提出，"登山则情满于山，观海则意溢于海"。古代文人登高望远，居高临下，感受天地的辽阔与历史的悠长，勾连身世浮沉"为情造文"，或喜或悲。但总而言之，正因为高处的视角，让人置身高远，超脱俗尘，传递一种壮阔磅礴之美。

用比较的思维探析登高情怀

▶ **设计意图**

统编版初中语文教材精选了几首经典的登高诗，如七年级上册的《观沧海》（曹操）、《行军九日思长安故园》（岑参）；七年级下册的《登幽州台歌》（陈子昂）、《望岳》（杜甫）、《登飞来峰》（王安石）；九年级下册的《临江仙·夜登小阁，忆洛中旧游》（陈与义）。

其中几首"登高诗"集中在七年级下册第五单元的《古代诗歌五首》。本单元学习的重点目标是托物言志，体会通过景和物来寄寓自己的情思，并学习比较阅读的方法，分析作品之间的异同，以拓展视野，加深理解。因此本课通过比较阅读，勾连上册学习的《观沧海》《行军九日思长安故园》，通过《登幽州台歌》《登飞来峰》《望岳》来品味"登高诗"的意境，通过前面几首诗的结构，探究登高诗的类化特点，然后拓展延伸学习九年级"课外古诗词诵读"中的《临江仙·夜登小阁，忆洛中旧游》，来完成本单元的教学目标。

这一组诗歌都是登高望远时有感而发，都属于登高诗，同样的高处视角，但因作者的生活际遇不同而存在情感的差异。因此，本课抓住"登高诗"的特点，以"视角与情怀"为主线，通过比较阅读的方法来学习几首诗，从中抓住各自的特点，也让学生"看到"古人登高望远时所观之景，发现诗句中寄托着诗人别样的情怀，感受登高诗壮美的境界。

通过比较阅读，发现一组登高诗的异同，初探"登高诗"的"视角与情怀"，体会登高诗壮美的境界，感受诗人指点江山的气魄。

▶ 教学过程

第一环节：勾连旧知，初识登高

话题导入：通过"登山"的互动导入以前学过的知识，引出"登高诗"的话题。回顾上学期所学的《观沧海》《行军九日思长安故园》，其共同点是站在高处，远眺景物，抒发情感。

引出学习内容，即《登幽州台歌》《登飞来峰》《望岳》。阅读学习诗歌的方法及本课目标，并通过比较题目，明确"登高诗"所处的位置共同点——高处，从而为下面的比较学习作铺垫。

环节意图：以"登山"这一生活体验引入课题，勾起学生"登高望远"时的感受；联系生活，为体会"登高诗"的情怀作铺垫。此外，回顾方法为"一读、二品、三成诵"；了解目标，能给学生明确学习任务和学习方法的线索，使学习思路更明确。

第二环节：立于高处，高瞻远瞩

一、读出韵味

1. 听范读：节奏、情感。
2. 自由跟读：揣摩语气（利用配乐朗读，自由跟读）。
3. 小组互读：合作提高（小组合作，练习小组朗读）。
4. 朗读展示（个人展示—小组展示—全班齐读展示）。

环节意图：以读为基础，先理顺诗歌的内容、节奏，初步把握情感，在此环节布置多种形式的朗读任务。① 听范读，旨在引导学生体会诗歌朗读的节奏和情感。② 自由跟读，让学生初步领会诗歌的情感，读出情感。③ 小组互读，通过小组带动个体，在相互切磋学习中，带动薄弱的同学，调动组员的积极性。④ 朗读展示，以此展现学生练习的成果，提高学生的朗读兴趣和积极性。

二、初读题文，知内容

（一）同学们，我们看《登幽州台歌》《登飞来峰》《望岳》，从题目或具体的诗句中，我们发现这几首诗歌写了什么内容？

预设：《登幽州台歌》作者登上幽州台，写下所见所感。《登飞来峰》作者登上飞来峰看日出，抒发情感。《望岳》作者在登山途中望泰山，写下所见所感。

方法指导：善于读题目，通过题目和诗句内容粗知诗歌大意。

（二）从内容上看，这几首诗有什么共同点？

预设：都是登上高处写下的所见所感。

（三）登上高处的诗人，看到的是什么？想到的又是什么呢？请结合诗句的意象，发挥想象，填写下表。

题目	登高何处	所见 / 所感之物	我仿佛看到一个怎样的画面？
《登幽州台歌》			
《登飞来峰》			
《望岳》			

学生自主细读诗歌，分析诗歌内容并填写表格，完成后小组交流，由小组代表进行汇报。学生通过细读诗歌，从他们登高的地方，站在高处，高瞻远瞩，寻找在这广阔的视野中作者所写的意象，通过发挥想象，设身处地地感受诗中的意境。这个环节先开放给学生自主探究，充分发挥学生的自主性。

这个环节引导学生明确如下内容：

1.《登幽州台歌》：登上幽州台，由"古人"想到古代招贤纳士的燕昭王，由"来者"想到未来贤明的君主。欣赏意境：通过"视角与情怀"的角度带领学生分析诗歌的意境。

（1）再读全诗，思考作者采用的是什么视角？表达了怎样的情怀？

（2）"前不见古人，后不见来者"用了什么方位词来表明作者的视角？

（明确：前、后，引导学生体会作者以当下为原点，目光似乎穿透历史与未来，写出悠长的时间维度。）

（3）"不见"谁呢？表达了作者怎样的情怀？（明确：像燕昭王一样的贤君，引导学生抓住"不见"的失落感，为何"我"在这漫漫的历史长河中就遇不见明君？）

（4）"念天地之悠悠"用了什么方位词来表明作者的视角？（明确：天地，"悠悠"表明空间广阔）

2.《登飞来峰》：根据诗歌我们可以得知，诗人站在什么位置，以一个怎样的视角来观察环境？（明确："飞来山上千寻塔，闻说鸡鸣见日升"写景，得知诗人站在高处；根据"不畏浮云遮望眼，自缘身在最高层"得知作者站在最高层，推测作者在远眺风景。）

所看到的视野如何？（明确：广阔。从"不畏浮云遮望眼，自缘身在最高层"得知，站在高处，超越云层，发挥想象得知视野十分开阔。）

3.《望岳》：在途中"望"泰山，看到了"阴阳割昏晓"，太阳光照射下来，高峻的山峰遮挡住阳光，似乎将山峰分割成阴阳两面，突出山的高。看到了"曾云"，天上的雨雾激荡在胸中，要把眼睛睁到最大，才能尽可能地看到最远方，视野非常开阔，整首诗歌意境雄浑开阔。

4. 比较这三首诗，作者的落脚点都是高处，视野高远，所看之景都有什么共同点？

通过学生讨论比较，引导学生明确：站在高处，视野都比较广阔，极目远望，可以想到广阔的空间、渺远的历史，在宏大的视野中感受雄壮之美。

第三环节：知人论世，感悟情怀

既然这三首诗有共同的立足点，有共同的开阔视野，那么情感一样吗？请结合三位作者的背景资料卡，再深入诗句，读读这三首诗在情感上有什么异同。

补充资料1：陈子昂，开时代风气的诗人，杜甫称其"有才继离骚"，韩愈称其"国朝盛文章，子昂始高蹈"。自幼聪慧，少而任侠，年十七八，尚不知书。后因击剑伤人，始弃武从文，慨然立志，谢绝旧友，深钻经史，不几年便学涉百家。桀骜不驯，直言敢谏，仕途坎坷，壮志难酬，多次直言进谏，不但未被采纳，反而被斥降职，壮志难酬的陈子昂三十八岁辞职还乡，后被奸人陷害，冤死狱中，年仅四十一岁。

创作背景：三十五岁那年随建安郡王武攸宜北征契丹，陈子昂只是随军参谋，他看出了武攸宜策略的弊端，进谏提议，不被采纳，再次进谏，遭到贬斥。

幽州台：燕国时期燕昭王所建的黄金台。修建黄金台用于招纳贤才，因燕昭王将黄金置于其上而得名。

补充资料2：开元二十四年（736年），二十四岁的杜甫开始过一种"裘马清狂"的漫游生活。此诗写于杜甫北游齐、鲁（今河南、河北、山东等地）时，是现存杜诗中年代最早的一首。玄宗开元二十三年（735年），诗人到洛阳参加科考，结果落第而归，于是北游齐鲁，这首诗就是在漫游途中所作。结句尤其精妙，气势不凡，意境辽远，将诗人的抱负和理想都蕴含其中。全诗开阔明朗，情调健康。

补充资料3：王安石，字介甫，号半山，汉族，临川人，北宋著名思想家、政治家、文学家、改革家，唐宋八大家之一。事迹：主持变法，遭守旧派反对，曾两度被罢相。元祐元年（1086年），保守派得势，新法皆废，郁然病逝于钟山，后获谥"文"，故世称王文公。《登飞来峰》写于宋仁宗皇祐二年（1050年），诗人王安石在浙江鄞县知县任满回江西临川故里时，途经杭州，写下此诗。此时诗人只有三十岁，正值壮年，抱负不凡，这是实行新法的前奏。

题目	我读出的情怀	依据（联系词句／背景）
《登幽州台歌》		
《登飞来峰》		
《望岳》		

通过自主学习，小组合作探究，再进行小组汇报，在汇报分享互动中，引导学生领会诗歌的情感。

1.《登幽州台歌》

（1）两个"不见"表达了作者的什么情怀？（明确：希望遇见像燕昭王一样的贤君，引导学生抓住"不见"的失落感，为何"我"在这漫漫的历史长河中就遇不见明君？表达作者生不逢时、怀才不遇的情怀。）

（2）"独怆然而涕下"，一个"独"字体现"我"在这广阔的天地间怎样的情怀？（引导学生体会广阔的空间是"大"的，"独"体现人之渺小，一大一小的对比，产生强烈的艺术效果，似乎"我"被大世界抛弃，与世道格格不入，表现诗人壮志难酬、孤独悲哀的情怀。）

2.《登飞来峰》

"不畏浮云遮望眼，自缘身在最高层。""不畏"展现出诗人无所畏惧的决心，因为自己就是站在最高层。坚信自己站在顶端，高瞻远瞩，坚信自己的远见能冲破浮云的阻挡！自认为站在顶端，立足高远，排除迷雾，似乎前程就如那上升的太阳，光芒四射。也暗含着哲理：只有立足高远，才能够排除层层迷雾，看到事物的本来面目。

3.《望岳》

（1）通过"会当凌绝顶，一览众山小"及杜甫的背景读出，年轻的诗人虽然还在"望"泰山，但"会当"表明他攀登顶峰的决心，一定要登上顶峰，体验大地尽收脚下的感觉。

（2）此处，再补充杜甫其他诗句，如"万里悲秋常作客，百年多病独登台。艰难苦恨繁霜鬓，潦倒新停浊酒杯。"（《登高》杜甫），"亲朋无一字，老病有孤舟。戎马关山北，凭轩涕泗流。"（《登岳阳楼》杜甫），通过比较晚年杜甫那落魄潦倒的状态，明白《望岳》中表现的杜甫也有年少轻狂、意气风发，实为难得。

第四环节：感受登高气魄，学品登高情怀

1.通过对上面三首诗的学习，请同学们说说"登高诗"有什么特点？

学生各抒己见，引导明确：

一个视角：居高临远、天地辽阔、历史悠长。

一份情怀：借景抒情，勾连身世浮沉，"为情造文"，或悲或喜。

以上都表现出一种壮阔磅礴之美！

2.通过对上面三首诗的学习，我们要如何来读"登高诗"？

学生各抒己见，总结阅读方法，教师引导小结：

一读：读出节奏、读出韵味。

二品：读题目粗知内容，抓住高处的意象，想象意境；知人论世，感受情怀。

三诵：积累背诵。

小结：从"视角"与"情怀"的角度，比较诗歌的异同，从中品味登高诗的壮阔磅礴之美，让我们在生活中登高望远，以高远的气魄拥抱生活！

第五环节：拓展阅读，品登高词

通过课堂学习的登高诗结构，课后学生自主学习《临江仙·夜登小阁，忆洛中旧游》。

1.读题目，知内容

"夜登小阁"后，回忆二十多年前的"洛中旧游"。

2.读意象，赏意境

"忆"字统领上片，"桥上饮""杏花疏影""吹笛"，感受过去欢乐、悠闲、自在的相聚场景，让人怀念。"流月""去无声"顿生悲哀，时光像流水中的月影，无声无息地离去，化作泡影。现在闲登小阁看"新晴"，已经是新的气象，忆古看今，感受悠悠历史。

3.知人论世，感悟情怀

结合背景，得知词人当时处于政局动荡时期，二十多年前的时候还是天下太平，转眼间历经混乱，难免失意。"古今多少事，渔唱起三更"，立于高处，怀想悠悠历史，作者把时间的流逝、时局的动荡都看作历史长河中的一部分，感叹世事浮沉。

6　定风波

突破苦难的三重境界

　　《定风波》是展现大文豪苏轼豁达潇洒的代表作之一，把游玩途中遇雨的日常经历写入词中，寄托自己的人生际遇，抒发自己的人生态度。统编版初中语文教材把这首词安排在九年级下册的课外古诗词诵读中，且不论诗词里的技巧，单是沉浸词中，设身处地赏读词句，穿越到那场风雨中，便能感受苏轼突破风雨的历程，获得人生的启迪。

　　宋神宗元丰五年（1082 年），苏轼寓居黄州，词前的序道出了写作的缘由："三月七日，沙湖道中遇雨。雨具先去，同行皆狼狈，余独不觉。已而遂晴，故作此词。"当天苏轼与人一同去沙湖看新买的农田，途中下起了雨。雨具被带走了，这是突如其来的一场风雨，毫无征兆，让人放松了警惕。此时"同行皆狼狈"，众人因为这场雨感到窘迫，弄得一身狼狈，可见这一行人并没有避雨，而是在冒雨前行，也可知苏轼的状态实际上和众人一样，可是在众人狼狈窘迫的状态之下，他却"独不觉"，客观状态相同，内心状态却超脱众人，当他回望这段冒雨前行之路时，反觉轻松自在。

　　让我们跟随苏轼的步伐，一同穿越到那场风雨中，回望他冒雨前行的状态，感受他突破苦难的三层境界。

一、初遇风雨，宽慰接受

　　且看这场雨是如何的。"莫听穿林打叶声"，"穿"和"打"都是非常有力量感的词语，虽然是三月份，但从这两个词可以看出这场雨并非轻盈连绵的牛毛细雨，或许就是穿透丛林的滂沱大雨，雨点直穿过来迅速有力，直打在枝叶上。此时的雨定然迅猛，雨声噼噼啪啪，像点着一串串连珠鞭炮。听着巨大的雨声，看着这巨大的雨帘，或许已经让人望而生畏了。

此时，诗人却说"莫听"，看似无畏从容地走进雨中，然而，苏轼真的不怕吗？下文一句"谁怕"，这是反问句，应该是反问自己，直面自己内心的"害怕"。因此，初读本词，会认为苏轼是直接从容地面对风雨，反复细读，方觉面对风雨时，他也有细腻的心路历程。此刻的豁达从容可能是假的，或许正是曾有害怕，他才强调自己不怕，于是此处的"莫听"也许是苏轼给自己的心理暗示，宽慰自己"莫听""别怕"，不过是一场风雨而已。

面对突如其来的大雨，犹如遭遇突降的厄运，正如苏轼的命运，从一个政坛要员突然被贬黄州，曾经的文坛"顶流"，因为"乌台诗案"遭受攻击压迫，历经审问与侮辱，受尽折磨后被贬到黄州。贬官此处，只留一个没有实权的闲职，所有的理想抱负瞬间化为泡影，似乎一霎间失去了人生的意义。

遭此厄运，苏轼的乐观豁达也不是瞬间促成的，而是经历了一段孤独的治愈之旅。他在《卜算子·黄州定慧院寓居作》中写道："谁见幽人独往来，缥缈孤鸿影……拣尽寒枝不肯栖，寂寞沙洲冷。"这是他孤独的写照，孤独的大雁独自飘零，似乎与周围格格不入，"不肯栖"实为无法栖，没有找到心灵所属无法真正停下脚步，只能独自寂寞。可见，命运突变之初，苏轼曾孤独、曾失落、曾迷茫，他也是常人，也会害怕，面对突如其来的风雨，一开始也许并非那么从容，用"莫听"来宽慰自己，给自己壮胆，好让自己与苦难作对抗。

"何妨吟啸且徐行"，"何妨"是苏轼接纳这苦难的尝试，既然困难无法避免，"我"便不去听那可怕的声音，试试把恐惧屏蔽，试试在雨中"吟啸徐行"。人们走在大雨之中，往往会急速行走，试图躲避风雨，急着去找到庇护的地方，然而，苏轼在此却"徐行"，慢慢地行走在雨中，不因躲避风雨而手忙脚乱，徐徐前行，实际上是接纳了这个困难，不因困难的到来而自乱阵脚，从容无畏地与风雨同行。"吟啸"意为吟诗长啸，面对风雨，他试图以自己最喜欢的姿态前行，不失本色。

二、乐在途中，从容欣赏

面对人生的风雨，苏轼宽慰自己，尝试接纳，也在路途中，不断地欣赏生活，欣赏苦难。

"竹杖芒鞋轻胜马"，拄着竹杖，脚踏芒鞋，在雨中"徐行"，"竹杖"和"芒鞋"只是简单朴素的装备，苏轼却认为能胜过骑马疾驰，这是一种随遇而安、享受当下的乐观状态，何以至此？全凭一"轻"字！轻装上阵，没有重物加身，也没有繁杂的事务纠缠，便可无所顾虑，简单纯粹地前行。正如刘禹锡在《陋室铭》中写出"无丝竹之乱耳，无案牍之劳形"的日常生活之乐，回归简单的生活，身在陋室依然自得其乐。近年来流行"极简主义"，在压力重负之下，人们愿意选择"舍弃"，舍弃华而不实的累赘，回归简单舒心的生活。

而苏轼在被贬官，经历孤独、害怕的煎熬后，学会从容地融入这简单朴素的生活中。来到黄州后，他渐渐与自己的处境和解，把乐趣转移到平凡的生活中。他当农民，在城东门的一块坡地上开垦荒地，除杂草、种竹子，用心经营着这块地，甚至给自己取号为"东坡"。他爱美食，制作出闻名天下的"东坡肉"，在《猪肉颂》中写道："黄州好猪肉，价贱如泥土。贵者不肯吃，贫者不解煮。早辰起来打两碗，饱得自家君莫管。"他以朴实的语言记录饮食。他还盖了"雪堂"，在里面招待朋友，谈笑不仅有鸿儒，往来也有白丁。苏轼就是如此，在人生厄运到来后，他走过孤寂与黑暗，回归平淡，从容地笑对生活，所以"竹杖芒鞋"也能"胜马"，那是乐观心理的投射，是苦中作乐。

"谁怕？"这一问，似在回应自己，似在给自己鼓励，再把雨中的境遇放在人生中，感叹"一蓑烟雨任平生"。在这一句里，我们仿佛看到披着蓑衣的苏轼漫步雨中，任凭风吹雨打，仍然从容地度过自己的人生。此句的"任"字更值得品味，"任"意为任凭，不管外界条件多么艰苦，"我"依旧处之泰然，在风雨中顺其自然，享受生活。

在这层境界中，苏轼从苦中作乐，把乐趣投放到简单朴素的生活中，欣赏当下，自得其乐，任凭风吹雨打，依然保持平常心，从容不迫。

三、蓦然回首，豁达释然

正是这份从容，让在雨中漫步的苏轼不由得沉醉。此时"料峭春风吹酒醒，微冷，山头斜照却相迎"。微寒的春风吹来，恰到好处的凉意把醉酒的人唤醒，原来身躯被打湿后竟感到"微冷"。展望前方，竟有淡淡的阳光斜照在山头，原来风雨渐渐消停，就像这人生，风雨终会停息，苦难终会过去，诗人总能见到拨云见日的那一天，看到阳光相迎。美好的风光在不经意间呈现，颇有"柳暗花明"之感。踏过风雨、跨过苦难后，会遇见阳光。

当晴天来临后，苏轼蓦然回首，说出"回首向来萧瑟处，归去，也无风雨也无晴"。回头看看走来时那段经历风雨的地方，既没有风雨，也没有放晴，好像刚刚的那场大雨不曾出现，一切波动的心绪都化为平静，超然脱俗。

苏轼在被贬谪期间，为了排解压抑的情绪，也有寻求佛教、道家思想来调整自己。经历过后，不管是风雨还是晴，都化为曾经的体验，走过之后就不要再执着了。把事情看淡、看轻，不要被外界的境遇束缚，那些风雨中的苦难，不过是云淡风轻、一笑了之的经历罢了，正如普希金所说："一切都是瞬息，一切都将会过去，而那过去了的，就会成为亲切的怀恋。"

突破苦难的最后，是豁达与释怀，不纠结过去，不计较当下，便能与自己和解，把痛苦稀释。

四、结　语

《定风波》是苏轼众多著名诗词中的一首，为人喜爱，历久不衰，往往引人共鸣，助人获得人生的启发。

一次冒雨前行的经历，是人之常事，众人"狼狈"，而苏轼"独不觉"，那是因为他有丰富的内心世界。假如风雨是一场苦难，是一处逆境，那么冒雨前行的经历便是苏轼跨越苦难、突破逆境的过程，从词中我们读出了一个安然自然、超凡脱俗、豁达乐观的苏轼。我们也读出了苏轼指引我们跨越苦难的启发：初遇苦难，学会宽慰自己，接纳困难；面对苦难，懂得用平常心对待，苦中作乐；突破苦难，更要学会释怀，豁达地笑对人生！

跟随苏轼，来一场冒雨之旅吧！

▶ 设计意图

《定风波》安排在统编版初中语文教材九年级下册的"课外古诗词诵读"板块里，同一个板块里的内容都是词，苏轼作为豪放派的代表词人，在词的领域有着举足轻重的地位。《定风波》是苏轼遭遇"乌台诗案"政治打击被贬黄州后，抒发自己豁达乐观的生活态度的代表作。此前他也曾经历"寂寞沙洲冷"的孤独、失落，也会有"但少闲人如吾两人者耳"的自嘲。而《定风波》里，写他冒雨前行，走过风雨，迎来初晴，或许便是他走出阴霾、旷达自在的诠释。因此，学习本词对了解苏轼的被贬之路、理解他的心路历程有重要的意义。

此外，本词是苏轼走过风雨的过程，也是他历经苦难、走出苦难的过程。对于九年级的学生而言，学生正处于青春迷惘时期，在成长的路上也会遇到坎坷和挫折，在面对人生的困难、艰难的抉择时也会感到迷惘和失落。通过学习本词，让学生设身处地地感受苏轼经历的"那场雨"，切身体会这次冒雨的心路历程，启发学生在遇到人生困难时，要坚定自己的志向，无惧挑战，以平常的心态从容应对，笑对逆境，乐观坚强。

因此，教师通过"一场冒雨之旅"来贯穿对词的学习，引导学生深入词句，一同穿越到那一场雨中，设身处地地探析苏轼的心理变化，从而获得人生的启发。最后拓展延伸，推荐一组苏轼的词，从宏观角度让学生品味苏轼跨越苦难的人生历程。

▶ 教学过程

第一环节：勾连旧知，畅谈苏轼

江城子·密州出猎

老夫聊发少年狂，左牵黄，右擎苍，锦帽貂裘，千骑卷平冈。为报倾城随太守，亲射虎，看孙郎。

酒酣胸胆尚开张。鬓微霜，又何妨！持节云中，何日遣冯唐？会挽雕弓如满月，西北望，射天狼。

前段时间，我们学习了这首《江城子·密州出猎》，还记得我们当时读出了一个怎样的苏轼吗？

预设：读出了苏轼强国抗敌的政治主张，抒写了他渴望报效朝廷的壮志豪情。

回顾以往所学的诗文，结合你的积累，你认为苏轼是个怎样的人。（学生已经学习过苏轼《记承天寺夜游》《水调歌头·明月几时有》等名篇，通过让学生回顾所学的诗词，勾连旧知，唤起对苏轼的印象，知人论世，为下面的环节作铺垫。）

正如大家所言，苏轼总是给人以乐观豁达的印象，经历"乌台诗案"政治变故后，苏轼的人生也发生了重要的转折，在这些艰难困苦面前，他是如何一步步走向豁达的？今天让我们一起穿越到苏轼的生活里，学习《定风波》，跟他一起来一场冒雨之旅吧！

第二环节：旅途准备，明确背景

一、朗读感知

1. 自由朗读，读准字音和节奏。
2. 同桌互读，互相把握节奏。
3. 范读展示，学生互评。
4. 配乐朗读，走进诗境。

朗读是学习诗词的重要方法，通过自由朗读和同桌互读，自由把握诗词的节奏；通过范读和互相点评，明确朗读技巧。

二、整体感知旅途背景

1. 请同学们通过阅读诗词，说说这对苏轼来说是一次怎样的经历？
2. 我们即将跟随苏轼的脚步，回到那场雨中。下面我们先来通过再次阅读，理清一下这次旅途的背景吧。

内容	具体词句
时间	
地点	
人物	
环境 / 处境	

预设：时间是三月七日（春天）；地点是沙湖；人物有同行人、苏轼；处境，通过"雨具先去"明确大家原以为没有雨，雨是突然下起来的，让人措手不及。品析"穿林打叶"，引导学生关注其中的"穿"和"打"，感受雨的力量感，猜测这不是牛毛细雨，也许是一场滂沱大雨。

补充背景材料：这首词写于宋神宗元丰五年（1082 年），苏轼寓居黄州，经历了"乌台诗案"政治变故后，苏轼从位高权重的要臣，被贬为偏僻之地的"闲人"，也因此在黄州开启了新的生活，当天苏轼与人一同去沙湖看新买的农田，途中下起了雨。

第三环节：人在途中，探析心理

这是一场突如其来的大雨，正如人生突如其来的厄运，面对这一切，苏轼是如何做的呢？在这场雨中，他又有怎样的心理变化呢？让我们一起回读诗词，一同走进这一旅途，看看苏轼是怎样做的。

1. 请同学们再读诗词，结合具体的词句，批注苏轼这一场冒雨之旅的心路历程（自主阅读批注—小组交流—小组代表汇报）。

预设：学生可以抓住"莫听"分析苏轼，让自己不管大雨的苦难，勇于走进雨中，读出勇敢；从"吟啸""徐行"中看出苏轼的从容不迫；从"竹杖芒鞋轻胜马"中读出他的乐观；从"谁怕"中读出他的勇敢；从"任平生"中读出他的豁达；等等。

本环节，让学生通过字词的品析来分析苏轼的心理和形象，培养学生自主学习的能力。

2. 在这场大雨里，总体来说，我们依然读出一个乐观豁达的苏轼，那么他是一开始就已经那么乐观吗？面对突如其来的大雨，正如一场厄运，他一开始就那么完美吗？下面，再次品读诗词，从哪些词句中可以看出他在与这场大雨作抗争？

引导学生再次关注具体的词语，"穿林打叶"描述雨的大、处境的困难，他提醒自己"莫听"，联系现实体验，"莫听"实际上是苏轼的自我安慰。

雨中往往急速行走，可苏轼偏要"吟啸""徐行"，故意在风雨中慢慢行走，或许是对风雨的蔑视，让他认为自己可以轻松对抗苦难。

3. "谁怕"这是反问句，强调自己的"不怕"。为什么强调"不怕"？也许是因为曾经害怕。因此，初遇大雨、初遇困难时，苏轼还是会怕的，他也有一般人的平常心。

4. "轻胜马"，除了乐观以外，实际上也是自我安慰，在命运不济之时，安慰自己，处境并不可怕，他自己的"竹杖芒鞋"还胜过了"马"，这也是他对抗困难的心理暗示。

5. "任平生"，当已经不再害怕困难了，才渐渐释怀，行走在大雨中，任凭风吹雨打，苏轼都能从容接受。

可见，苏轼在风雨中是有情感的起伏变化的，而不是向来就勇敢、乐观。

下阕"吹酒醒""微冷""山头斜照却相迎"，苏轼终于迎来雨后的初晴，对这一景物的描写，看到一个走过困境舒心松弛、面露微笑的苏轼。

最后"也无风雨也无晴"，回望走过的路，一切归于平静，似乎什么也没有发生过，才在"同行皆狼狈"的时候，诗人"独不觉"。联系《假如生活欺骗了你》的诗句"而那过去了的，就会成为亲切的怀恋"，走过的风雨终将平息，无须纠结难过。

第四环节：回望旅途，感悟人生

通过品析诗词，我们梳理了一个在风雨中与困境抗争，宽慰自己、鼓励自己前行，再到欣赏、接受这场风雨，最后释怀豁达的苏轼。

假如这场风雨象征人生中的厄运与困难，你能从这场冒雨之旅中获得什么启发？

引导学生从这场冒雨之旅中，体会苏轼豁达的智慧，面对艰难困苦可以做到以下几点：

1. 宽慰自己，接受困难：人生不可能一帆风顺，生活中时有挫折，学会用平常心接受困难，鼓励自己面对挑战。

2. 乐观对待，欣赏困难：如"竹杖芒鞋轻胜马"，学会苦中作乐，用乐观的心态去看待困难，因为这是生活中不可缺少的一部分，"一蓑烟雨任平生"，当困难来临时，我们依然要以平常心对待。

3. 从容面对，豁达释怀：当我们克服困难，那段痛苦的日子也许会成为我们"亲切的怀恋"，使我们能从容面对生活。

第五环节：组诗联读，理解苏轼

《定风波》让我们看到一个与自己和解、豁达脱俗的苏轼，然而苏轼的一生确实坎坷，被贬黄州后，他并非马上解脱，而是用了很长的一段时间去治愈自己。课后请阅读苏轼的一组词，与《定风波》比较，探析他被贬黄州后，是如何走出困境的。

卜算子·黄州定慧院寓居作

缺月挂疏桐，漏断人初静。谁见幽人独往来，缥缈孤鸿影。

惊起却回头，有恨无人省。拣尽寒枝不肯栖，寂寞沙洲冷。

浣溪沙·游蕲水清泉寺

山下兰芽短浸溪，松间沙路净无泥，萧萧暮雨子规啼。

谁道人生无再少？门前流水尚能西！休将白发唱黄鸡。

猪肉颂

净洗铛，少著水，

柴头罨烟焰不起。

待他自熟莫催他，

火候足时他自美。

黄州好猪肉，价贱如泥土。

贵者不肯吃，贫者不解煮。

早辰起来打两碗，

饱得自家君莫管。

环节意图：让学生通过课后拓展阅读这三首诗词，了解苏轼被贬后的心理发展，《卜算子·黄州定慧院寓居作》和《浣溪沙·游蕲水清泉寺》是苏轼的经典诗词，《卜算子·黄州定慧院寓居作》写出了初贬黄州时，苏轼那种不适应、孤独、失落、寂寞，整首词气氛凄冷，充分展现一个孤独哀伤的苏轼，可见苏轼并非天生乐观，他也是常人，也有忧愁的一面。

《浣溪沙·游蕲水清泉寺》是一首愁绪稍微得到缓解的作品，"谁道人生无再少？门前流水尚能西！"展现了苏轼积极乐观的姿态，也是在劝慰自己。苏轼在《猪肉颂》用通俗朴素的语言写出自己爱好美食的生活情趣。这个时期的苏轼试图投转到朴素的生活中，从种田、美食中获得生活之乐，来消解自己的愁苦。也正是如此，诗人逐渐练就乐观豁达的心态。拓展阅读，让学生了解处于这一时期的苏轼，也从宏观的角度看苏轼跨越苦难的过程，帮助学生获得人生启发。

7 故 乡

在"矛盾"中审视"故乡"的"我"

提起鲁迅的文章，好像总绕不开"批判性"三个字，而也恰巧因其"批判性"，往往让隔着时代与阅历的中学生对其文章望而却步，缺乏阅读的兴趣，甚至有人认为鲁迅的文章不合时宜，提出中小学教材编写应当"去鲁迅化"。如今，打开统编版初中语文教材，鲁迅的文章依然收录了7篇之多，这显示了鲁迅不可撼动的文学地位。在笔者看来，"批判性"的标签就如同一个冰冷的面具罩在鲁迅身上，让人不由得对他敬而远之，也阻隔了我们对其文章的文学性解读。因此，唯有忘却其"批判性"，回归到言意共生的文本语境，我们才能读懂鲁迅，才能从中获取警醒和奋发的力量。

以九年级上册的课文《故乡》为例，笔者从中读到的就不是一个"斗士"鲁迅，而是一个在"矛盾"中审视"故乡"的"我"。小说写的是"我"阔别二十多年后重回故乡的见闻和感受，其故事情节并不跌宕起伏，文章的主题意蕴就显得隐晦不明。且由于鲁迅的小说往往能找到真实存在的原型人物，小说中的很多情节也与鲁迅的真实经历相契合，因而学生在阅读时，很容易将小说中的"我"视为鲁迅本人，造成理解上的混淆。在小说《故乡》中，"我"是故乡变化的一个见证者，小说通过"我"的眼睛来审视故乡，也通过审视"我"的行为来表达主题。所以，聚焦文本，深度解读"矛盾"的"我"是揭开小说主题的有效途径。

一方面，"我"对故乡的印象是矛盾的。小说开篇写眼前的故乡是"苍黄的天底下，远近横着几个萧索的荒村，没有一些活气"。整个描写带给人的感受就是——"冷"。"我"回故乡的时间是深冬，因此天气是冷的，风是冷的。这时，"我"所见的故乡是"苍黄"的色调，连村子都是无力地"横着"，一片萧索冷清。"没有一些活气"，这是"我"二十多年后重归故乡时的总印象，于是"我"的内心也觉得冷。文中开头两次写到了"悲凉"，矛盾的是，"我"明明认为记忆中的故乡好得多，却不记得故乡的美丽了，反而认为"故乡本也如此"。只有在回忆起儿时的伙伴闰土时，"我"脑海中的故乡才有了颜色，有"深蓝的天空""金黄的圆月""碧绿的西瓜"，还有活泼勇敢的紫色脸盘的少年及他所带来的五彩缤纷的儿童天地。这时的故乡显得温暖而明艳，但这是过去真实的故乡吗？文中的"我"依然是不确信的，而只是"似乎看到了我的美丽的故乡了"。可见，回忆中的故乡是在记忆的基础上重新想象构建出来的，美丽却不太真实。到了坐船离开故乡时，故乡对于"我"又成了"模糊的风景"，甚至没有了颜色和轮廓，现实的故乡变成了"我"想逃离和忘却的对象。在小说的末尾，"我"对未来的故乡进行了展望，但展望的图景与回忆中的故乡重合了，同样有"深蓝的天空""金黄的圆月""碧绿的西瓜"。可见，未来的故乡应当如何，"我"是不明确的，我只是"朦胧"地觉得，未来的故乡应该像记忆中的故乡那样明艳美好。在整篇小说中，不管是过去的故乡、现在的故乡，还是未来的故乡，给"我"的印象都是模糊而矛盾的，不同阶段的故乡画面既有重叠又有对比。

另一方面，"我"对故乡的人的态度是矛盾的。小说着重通过对比手法来塑造"闰土"和"杨二嫂"两个人物。"我"回乡时灰暗的心情在回忆少年闰土时变得明朗起来，那个"项带银圈，手捏一柄钢叉"的少年仿佛定格在"我"的脑海中，他的活泼热情、机敏勇敢、真诚朴实，激活了"我"对故乡的美好记忆。对于他的到来，"我"曾充满期待，所以看到他进来，"我"虽然吃惊于他外表的变化：脸色灰黄，眼睛周围肿得通红，戴破毡帽，穿薄棉衣，浑身瑟索，粗笨开裂的手像是松树皮，但"我"仍然非常兴奋，仿佛有千言万语想与他交流。"我"叫"闰土哥"来拉近两人的距离，一声"老爷"却冷酷地割断了儿时的联系，在"我们"面前形成了一条难以逾越的鸿沟。"我"再一次感到了"冷"，"似乎打了一个寒噤"，这是"我"主观感受到的"冷"。闰土本来是"我"关于故乡记忆中最温暖、最鲜活的存在，却在现实中带给

"我"巨大的冲击，带来彻骨的寒冷。"我"一开始的吃惊只是因为闰土不再年轻健康的样貌和过于破旧的穿着，他的外在发生了巨变，但那恭敬的态度和一声"老爷"的称呼，让"我"意识到他的精神世界已然被封建礼法禁锢。在闰土看来，"我们"不是平等的朋友，而是有着尊卑、阶级之别的主仆。精神上隔着厚障壁，使"我"与闰土之间失去了可交流的语言。"我们"虽然还能"谈些闲天"，却已经是"无关紧要的话"了，没有再给"我"留下什么印象。目睹记忆中见多识广、活泼敏捷的闰土，变成了苦不堪言的"木偶人"，于是连同"我"回忆中清晰的小英雄的影像也变得"模糊"了。麻木卑微的闰土常让笔者联想起杨绛先生文章中的"老王"，同样的不幸而困苦、老实而本分，同样是面对知识分子，"老王"表现出来的是敬重和亲近，闰土表现出来的却是恭敬和疏离。"老王"尽管物质贫寒，却仍尽己所能地表达对杨绛先生一家的热忱和关怀，所以杨绛先生为自己不能平等对待"老王"感到愧怍。"我"以为再见闰土能重温对故乡的美好记忆，却发现两人已经隔着精神的厚障壁，所以感到无限的悲凉。闰土的变化，让"我"感到无所适从。"我"有多喜爱记忆中的闰土，就有多同情现实中的闰土。

对杨二嫂，"我"的态度同样是矛盾的。与闰土对"我"的疏离不同，记忆中印象并不深刻的杨二嫂却对"我""亲近"有加，过去人们叫她"豆腐西施"，如今"我"却觉得她像"圆规"。尽管文中对过去的杨二嫂着墨不多，但"西施"二字已能让人想见其美。"圆规"却是一种画图用具，用没有生命的"圆规"来比喻人，暗示了杨二嫂的异化。过去终日端庄坐着的"豆腐西施"，如今不仅有"圆规式的姿势"，还有尖酸刻薄的夸张言论。如套近乎——"我还抱过你咧"；如摆弱势——"我们小户人家，用得着"；如道德批判——"阿呀阿呀，真是愈有钱，便愈是一毫不肯放松，愈是一毫不肯放松，便愈有钱"……过去"终日坐着"的杨二嫂如今炮语连珠，过去"我"对她"并未蒙着一毫感化"，如今面对她，"我"由"愕然""愈加愕然"而至"惶恐"，最终失去话语权，无力招架，只能"闭了口"。杨二嫂的"亲近"并未给"我"带来丝毫温暖，"我"看到的是"不平""鄙夷""嗤笑""冷笑"，所以"我"感到的仍是人与人之间关系的"冰冷"。虽然杨二嫂在挖苦"我"时把母亲的手套顺走，还自以为发现闰土偷埋碗碟而趁机拿走了狗气杀，"我"对杨二嫂却憎恶不起来。文中感叹杨二嫂"亏伊装着这么高底的小脚，竟跑得这样快"，虽有讽刺意味，更流露可怜之情。所以，"我"一边揭露杨二嫂泼辣自私、有利必图的扭曲人性，一边又同情她"辛苦恣睢"的生活。

正是故乡的萧索，故乡人生活和精神面貌的倒退，使"我"对故乡的情感也变得非常矛盾。都说近乡情怯，"我"即将踏进阔别多年的故乡时却没有激动和忐忑，更没有欢喜。这或许是"我"对故乡的现状早有预料，也或许是由于"我"本来就没有什么好心绪，因为"我"的归来是为了告别。但在离开故乡时，"我"也不感到留恋。如果"我"对故乡本来就没有爱，那就不会有这么多的"悲哀"与"悲凉"。可见，"我"对故乡的情感非常矛盾。故乡是什么呢？故乡是一个人的起点，人们生于斯、长于斯，在情感上与之建立了割舍不断的联系。对于大多数人来说，故乡并不仅仅是一个地域概念，而是精神的家园，是安全感和归属感的来源，尤其是在精神上失去依靠的人，往往特别眷恋故乡。是以，人们谈故乡，一般离不开乡愁或者对乡土人情的赞美。但鲁迅的作品是特殊时代的产物，我们不可能脱离时代背景去理解《故乡》。《故乡》写于1921年，当时是辛亥革命爆发的10周年，所以鲁迅写"故乡"绝不会只是表达个人的乡愁或者对乡土人情的态度。不管是故乡，还是闰土和杨二嫂，都应当是有广泛代表性的，属于小说中的典型环境和典型人物。如果说闰土和杨二嫂分别代表了贫苦农民和市侩小市民，那"故乡"代表的就是他们赖以生存的家园——中国。在鲁迅的笔下，故乡变得陌生，让"我"显得格格不入，让"我"感到压抑而悲哀。可是"我"一边想要逃离故乡，一边又对故乡抱以希望，同时又感到希望非常茫远。小说通过"我"来审视故乡的人和事，成功塑造了一个"矛盾"而"苦闷"的"我"，也使整篇小说都蒙上了一层灰暗的阴影。

那么，鲁迅为何要塑造一个这样的"我"呢？虽然《故乡》带有浓重的自叙色彩，鲁迅本人也曾在1921年冬天回故乡绍兴后搬家北上，但文中的"我"并不等同于鲁迅。小说中"我"的身份是一个追求进步的知识分子，鲁迅在"我"的身上融进了个人的经历，投射了许多个人的情感和思想，但"我"依然是鲁迅要审视的对象。文中的"我"矛盾而痛苦，不仅否定了自己"辛苦展转而生活"，也否定了闰土"辛苦麻木而生活"和杨二嫂"辛苦恣睢而生活"，并且认为像闰土和杨二嫂一样的人都应该有新的生活。但新的生活是什么呢？文中的"我"并没有答案，于是"我"又否定了自己的希望。对于现实的故乡，

"我"失望而悲哀；对于未来的生活，"我"摇摆不定，悲观迷茫。这是当时许多知识分子的精神状态，他们还带有旧式知识分子的缺点，这也是鲁迅曾有的迷茫和挣扎，是鲁迅的部分影子。

鲁迅通过小说中的"我"审视自己的缺点和问题，但他并不沉湎于悲观失落中。鲁迅在《记念刘和珍君》一文中写道："真的猛士，敢于直面惨淡的人生，敢于正视淋漓的鲜血。"而鲁迅自己就是这样的一位"猛士"。他敢于正视自己现有思维的局限，不断地寻求进步的道路，所以才有了弃医从文的选择，才有了对国民性的批判。当代作家毕飞宇在一次讲座时谈到，大部分的作家、知识分子，批判的对象往往是"统治者"，鲁迅也批判"统治者"，但"有一件事情鲁迅一刻也没有放弃，甚至于做得更多，那就是批判'被统治者'、反思'被侮辱'的与'被损害'的"。鲁迅写小说的目的很明确，那就是"改良社会"。鲁迅在《我怎么做起小说来？》中说："我的取材，多采自病态社会的不幸的人们中，意思是在揭出病苦，引起疗救的注意。"所以，他小说的笔端总是直指被压迫的人心、人性。在《故乡》中，受社会和生活所迫的闰土和杨二嫂是"不幸的人们"，需要疗救，但矛盾而苦闷、遗失了精神家园的"我"又何尝不需要疗救呢？鲁迅小说中的"我"经常以启蒙者的形象出现，但又经常在现实的"冷气"中迷失。如《祝福》中的"我"，作为知识分子，虽然同情祥林嫂，却无法解答她关于"魂灵"和"地狱"的问题，甚至害怕承担责任而选择逃避。而《故乡》中的"我"能如鲁迅所希望的那样，尽管迷茫痛苦，但最终摆脱了"冷气"，仍寄希望于未来，发出了要行动起来的呐喊。

罗曼·罗兰有这样一句名言：世界上只有一种真正的英雄主义，就是认清了生活的真相后还依然热爱它。鲁迅通过塑造《故乡》中的"我"让我们看到了这样的英雄主义——即使对现实已经彻底失望，却从未放弃寻求理想。

假如你是"我"，你爱这样的故乡吗？

▶ 设计意图

如今的小说阅读教学常陷入模式化，从整体感知、情节梳理、人物分析到主题探究，每一个环节都完备，似乎完成了每个环节的教学任务就完成了小说阅读教学。然而教完课文后，我们发现学生依然只是"知其然而不知其所以然"。学生既未掌握阅读的方法，又未能真正理解文本的价值。《故乡》是鲁迅的小说名篇，既具有独特的艺术性，又体现出深刻的思想内涵。如果面面俱到地教学，那学生的阅读只能浮于表面；如果过多探讨文章的思想性，又会让学生望而生畏。学生喜欢阅读小说，大多是受故事情节的吸引，而《故乡》的情节却比较平淡，不容易引起学生的兴趣。因而笔者在教学中首先考虑如何激发学生的阅读兴趣，且这个兴趣点与文本的内容和思想相关联。于是笔者想到从文章的叙事者——成年人的"我"切入，让学生代入小说中"我"的角色，看故乡的变迁，感知记忆和现实的落差，体会叙述者的复杂情感。

▶ 教学过程

一、情境导入，体会情感

在导入教学时，笔者给学生设置了"回故乡"的情境。诗人余光中说，世上本没有故乡，只因有了他乡。对漂泊他乡的游子而言，故乡是一曲悠远的歌，是一个甜美的梦，是一段永不磨灭的记忆。1921年，《故乡》中的"我"在阔别故乡二十多年后终于要踏上回乡的旅程。"我"是生活在旧中国的一名知识分子，十几岁就离开故乡学习和工作。同学们，假如今天你就是《故乡》中的"我"，你爱这样的故乡吗？请同学们踏上这段回乡的旅程，寻找心中的答案。

情境导入后，让学生代入"我"的角色去阅读课文，并圈点勾画有关情感的词句，进行初步感知，阅读完毕后，学生进行初读分享。学生能从课文中找出"悲凉""悲哀""凄凉""气闷""害怕""本没有什么好心绪""却并不感到怎样的留恋""我的愿望茫远"等词句，这些带有忧郁色彩的词句奠定了文章的情感基调，使学生明确"我"回故乡的心情是低落而悲凉的。对于"我"是否爱这样的故乡，学生可以各抒己见，教师暂不评价，而是进一步引导学生去寻找情感背后的原因。

二、合作学习，分享旅程

教师给学生布置小组合作学习任务：这次回乡之旅似乎不太愉快。"你"见到了怎样的故乡？"你"遇到了怎样的人？请同学们跳读课文，进行小组交流，描述"你"所看见的故乡画面，解读"你"在故乡遇到的人。

小组交流完毕后，师生共同分析小说中的环境描写和人物描写。

1. "你"见到了怎样的故乡？——推敲关键词语，分析环境描写。

在朗读的基础上，教师提出问题：你觉得课文第二段中有哪些词用得好？你见到了一个怎样的故乡？引导学生分析"阴晦""冷风""呜呜的响""苍黄""横""萧索""活气"等词的作用。此段环境描写不仅交代了回故乡的时间、天气，更从声音、颜色的角度渲染了悲凉的气氛，尤其一个"横"字，非常形象地写出了故乡不仅杂乱，而且失去了精气神的状态。由此，学生明确：故乡给"我"的总体印象是"没有一些活气"。"活气"一般用于形容人，说明当时的故乡没有展现繁荣的景象，也缺少人的活动，所见故乡整个画面暗淡无光，"我"心中难免悲凉。

教师继续提问：这次所见到的故乡和"你"记忆中的故乡有什么不同呢？

记忆中的故乡，有"深蓝的天空""金黄的圆月""碧绿的西瓜"，还有一个充满力量的少年。"刺""扭""逃"几个动词让图画变得生动起来。在这幅记忆的图画中，所有景物都有明丽的色彩，与现实所见的故乡形成了鲜明的对比。由此，教师启发学生进一步体会：从记忆到现实，"你"见到故乡的图景由动而静，由明至暗，"你"的情感又会发生怎样的变化？

2. "你"遇到了怎样的人？——聚焦描写方法，解读人物形象。

教师问学生：同学们，此次回乡，"你"见到了哪些人？哪些人对"你"的心情影响最大？请你用"××是一个××的人"的句式进行接龙，从多个角度对人物进行解读。

小说中的人物有"我"、母亲、宏儿、闰土、杨二嫂，其中重点刻画了闰土和杨二嫂的形象。学生在小组交流的基础上，找出描写闰土和杨二嫂的语段进行分析。但学生的分析容易流于表面，教师应将学生的感性分析转移到对文本的关注中，引导学生从人物描写的角度概述人物形象，同时理解"我"对人物的态度。在小说中，不管是闰土还是杨二嫂，都既有在现实中的形象，也有在"我"记忆中的形象。因而教师给出示范，让学生从"现实"和"记忆"两个维度分别进行概述。

示范1：记忆中的闰土是一个紫色圆脸、项带银圈的少年。

示范2：现实中的闰土是一个脸色灰黄、皱纹很深的人。

采用接龙形式进行概述，不仅可以调动学生的阅读积极性，也能让学生互相补充，在对人物的反复描述中加深对人物形象的理解。在学生充分描述人物的基础上，教师再引导学生归纳人物形象，并出示PPT进行梳理小结。

【PPT】

记忆中的闰土

1.是一个紫色圆脸，头戴小毡帽，项带银项圈的健康、深受人疼爱的少年。（外貌描写）

2.是一个怕羞，但很快与"我"熟识的纯真的少年。（神态描写）

3.是一个会捕鸟、敢刺猹的伶俐勇敢的少年。（动作描写）

4.是一个捕过鸟、捡过五色贝壳、管过西瓜、认识跳鱼儿的热情活泼、生活经验丰富、见多识广的少年。（语言描写）

小结：记忆中的闰土是一个健康活泼、伶俐勇敢、纯真热情、与"我"建立了深厚情谊的小英雄。

"我"对少年闰土的态度：佩服、羡慕、喜欢、不舍……

现实中的闰土

1.是一个脸色灰黄，皱纹很深，眼睛周围肿得通红，头上戴着破毡帽，身上穿着极薄的棉衣，手又粗又笨而且开裂像松树皮，提着纸包和长烟管的沧桑、衰老、贫苦的中年人。（外貌描写）

2.是一个神情凄凉、态度恭敬、表情像石像一般的人。（神态描写）

3.是一个动作迟缓、拘谨的人。（动作描写）

4. 是一个言语迟钝、悲苦、沉默的人。（语言描写）

小结：现实中的闰土是一个沧桑贫困、迟钝麻木、劳苦朴实，与"我"有了隔膜的，被多子、饥荒、苛税、兵、匪、官、绅层层压迫得精神空洞的木偶人。

"我"对中年闰土的态度：惊讶、悲哀、同情、批判……

记忆中的杨二嫂

1. 是一个擦着白粉，颧骨没有那么高，嘴唇也没有那么薄，被称作"豆腐西施"的美丽女子。（外貌描写）

2. 是一个终日坐着的文静女子。（动作描写）

小结：记忆中的杨二嫂是一个文静美丽的女子。

"我"对记忆中杨二嫂的态度：没有受到她的影响，印象不深。

现实中的杨二嫂

1. 是一个凸颧骨，薄嘴唇，五十岁上下，像细脚伶仃的圆规，外形吓人的女人。（外貌描写）

2. 是一个对"我"露出鄙夷神色，对"我"嗤笑、冷笑的人。（神态描写）

3. 是一个偷偷拿走"我"母亲的手套，邀功拿走狗气杀，爱贪小便宜的势利的人。（动作描写）

4. 是一个声音尖利、讲话刻薄、能言会道、爱搬弄是非的泼辣的人。（语言描写）

小结：现实中的杨二嫂是一个自私势利、爱贪小便宜的人。

"我"对现实中杨二嫂的态度：愕然、惶恐、无奈、同情、讽刺、批判……

通过以上的文本分析和梳理，可以让学生深入文本，体会文字描写的细节，从而掌握分析人物的方法。但文本阅读不应浅尝辄止，这时教师抛出问题：为何小说中只重点刻画了闰土和杨二嫂，难道"你"在故乡只遇到了这两个人吗？

小说是在典型环境中刻画典型人物的一种体裁，小说中任何一个人物的塑造都是为主旨服务的。学生调动自己的生活经验就会知道，一段旅程不可能只遇到两个人，所以闰土和杨二嫂是这篇小说所塑造的典型人物，他们代表的是故乡的一类人。闰土在海边种地，他所代表的是依靠土地而生存的农民。杨二嫂开豆腐店卖豆腐，她所代表的是农村的个体商人，即小市民。教师适当点拨，让学生深入分析"我"的记忆和现实对比的效果。学生发现，闰土和杨二嫂从外貌到精神都发生了巨大的变化，他们的生活更加贫困，农民无所依靠，只能把希望寄托于神灵；小市民无法经营，性格变得自私势利。由此可见，故乡的经济是衰败倒退的，辛亥革命没有给故乡的人带来幸福的生活，反而造成了人与人之间的隔阂和性格的扭曲。由此，学生才能理解："我"感受不到故乡的生机，感受不到人与人之间的温暖，只感到无限悲哀和悲凉。

三、跳出情境，整体观照

教师再次提出最初的问题："你"爱这样的故乡吗？这时，学生很快可以给出否定的答案。

其实，除了闰土和杨二嫂，作为"叙事者"的"我"也是小说要刻画的一个重要形象。"我"的许多经历与鲁迅本人重合，但"我"不等同于鲁迅本人。为了让学生领悟主旨，教师请学生跳出情境，整体观照作为小说"叙事者"的"我"：小说中的"我"对故乡的情感为何这么矛盾？让学生自由朗读课本68～69页"我"离开故乡部分的内容，请以小组为单位讨论分析"我"的形象。

由于鲁迅的作品往往带有鲜明的时代烙印，因此需要补充必要的助读材料让学生理解小说中"我"的形象。

【PPT】

"我的取材，多采自病态社会的不幸的人们中，意思是在揭出病苦，引起疗救的注意。"

——鲁迅《我怎么做起小说来？》

"无论在思想上还是艺术上，鲁迅都认为自己有问题。从1918年写《狂人日记》开始，他就一直想告别中国旧的读书人气质。他厌恶，并想摆脱自己身上这些旧式读书人的东西。我认为他是在中国半殖民地半封建社会的一个知识分子，他带着传统文化好的、不好的特点。"

——孙郁《人生最后9年的鲁迅》（采访）

"愿中国青年都摆脱冷气，只是向上走，不必听自暴自弃者流的话。能做事的做事，能发声的发声。有一分热，发一分光，就令萤火一般，也可以在黑暗里发一点光，不必等候炬火。"

——鲁迅《热风·随感录四十一》

在小说中，"我"否定了自己、闰土和杨二嫂的生活，却对未来的生活感到悲观迷茫。但小说最后，"我"的眼前又出现了美好故乡的图景，可见，"我"依然对故乡的未来怀有希望，并发出用行动来改造未来的号召。结合助读材料和文本，教师点拨学生理解："我"的矛盾和苦闷源于记忆和现实的巨大落差。"我"是一个追求进步的知识分子，虽然迷茫苦闷，但最终振作，对故乡充满了希望。鲁迅通过"我"这个形象审视故乡，也审视自己。他希望人们能摆脱悲观失落的情绪，投身于创造未来的行动中。

由此，学生最终明确：故乡代表的是人们赖以生存的"国家"，"我"深爱故乡，但"我"不爱这样萧索、没有活气的故乡，"我"也不爱人们"辛苦展转""辛苦麻木""辛苦恣睢"地生活的故乡。"我"希望故乡有新的面貌，故乡的人有新的生活。

四、拓展提升

课堂教学的完成并不代表学习的结束。为了促进学生的深度阅读，教师给学生布置课后拓展作业，请学生课外阅读鲁迅的《祝福》《在酒楼上》《孤独者》，并与同学交流。

8 我的叔叔于勒

视角的转移，深层的探索

作为 19 世纪后半叶法国最优秀的批评现实主义作家之一的莫泊桑，他所创作的《我的叔叔于勒》以社会的一个小角色向我们揭露了当时资本主义社会下人与人之间的冷酷关系，那是由金钱、资本作为基础的一种关系。当笔者作为教师看到这篇课文时，为作者精彩的构思和有趣的文笔拍案叫绝的同时，却也忍不住思考：我们当前的国情是社会主义，而中国的历史发展进程并没有真正经历过资本主义时期，那学生能够真正理解资本主义社会下特有的扭曲的金钱观吗？作为家里宝贝的孩子享受着身边亲戚好友的呵护和宠爱，他们能感受到文中的那种人情冷暖吗？他们能体会到那种金钱下的亲情对于勒这样落魄的普通人的伤害吗？

入选教材的《我的叔叔于勒》其实只是一个掐头去尾的故事。在课文中，主人公始终站在一个儿童的视角来讲述他们家与叔叔于勒之间的故事。但是，在一个孩子眼中，他所能看到的东西往往只是表面，所能思考的也十分有限。

于是，笔者尝试在文中"我"的视角基础上，将人生的镜头聚焦在不同的人物身上，通过视角的转移、放大和推进，从不同的视角观看莫泊桑笔下那一个个鲜明的灵魂。

一、聚焦于勒，看他放纵不羁终落魄

课文题目叫《我的叔叔于勒》，但实际上全文对于勒的描写寥寥无几，可透过莫泊桑着墨不多的文字，于勒这个形象却引起了读者巨大的兴趣。

1. 年轻时浪荡——青春偶像剧

文中年轻的于勒如果要贴上几个标签，或许就是"行为不正""糟蹋钱""好玩乐"。在菲利普一家看来，这样标签下的于勒对于"我们"这样的"穷人家"，简直就是最大的罪恶。或许我们可以跳出菲利普一家的视角，首先想想，"我们一家人"最开始真的算是"穷人家"吗？

课文中有个细节，于勒"把自己应得的部分遗产吃得一干二净"，看，于勒他们家最开始是有富余的"遗产"的！想想我们现在普通小老百姓的生活，真正的"穷人家"留下来的肯定不是遗产，不是债款就谢天谢地了。所以说，根据这个细节我们可以推断出，于勒和他哥哥菲利普的原生家庭在当时社会，或许算不上大富大贵的上层贵族，但可以衣食无忧，还能有盈余。

在这个前提之下，出现在"我们一家人"嘴里的"坏蛋""流氓"于勒，或许在年轻时是另一种风姿：帅气，会玩乐，懂得享受生活，家庭条件还不错。这样一个浪子，如果出现在偶像剧里，那肯定是万人迷啊！

有钱的时候，可以说是花花公子，可是后面或许因为家道中落、兄弟分家不睦、没钱，决定了这部偶像剧的结局。

2. 中年时得意——职场事业逆袭剧

从课文中我们没办法知道于勒是怎么到美洲发财的，却并不妨碍我们从中看出于勒这个人并不是"我们一家人"口中的那么一无是处——毕竟不是谁都能一穷二白地在异国他乡逆袭成功，成为人生赢家。

课文中说于勒"一到那里就做上了不知什么买卖"，连船长都说于勒"做着一桩很大的买卖"，也就是说，于勒到了美洲，的确通过各种办法、渠道发财了！可事实上，发财有那么容易吗？做生意的本金哪儿来？维持生意的人脉哪儿来？于勒这个"无赖"有这么精准的生意眼光和头脑？

成功逆袭的于勒，其实在玩乐、行为不正之下，还有着不俗的眼光、头脑、情商、智商、逆商。在这部事业剧里，于勒通过赚到的钱，证明了他的成功，也赢得了亲人朋友的肯定，化身为"正直的人，有良心的人"。

3. 老年时沦落——家庭伦理剧

笔者阅读原文时，一直在思考一个问题：于勒到底认出了自己的亲人吗？围绕这个问题，出现在镜头前的于勒已是年老落魄的水手，他衣服褴褛、满手皱纹、满脸愁容、狼狈不堪。横跨在他和自己兄弟之间的，不仅仅是十几年的光阴，还有十几年前占用的遗产、十几年间了无音讯留下的美梦、十几年后更加残酷的现实。

困境无法跨越，那么认不认得出眼前的亲人又有什么重要的呢？最起码于勒在晚年自食其力，为自己的过往负责了。

二、聚焦菲利普夫妇，看他们被社会浸染终市侩

1. 镜头外的无可奈何

莫泊桑在文中塑造的菲利普夫妇，女的尖酸刻薄、唯利是图、精明小气、泼辣势利，男的冷酷无情、金钱至上。可以说，这夫妇两人完全就是光辉人性的反面教材，栩栩如生的形象就是为了揭示"金钱是人与人关系的唯一纽带"这一主题而设立。可是，人性没有绝对的"黑"与"白"，聚焦菲利普夫妇，他们身上不乏凡人的无奈与光芒。

（1）凡人的无奈

不提金钱至上的资本主义社会，中国也有一句老话叫"一文钱逼死英雄汉"，可想而知，钱对于人的生活的确很重要。

可是我们看看莫泊桑笔下菲利普一家的生活质量：全家靠着菲利普低廉的薪水度日，由于档次较低的生活消费水平，他们要逃避亲戚朋友的宴请，买日用品要买减价的，衣服要自己做，还要在女儿婚事上大伤脑筋——金钱左右的并不只是菲利普一家的生活，也包括资本主义社会中的每一个人，如最终好不容易下定决心向姐姐求婚的公务员。

菲利普夫妇就如不起眼的社会底层人民一样，淹没在这冷冰冰的物质现实中，他们不得不朝"钱"看，因为只有这样，他们才能生存下去。钱，让生活变成了生存。

（2）凡人的光芒

俗语云："贫贱夫妻百事哀。"夫妻双方的感情在物质基础得不到保障和满足的情况下消耗殆尽的不在少数，要不吵吵闹闹，要不直接离婚。从这个角度来看，菲利普夫妇在经济条件如此糟糕的情况下仍然共同支撑着小家庭，可算是给当今不少人树立了一个标杆。

而作为父母的菲利普夫妇，在家庭情况不好的情况下，仍然抚养好三个孩子，并且为女儿的婚姻操碎了心；即使生活过得节俭，面对赞成吃牡蛎的两个女儿时，选择的是满足女儿，而母亲则找借口说"怕伤胃"；最后心疼多给的小费，但仍然选择无视于勒，其中有很大原因是怕女婿知道，误了女儿的终身。他们是泼辣精明的小市民，但同样具有为人父母的那份爱。

2. 镜头下的冷酷无情

镜头下的菲利普夫妇，随着对于勒的称呼一变再变，金钱支配着喜好，那份对亲人的冷酷跃然纸上。或许他们对这个流离在外多年的亲人不是不想念，但是社会拜金主义的影响、遮遮掩掩的窘迫生活、为家人未来着想的那份心，使他们在游船上与穷困潦倒的于勒相遇时，逃避成为唯一选择。他们可恶、冷酷、市侩，却不可恨，他们只是在冷酷无情的现实面前做出了冷酷无情的最优解而已。钱，使人心变得冷硬。

三、聚焦约瑟夫，看他人性之光终救赎

约瑟夫是作者莫泊桑笔下真正的第一视角，他似乎隐藏在镜头背后，透过镜头，看着家里捉襟见肘的底层生活，看着父母竭力想要改变现状的渴望，看着公务员娶回去的或许是于勒叔叔的那封信而不是姐姐，看着自己的亲叔叔落魄潦倒地出现在眼前，看着父母想方设法逃避于勒……他也听到了很多，他听到了叔叔年轻时的荒唐无度，听到了叔叔在异国他乡赚了大钱，听到了叔叔对过往的愧疚与对我家补偿的希望，听到了知道叔叔真实情况时父母暴跳如雷的争吵……

他就像一个安静的记录者，他似乎没有怎么在镜头前面出现过，我们却发现，这个没有多少存在感的小男孩，恰恰是整部剧中最闪亮的人性之光——他是唯一一个透过金钱，看到其背后真实的人。

他看得再多、听得再多，最后发现，那些看到的、听到的，都是被金钱贴上了额外的标签。当衣服褴褛的于勒出现在他面前时，他意识到于勒既不是自己小时候听到的"全家的噩梦"，不是让"我们"每周末去栈桥翘首盼归的"全家的希望"，也不是让父母避之不及的"讨饭的"，于勒只是"我"的叔叔。

或许我们可以深思，为什么已经意识到对方是自己亲叔叔的约瑟夫不当场认下于勒？为什么只在心里默念"这是我的叔叔"后默认了父母逃避于勒的做法？为什么在这样的情况下，我们仍然说约瑟夫是人性之光？

黑白之间，看复杂之美

▶ 设计意图

2022 年版的语文课程标准指出，语文课程要致力于全体学生核心素养的形成与发展，在教学过程中要培养学生的语文学科素养，激发学生的思维拓展能力，引导学生积极思考、大胆想象。因此作为课本重点的小说篇目，除了为课外阅读做积累外，更多的是希望通过对小说的学习拓展学生眼界，丰富学生内在情感，引导学生全面探索世界、品味不同时空中的语言美、体会不同人性间的黑白错落。但我们在实际教学中发现，小说教学仍然局限于课本方寸之间，我们需要带领学生打破常规思维，从文字中挖掘更深层次的意味。所以，在教授《我的叔叔于勒》的过程中，除了常规跟随"我"的视角去看故事发展外，笔者想到是否可以跳出常规，看看每个人身上不同的复杂人性，引导学生去思考人性是否"非黑即白"，尝试使学生在日后的学习生活中学会多方面、结合实际地分析问题。于是笔者针对人性的复杂，设立了"黑白之间"这个命题，和同学们共同探究《我的叔叔于勒》里面不同人物的复杂性。

▶ 教学过程

第一环节：人，非黑即白？

同学们是否能在生活中找出绝对的好人或者坏人呢？请自由举例，持不同意见的可以随时反驳。

在我们的思维碰撞中发现，人是一种复杂的动物，评价一个人更应该全面客观，切不可片面定论。想要感受人的多面性和复杂性，《我的叔叔于勒》这篇文章是一个很好的例子。今天，我们将以此为出发点，通过不同视角看人之黑白。

第二环节：人，黑即黑，白即白

请同学们阅读全文。

一、分析文中菲利普夫妇、于勒、"我"的形象

1.请按人性"黑白"，对主要人物进行人性分类（人物形象）。

【黑】

菲利普夫妇：自私冷酷、爱慕虚荣、势利贪婪、金钱至上……

于勒：行为不正、糟蹋钱、落魄贫困……

【白】

约瑟夫：真诚善良、有同情心。

2.请分享你认为他是黑/白的原因（人物描写）。

菲利普夫妇：

对于勒的称呼因于勒是否有钱而不断变化，如"贫：坏蛋、流氓、无赖、分文不值。富：正直、有良心、好心、有办法的人、救星。贫：小子、家伙、老流氓、贼、讨饭的"。

于勒有钱时，"我们都要衣冠整齐地到海边栈桥上去散步"，而发现老水手是于勒时"神色很狼狈""暴怒起来"。

在船上想吃牡蛎，不是因为牡蛎多么美味，而是父亲被"用一方小巧的手帕托着牡蛎，头稍向前伸，免得弄脏长袍；然后嘴很快地微微一动，就把

汁水吸进去，牡蛎壳扔到海里”这种高贵的吃法打动了。

于勒：

"一个人要是逼得父母动老本""把自己应得的部分遗产吃得一干二净之后，还大大占用了我父亲应得的那一部分"，连老船长都评价于勒"他是个法国老流氓"。

十几年后再出现的于勒"衣服褴褛""又老又脏，满脸皱纹""满是皱纹的水手的手……那是一张又老又穷苦的脸，满脸愁容，狼狈不堪"。

约瑟夫：

面对穷苦狼狈的于勒，小小的约瑟夫默念"这是我的叔叔，父亲的弟弟，我的亲叔叔"，最后还额外给了十个铜子的小费。

二、链接生活

如果你的身边有菲利普夫妇、于勒这样的"黑"人，你会如何与他们相处？为什么觉得要避之不及？他们是否真的如此面目狰狞？抽象思维逐步完善的我们，跳出脸谱化的人性定义，尝试挖掘他们背后的故事和人性吧！

第三环节：人，非"非黑即白"

透过小小的约瑟夫的视角，我们似乎看到了课文中几个人之间的冷酷亲情。可是人性真的非黑即白吗？世界上真的有绝对的"善恶黑白"吗？

入选教材的《我的叔叔于勒》其实只是一个掐头去尾的故事。在课文中，主人公始终站在一个儿童的视角来讲述他们家与叔叔于勒之间的故事。但是在一个孩子眼中，他所能看到的东西往往只是表面，所能思考的也十分有限。因此，童年的"我"对于勒叔叔的认识片面而有限。下面我们将跳出约瑟夫的视角，以不同人物的角度深入探析他们人性中更深层次的"黑白"。

小组任务：立足于文本的字里行间，合理进行想象和推测，探究菲利普夫妇、于勒、约瑟夫"黑白"形象之下所深藏的人性。

1. 菲利普夫妇刻薄冷漠背后的人性之光

明确：

（1）金钱至上的观念是社会造成的，也是窘迫的家庭经济造成的，他们不得不看重钱。

（2）母亲不舍得给于勒的十个铜子，里面也有迫于家庭生计不得不精打细算的原因。

（3）站在父母的立场，他们一心为了女儿，是合格的父母（立足于社会背景和家庭境况，扣住文本进行合理推测）。

2. 于勒行为不正、糟蹋钱背后的个人优点

思考：于勒在被打发去美洲后，为什么可以在异国他乡赚得大钱、逆袭成功？为什么他赚了钱后写信说希望赔偿"我"父亲的损失？他晚年落魄，为什么不再去投靠自己的哥哥？如果最后他认出了"我们一家"，会不会上前相认？

明确：

（1）成功逆袭的于勒，其实在玩乐、行为不正之下，还有着不俗的眼光、头脑、情商、智商、逆商，是个很聪明的人。

（2）赚了钱之后想着补偿自己的亲人，是个有良心的人。

（3）落魄后不再投靠自己的哥哥，而是选择在船上做一个水手，说明他学会了自食其力。

3. 约瑟夫真诚善良背后的一丝退缩

补充阅读《我的叔叔于勒》未删减原文部分：

一个胡子花白的老乞丐向我们乞讨，我的同伴约瑟夫·达夫朗什竟给了他一枚五法郎的银币。对此，我感到十分惊讶，他解释说："这个可怜人让我回想起一段往事，一段我至今念念不忘的记忆。我且说给你听听吧。"

故事是这样的：

我小时候，家在勒阿弗尔，并不是有钱的人家，也就是刚刚够生活罢了。我父亲做着事，很晚才从办公室回来，挣的钱不多。我有两个姐姐。

…………

在我们前面，天边远处仿佛有一片紫色的阴影从海里钻出来。那就是哲尔赛岛了。

离岸越来越近，我心里起了一个强烈的愿望，我想再见一次我的叔叔于勒，靠近他，和他说几句温暖的、安慰人心的话。

但是，因为没客人吃生蚝，他已经不见了。毫无疑问，他已经下到了散发着恶臭的底舱深处，那儿是这个苦命人的住所。

为了不再遇见他，返程时我们乘坐了去圣玛洛的船。因为我母亲已经烦透了。

从此，我再也没有见过我父亲的兄弟。

这就是为什么，你看见我不止一次地给流浪汉五个法郎。

思考：为什么已经意识到对方是自己亲叔叔的约瑟夫不当场认下于勒？为什么只在心里默念"这是我的叔叔"后默认了父母逃避于勒的做法？为什么在这样的情况下，我们仍然说约瑟夫是人性之光？

明确：

（1）"我"家里的经济情况的确很不好，没有办法承担与于勒相认的后果。

（2）当时社会就是金钱至上的大环境，甚至连姐姐的婚姻都是靠"富豪叔叔的一封信"得来的，与于勒相认，姐姐的婚姻会有什么后果？

（3）"我"只是个孩子，当时没有办法改变家庭的境况，只能默认了父母的决定，但是结合原文，长大后的"我"以一个成年人的角度回首过往，更为理性，也加入了更多的思考。因此，"我"和于勒叔叔的往事令"我"愧疚，在往后的生活中，"我"一直以悲悯之心去弥补这个遗憾。莫泊桑借助"我"的命运发展表现了"人性本善"的真谛，让原本灰暗的故事一下子闪烁着人性的关怀，给人以希望。

4. 小结

代表"黑"的菲利普夫妇有着凡人的无奈和自己的光芒，于勒在放荡不羁的背后也有着自己的亮点和善良；代表"白"的约瑟夫在善良同情的背后，同样会有基于现实的妥协和无奈，直到成年后仍然心怀遗憾。人之所以为"人"，就在于人性的多面和复杂，不可一概而论。

第四环节：人，因复杂而美

在我们学过、读过的作品中，大量的人物因为其多样性和复杂性而给读者留下了深刻的印象。

如《三国演义》里的曹操，他聪明透顶，又愚不可及；坦率真诚，又狡猾奸诈；豁达大度，又疑神疑鬼；宽宏大量，又心胸狭窄。可以说是大家风范，小人嘴脸；英雄气概，儿女情怀；菩萨心肠，阎王脾气。

如《钢铁是怎样炼成的》里的主人公保尔，他坚强、刚毅、果敢、正义凛然、勇于反抗命运，但是在命运捉弄面前仍然免不了产生自杀这样懦弱的念头。

如《红楼梦》里的王熙凤，她被评价为"凡是一个女人所能干的坏事，她都干了出来"，但是"杀伐决断"，才智超群，称得上"脂粉队里的英雄，连那些束带顶冠的男子也不能过"。

…………

人，因复杂而美，从字里行间挖掘多样的人性，这才是小说最大的魅力！

9 范进中举

在"变"中读懂范进

《儒林外史》是清代小说家吴敬梓创作的一部长篇讽刺小说，作者吴敬梓以极其辛辣的笔调刻画了一大批可笑、可鄙、可憎或可悲的热衷于功名利禄的封建知识分子形象，深刻揭露了封建科举制度的腐朽及社会的丑陋现实。语言辛辣刚劲、生动洗练。鲁迅评价《儒林外史》"戚而能谐、婉而多讽"，这在《范进中举》中表现得淋漓尽致。《范进中举》是其中的精彩章节之一，它以范进中举为中心事件，通过范进中举后喜极而疯及中举前后境遇的变化进行对比，刻画了一个醉心功名到了如痴如狂地步的典型知识分子形象，抨击了封建制度对读书人灵魂的毒害，反映了当时社会的世态炎凉和人情冷漠。《范进中举》是一篇主题深刻、手法多样的经典文章，一直以来是众多学者与语文教育者的研究对象。为了获得更好的教学效果，笔者以一个"变"字为教学的切入点，结合小说的人物形象，在对比手法与细节描写中深入解析文本，进而解读文章的主题。

一、情节突变："昔日龌龊不足夸，今朝放荡思无涯"

《范进中举》节选自《儒林外史》第三回"周学道校士拔真才，胡屠户行凶闹捷报"，小说描写广东学道周进，到广州上任，先考生员，考完两场以后，第三场是南海、番禺两县的童生来考试，童生里就有范进，范进考完这场考试后就进了学，取得了第一名成为"秀才"，继而他又参加乡试中举成为"举人"。这样一个故事，乍看起来，似乎只是一个普通的读书人顺理成章地考取功名的平凡故事，没什么特别之处。但作者为了突出主题，却巧妙地作了安排，使情节一波三折，引人入胜。

小说的关键点是范进中举前和中举后的变化。

范进二十岁就开始参加科举考试，一直考到五十四岁，整整考了三十五年。在这三十五年中，他参加了二十多场的考试，但一直没考上，始终是一个童生，还没有真正获得科举考试的名分，要有一定的名分，得是秀才，才算进了学。作为一名五十四岁的老童生，对每一次考试都充满了希望，而每一次都是失望而回，几十年来屡考屡败，他整个人已经陷入了一种绝望的境地。他五十四岁那年终于考上了秀才，有了进学的名分，丈人胡屠户仍然是万般嘲笑打击，课文节选部分就是从这里开始，当范进考中秀才后回到家，丈人胡屠户手里拿着一副大肠和一瓶酒来贺喜，名为贺喜，实际是给了范进一顿嘲讽与教训："我自倒运，把个女儿嫁与你这现世宝穷鬼""你是个烂忠厚没用的人，所以这些话我不得不教导你，免得惹人笑话"。当范进揣着一份不甘与幻想找胡屠户借盘缠凑去参加乡试时，却被胡屠户骂了一个狗血喷头，说他"癞虾蟆想吃起天鹅肉"。读尽诗书五六担，老来方得一青衫，中举前的范进地位低下，生活穷困潦倒。

范进借了钱参加了乡试，竟然意外地中了举。历经千辛万苦成了举人，这本是一件可喜可贺的事。可是，面对这突如其来、从天而降的大喜事，范进一开始不敢相信，认为是乡邻戏弄他，道："为甚么拿这话来混我？我又不同你顽，你自回去罢，莫误了我卖鸡。"当见了喜报，终于明白自己真的中举了，范进那颗因饱经辛酸折磨而变得脆弱不堪的心承受不住这强烈的刺激，欢喜过了头，痰迷心窍，昏倒在地，救醒后却疯了，喜极而疯！"爬将起来，又拍着手大笑道：'噫！好！我中了！'"作者这不按常理的情节安排，出乎读者的意料，似乎又在情理之中，由这一个发疯的突变情节，突出了范进几十年来追求功名富贵到了神魂颠倒的地步，深刻反映了封建科举制度对读书人灵魂的毒害，具有震慑人心的力量，让人从内心深处发出感叹：真是一个可怜可悲之人！

二、处境暗变："贵为乡人畏，贱受乡人怜"

历经三十多年，范进终于进了学并成了举人，随着范进身份的变更，他的社会地位、家庭地位、生活处境都发生了翻天覆地的变化。

范进的社会地位的变化可以从乡邻们对他的态度、张乡绅的到访等情节中看出来。范进的邻居，在范进中举前并没有出现，而在范进中举后，却都从各处冒了出来，贺喜的、帮助的、送食物的，一下子就变得邻里和谐、热情相助了。而张乡绅，在范进中举的当天就送大红全帖来"拜新中的范老爷"。范进的家庭地位的变化，可从胡屠户对他的态度中看出来，从"现世宝"一下子就跃进为"天上的星宿"。

范进不但地位提升了，生活处境也发生了巨大改变。在范进中举前，家里的妻子"这十几年，不知猪油可曾吃过两三回"，当范进瞒着丈人进城里参加乡试时，"家里已是饿了两三天"，"到出榜那日，家里没有早饭米"，他的母亲已经是"饿的两眼都看不见了"，从中我们不难发现，范进一家是穷困潦倒的，生活甚至到了难以为炊的境地。但当他一朝中举后，"当下众邻居有拿鸡蛋来的，有拿白酒来的，也有背了斗米来的，也有捉两只鸡来的"，胡屠户也"提着七八斤肉，四五千钱"来了，连前任知县张乡绅也送来了五十两银子和三进三间的大屋子。小说后面还叙述了"自此以后，果然有了许多人来奉承他：有送田产的，有人送店房的，还有那些破落户，两口子来投身为仆图荫庇的。到两三个月，范进家的奴仆、丫鬟都有了，钱、米是不消说了"，真可谓"三年清知府，十万雪花银"。

中了举，范进是要什么有什么了，由被踩在地底下的底层人物，一下子成了人上人，这也说明了他为什么能长时间地忍受身体乃至精神上的折磨的原因，中举就意味着做官，做官就有权，有权就有财，也改变了他破落卑贱的命运，难怪他甘愿用大半生的时间只走科举考试这一独木桥。范进由屡试不第到一朝中举后社会地位、生活处境的变化，深刻揭示了封建科举制度不仅扭曲了知识分子的灵魂，也异化了封建社会中每个人的人性。

三、人物多变："十年窗下无人问，一举成名天下知"

小说围绕范进中举前后的经历展开，以生动凝练的语言从外貌、神态、动作、语言、心理等描写角度，用夸张、对比等手法，把范进、胡屠户、众乡邻、张乡绅等各类人物描写得活灵活现，犹如一条条变色龙，在大众面前各尽所能、尽情变色，演绎了一场令人捧腹却引发深思的戏剧，让我们从中阅尽了社会的众生相。

1. 范进的变——可笑可悲

范进的变，可以说是一波三折的，由中举前的迂腐无能，到中举时的喜极而疯，再到中举后的逢迎自如，在这忽上忽下的变化中，在我们面前淋漓尽致地呈现了一个醉心功名的封建知识分子的丑陋灵魂。

范进是一个穷困潦倒的书生，他既不会耕种劳作，也不会经营买卖，生活一贫如洗，靠丈人胡屠户接济过日子。在胡屠户面前唯唯诺诺、低眉顺眼，当胡屠户嘲讽他是"现世宝穷鬼"时，他回"岳父见教的是"；当胡屠户骂他"该撒抛尿自己照照"时，他被骂得"摸门不着"也不会回嘴一句，长期的悲苦生活让他形成了逆来顺受、自卑自贱的性格，这也正是落第文人心酸悲苦的真实写照。几十年长期的痛苦压抑，在他中举时就像突然有了一个突破口，突然就爆发了，他两手一拍，笑了一声："噫！好！我中了！"说着便跌倒了，他挣起来，头发跌散了，两手黄泥，拍着笑着，一直走到集上去。范进疯了！范进的疯，是他那因饱经辛酸而变得脆弱麻木的神经经受不住这巨大的欢喜，所以他喜极而狂，喜极而疯。范进疯后的一个"好"字，暴露了追名逐利意识已植根在他内心深处，而这一疯也映出了他几十年以来的屈辱与辛酸。疯是一时的，被胡屠户唤醒后，范进就变得再正常不过了，有了举人的样子了。张乡绅来访，他和张乡绅到堂屋内平磕了头，分宾主坐下，与张乡绅说话是"晚生久仰老先生""晚生侥幸，实是有愧。却幸得出老先生门下"。他与胡屠户说话也由原来的"岳父"变成了"老爹"。才刚中了举，范进已经把官场那一套圆滑世故运用自如、得心应手，在他身上，读者已经可以预想到——又一个恬不知耻、鱼肉百姓的贪官诞生了。

作者通过对范进中举时发疯情节的细节描写，以及中举前后的对比刻画，生动地展现了一个被科举毒害到灵魂卑劣的"心艳功名富贵而媚人下人者"的封建腐儒形象，让读者在哑然失笑的同时，深刻感受到封建制度的罪恶，范进这一夸张的形象，具有辛辣的讽刺效果。

2. 胡屠户的变——前倨后恭

范进的丈人胡屠户，是作者着墨较多的一个人物。作者主要将胡屠户两次来贺喜及后来迫不得已一巴掌打醒范进时的言行举止进行了前后的对比，勾画了一个前倨后恭、趋炎附势的市侩形象。

首先是语言上，当范进考中秀才时，胡屠户坐下便指责范进"现世宝"，不知累了他多少银子；当范进问他借钱去参加乡试时，他骂范进"癞虾蟆想吃起天鹅肉""尖嘴猴腮"；范进中了举后，胡屠户称范进为"贤婿老爷"，夸范进是"天上的星宿""天上的文曲星""才学又高，品貌又好"。其次是行动上，中举前胡屠户拿着一副大肠来贺喜，中举后提来的是"七八斤肉，四五千钱"。最后是细节描写上，在第一次贺喜时，胡屠户是"横披了衣服，腆着肚子去了"，而在范进中举后胡屠户见女婿衣裳后襟滚皱了，"一路低着头替他扯了几十回"。胡屠户对范进的态度，可谓是一百八十度的大转弯，变的原因是秀才与举人身份的不同。作者通过鲜明的对比，勾画出了一个欺贫爱富、嗜钱如命、庸俗势利的小人嘴脸。

3. 乡邻的变——谄媚奉承

乡邻在范进中举前并没有出现在小说中，但读者在字里行间，可以看到文字背后隐藏的内容，这是作者一种留白的写法。如在范进去参加乡试时"家里已是饿了两三天"，到出榜那日"家里没有早饭米"，他的母亲已经是"饿的两眼都看不见"，这里没有描写乡邻，但我们忍不住会问：范进的乡邻，难道不知道范进家中情况？是假装不知道吧？甚至是知道也不会给范进帮助，因为他们瞧不起范进，在他们眼中，范进是一个比他们还不如的下下等的人，他们嘲笑、讥讽、捉弄范进，这从范进在市场卖鸡时邻居来报喜这一情节中可以看出来，当邻居来报喜时，范进说："高邻，你晓得我今日没有米，要卖这鸡去救命，为甚么拿这话来混我？我又不同你顽，你自回去罢，莫误了我卖鸡。"从中可以猜到，平日里，邻居对范进是极尽嘲弄讥讽之能事，以至于范进条件反射地认为邻居是"和他顽"，是捉弄他的。但当范进中举后，乡邻们一下子从躲藏着的幕后全涌上台前了，把鸡蛋、白酒、米、鸡等都大方地拿出来替范进招呼报录的人。当范进疯后，众人"一齐上前，替他抹胸口，捶背心"，扶起范进坐下，还把范进丢了的鞋子寻了来"替他穿上"。同样地，张乡绅的"变"也如此，在范进中举前他不闻不问，并没有交往；但是在中举当天就来拉拢，既送钱又送房，还和范进称兄道弟，可见其道貌岸然、老奸巨猾的形象。

世态常为盛时熟，人情多在败中凉。作者通过暗藏的"变"，活灵活现地展现了一群殷勤作态、趋炎附势的众生相，深刻地反映了封建科举制度下的人情冷暖、世态炎凉。

四、"变"与主题

围绕一个"变"字，作者把范进中举前后生活境遇的变化及亲友乡邻的表现作了对比，细致描写、深入刻画，生动地把人物的丑态淋漓尽致地展现在读者面前，并通过夸张的手法，让读者在哑然失笑中领悟众生百态背后的深刻主题。

范进是封建知识分子的典型代表，他痴迷科举，甘愿做科举的奴隶，历时几十年、穷其一生地跋涉在科举考试这条漫漫长路上。中举前，范进穷困潦倒，受尽嘲讽谩骂，地位处境落魄悲惨，中举后却因几十年的痛苦辛酸一朝迎来天降大喜而突然疯了。范进的一生，深刻揭露了封建科举制度对人的摧残与毒害。范进中举后，随着身份的变化，范进的社会地位和生活境况也发生了翻天覆地的变化，胡屠户、张乡绅、众乡邻等人对他的态度是一百八十度的转变，他们百般讨好、诌媚奉承、拉拢亲近。从他们的变化中，我们看到了封建科举制度不仅扭曲了读书人的灵魂，更茶毒着整个社会，使整个社会人情淡漠、欺贫媚权。小说通过对比、夸张等手法对封建科举制度进行了强烈批判，辛辣讽刺了各类市侩小人。

从一个"变"字说开去

▶ 设计意图

围绕一个"变"字，教师带领学生进入文本：作者把范进中举前后生活境遇的变化及亲友乡邻的表现作了对比，细致描写、深入刻画，生动地把人物的丑态淋漓尽致地展现在读者面前，并通过夸张的手法，让读者在哑然失笑中领悟人物背后的深刻主题。

▶ **教学过程**

一、导入新课

唐代诗人孟郊曾写过一首形容科举考试的诗，其中两句是："昔日龌龊不足夸，今朝放荡思无涯。"意思是往昔的困顿日子再也不值一提，今日金榜题名令人神采飞扬。金榜题名，一直是封建社会读书人梦寐以求的事情。有些人借助科举考试，从此飞黄腾达，而更多的人是寒窗苦读几十年，穷困潦倒一生。今天，我们一起来学习《范进中举》这篇文章，去探一探封建科举制度下的读书人和当时社会究竟是怎样一种状态。

二、整体感知，理情节之突"变"

学习任务一：快速阅读课文，用简洁的语言概括小说情节，思考哪个情节是故事的转折点。

明确：范进进学，屠户贺喜—范进借钱，屠户辱骂—范进卖鸡，邻居报喜—中举发疯，掌掴巴结—乡绅拜见，称兄道弟。范进中举这一情节是整个故事的转折点。

三、精读课文，析人物之善"变"

学习任务二：范进中举后，所有人都"变"了，你在他们身上发现了哪些变化？请选择一个你感兴趣的人，简述他的"变"，并说一说你从这些变化中看出他是怎样的人。

提示：画出体现人物性格特点的外貌、语言、动作等方面的句子，体会其作用。

1. 范进之变

（1）范进之变：中举前，穷困潦倒，对胡屠户唯唯诺诺，在众人面前受尽凌辱；中举后，喜极而疯，有钱有粮，地位提高，与张乡绅称兄道弟。

（2）重点研读"喜极而疯"一段，思考：中举是件值得高兴的事，范进为什么会发疯？

资料补充：科举制度。

科举是历代封建王朝通过考试选拔官吏的一种制度。

童试。县级考试，参加考试的人皆称"童生"，考上为"生员"，即"秀才"，这是资格考试。

正式的科举考试分为三级：乡试、会试、殿试。

乡试。每三年在省城考一次，成绩优良的秀才参加，考中者称"举人"（头名称解元，第二至第十名称亚元），有资格做官。

会试。乡试后第二年春天在礼部考，及格者称"贡士"。

殿试。由皇帝主持，贡士参加，中者皆称"进士"，分三甲录取，第一甲赐进士及第，第二甲赐进士出身，第三甲赐同进士出身；第一甲取三名，第一名称"状元"，第二名称"榜眼"，第三名称"探花"。

明确：范进从二十岁开始参加科举考试，一直考到五十四岁，多年屡试不中，生活穷困潦倒，受尽嘲弄欺辱。中举后，几十年来受到的屈辱一扫而空，从此吐气扬眉，享尽荣华富贵，这也是他梦寐以求的。因此当这个喜讯突然到来时，他一下子承受不住这强烈的刺激，欢喜过了头，就疯了。

小结：运用语言、动作等描写方法，用夸张的修辞，刻画了一个热衷功名、卑微懦弱而又圆滑世故的底层知识分子。他大半生穷困潦倒，唯唯诺诺，逆来顺受，中举后，他判若两人，圆滑世故，逢迎自如。

2. 胡屠户之变

明确：

（1）语言上：当范进考中秀才时，胡屠户坐下便指责范进"现世宝"，不知累了他多少银子；当范进问他借钱去参加乡试时，他骂范进"癞虾蟆想吃起天鹅肉""尖嘴猴腮"；范进中了举后，胡屠户称范进为"贤婿老爷"，夸范进是"天上的星宿""天上的文曲星""才学又高，品貌又好"。

（2）行动上：中举前胡屠户拿着一副大肠来贺喜，中举后提来的是"七八斤肉，四五千钱"。

（3）细节描写上：在第一次贺喜时，胡屠户是"横披了衣服，腆着肚子去了"；而在范进中举后，胡屠户见女婿衣裳后襟滚皱了，"一路低着头替他扯了几十回"。

小结：通过语言、动作、细节等描写，生动对比了胡屠户在范进中举前后的行为，勾画了一个欺贫爱富、嗜钱如命、庸俗势利的市侩小人形象。

3. 众乡邻之变

明确：中举前，在家里饿了两三天、母亲饿得两眼都看不见时，乡邻并没有接济范进；范进中举后，众乡邻把鸡蛋、白酒、米、鸡等都大方地拿出来替范进招呼报录的人；当范进疯后，众人"一齐上前，替他抹胸口，捶背心"，扶起范进坐下，还把范进丢了的鞋子寻了来"替他穿上"。

通过对比，表现了众乡邻的趋炎附势、虚伪势利。

4. 张乡绅之变

明确：在范进中举前，张乡绅与范进并没有交往；但在范进中举当天，张乡绅就来拉拢，既送钱又送房，还和范进称兄道弟。

小结：张乡绅是为了攀附范进来巩固自己的权势，可见其道貌岸然，老奸巨猾，反映了当时官场结党营私、官官勾结的现象。

四、研读课文，悟"变"与主题

学习任务三：回顾范进中举前后人们的各种变化，并思考这篇小说反映了什么主题？

资料补充：作者与作品

吴敬梓出身于世代书香的官僚地主家庭，早年热衷科举，考秀才，但未中举人。考场上的失意，家庭生活由富到贫的变化，在与官僚、乡绅的交往中，他逐渐看透了他们丑恶的灵魂，对现实，尤其对封建科举制度有了较深刻的认识，这些对他写作《儒林外史》有很大的影响。鲁迅先生说他，身为士人，熟悉其中情形，故其暴露丑态就能格外详细。

《儒林外史》是一部章回体长篇讽刺小说，共五十六回，是中国古典文学中讽刺艺术的最高峰，给后世的谴责小说以直接影响。它以整个封建社会为批判对象，以不同类型的封建知识分子为中心，通过对他们生活和心灵的描绘与剖析，勾画了"儒林"这个丑恶群体的不堪形象。全书中心就是揭露封建科举制度和礼教对读书人的毒害，讽刺因热衷功名富贵而造成的极端虚伪、恶劣的社会习气，成功地展示了一幅以封建儒生的生活和精神状态为中心的 18 世纪中国社会的风俗画。

明确：课文通过范进中举前后截然不同的生活对比，刻画了范进这个为功名利禄神魂颠倒的典型形象，以及周围人欺贫爱富、趋炎附势的丑恶嘴脸，反映了封建社会的世态炎凉、人情冷暖，深刻批判了封建科举制度腐蚀读书人的灵魂、败坏社会风气的罪恶。

五、质疑探讨，赏"变"中讽刺

学习任务四：我们在读这篇课文时，会忍不住发笑，请标出你认为好笑的地方，并说说你发笑的原因（引导学习讽刺艺术）。

学法指导：讽刺手法。

讽刺小说经常用夸张、对比和细节描写来达到讽刺的效果。夸张是把人或事的假、丑、恶加以夸大，使之变形，以突出某一特征，达到讽刺目的；对比是把被讽刺的对象，在对待同一个人或同一件事的前后不同言行进行描述，以显示其愚蠢可笑，强化讽刺效果；细节描写是对人物的细微举止或语言、神态等细致描写，更鲜明地突出人物特点，以增强小说的讽刺效果。

明确：

（1）范进中举后喜极而疯的情节，运用夸张的手法、生动的细节描写，刻画了范进发疯后的言行举止，突出了他痴迷科举、醉心功名到了如痴如狂的地步，他那疯癫状态让人哑然失笑，具有强烈的讽刺意义。

（2）写胡屠户等人对范进中举前后的态度变化，运用对比手法，突出他们欺贫爱富、庸俗自私的形象，也反映了当时人情冷漠、趋炎附势的社会风气。

小结：小说中人物可笑的行为举止恰恰蕴含着深沉的悲哀，引人发笑之处恰恰是悲剧性最强烈的地方。以笑来写悲，正是这部讽刺小说的高明之处。

10　带上她的眼睛

在解疑中剖析文本的四重境界之美

每一篇小说都具有自己的个性，正如《带上她的眼睛》。科幻小说，这一种文学体裁起源于近代西方，被人们定义为"在尊重科学结论的基础上进行合理设想的小说"。近年来，在刘慈欣创作的小说《三体》获得了第73届雨果奖最佳长篇故事奖，《流浪地球》被搬上大荧幕后，刘慈欣笔下的科幻小说成了中国最成功的科幻故事，他在科幻小说领域里，单枪匹马地闯出了自己的一片天地。

这篇《带上她的眼睛》有着最能打动"非科幻小说迷"读者们的情愫，那就是其中的人文思考——我们能写出好的科幻故事，能用科学严谨的创作态度建造精密宏大的宇宙观的同时，还不忘表达人性的极限与困境；我们的作品里不仅充满了对科学技术和未来发明的动情幻想，更饱含着对人类文明的反思，是对人性和哲学的极致体现。

我们要先读懂小说中这个"精密宏大的宇宙观"从何而来。关于《带上她的眼睛》中年轻女领航员被永远困在"地心"的故事设定，与本学期学生必读的科幻小说有千丝万缕的联系。七年级下学期，学生的名著阅读书目就有凡尔纳的《海底两万里》，而在教学本文前，教师还可以去阅读凡尔纳的另外一部作品——《地心游记》。这部小说讲述了一个探险家在地底经过整整三个月的艰辛跋涉，进行科学探险的故事。在凡尔纳之后，大家对地内世界的认识逐渐加深，并且越来越好奇，许多涉及这个话题的作品开始不似从前那样温和，充满了末日气息。地心旅行因为对其本质的了解变得不敢来去自如，不复有凡尔纳时代孩童似的乐观想象。《带上她的眼睛》的"地心"设定则直接受到作家凡尔纳作品的影响，文章当中的"落日六号"地航飞船沉入岩浆世界，永远回不了地面，故而船上唯一存活下来的年轻女领航员，从此再也看不到地面上的春秋更迭、花落花开。

这样的故事设定本来就带有柔软的情愫，连作者本人在其一篇创作随笔中都曾写道："我做梦都不会想到，我有一天要用科幻之外的东西去吸引读者，那东西是从那些以前看都懒得看的通俗小说中学来的。"这种"通俗小说中"的东西，便是一部小说的人性之美、人性之思与人类最纯粹的温情。所以许多人会评论，《带上她的眼睛》无论是在中国科幻创作史，或是在刘慈欣个人创作史上，都是具有里程碑式的意义的，这是一条"硬—软—软硬"结合的通俗化叙事的道路。

小说的故事情节简明易懂，文章叙事波澜起伏，能大大地吸引学生的阅读兴趣："我"是一个航天中心的个人装备工程师，在去旅行时带上了"她"的眼睛——一副中微子眼镜，这样就可以把旅行中的触觉、嗅觉、味觉等感觉都传给"她"。而"她"，是失事的"落日六号"地航飞船上的领航员，因为一个意外被永远困在地心。在旅行交流中，"我"在"她"的影响下，慢慢恢复了对美的感受，学会了以新的目光欣赏大自然，重新打量自己的生活，走出了心中的精神沙漠。

这篇小说在笔者看来，其最为动人的点，在于当中大量富有美感的叙述和一直交织着的悬念与迷雾，这些都推动着读者不断思考小说的思想内核。所以笔者在剖析这篇小说应该怎么读方面，找到了小说中的四大美点，分别是：优美——沉浸式体验自然秀美；壮美——科幻世界里的想象编织；人性美——女领航员的坚韧品质与光辉形象；悲剧美——悬疑对比中的悲剧走向。在探究这四份美感的同时，以贯穿全文的悬念设置步步深化。

一、优美——沉浸式体验自然秀美

美与美感，是一部优秀文学作品最精致的外在美。《带上她的眼睛》以自然美为中心，并延伸到欣赏生活的美。初读这篇小说，无论是精读还是速读，都可以迅速地感受到其中贴近自然的动人文字，我们甚至可以满怀惊诧或是屏住呼吸，去感受文本当中的这些细节：轻柔的微风、啁啾的鸟鸣、一望无际的草原、大朵大朵水晶一样的白云、辉煌的落日，这些都是《带上她的眼睛》里的自然风景……这一切描绘当中，似乎具有一种催眠的力量，让我们进入恍惚的梦境之中。

小说里面，有高山与平原，从"我"面前一直延伸到天边的大草原，有背后覆盖着暗绿色森林的天山，有几座戴着银色雪冠的山顶。我们还能看到，广阔的草原上到处点缀着星星点点的小花，草原中一间孤零零的白色小屋。人睡到半夜起来，会发现月亮刚刚升起来，月光下的草原也在沉睡。

优美的文字令人产生放松感、舒适感，因为这种沉醉的体验，我们能加速与美的对象亲近。小说中的"我"回到工作当中之后，偶然的一次，发现自己的裤脚上有两三颗草籽。这份"绿"，开始在主人公心中蔓延——"在我孤独寂寞的精神沙漠中，那颗种子已长出了令人难以察觉的绿芽"。

当一天的劳累结束后，"我"已能感觉到晚风吹到脸上时那淡淡的诗意，鸟儿的鸣叫已能引起"我"的注意，"我"甚至黄昏时站在天桥上，看着夜幕降临的城市，世界在"我"的眼中仍是灰色的，但星星点点的嫩绿在其中出现，并在增多。当这种变化发展到让"我"觉察出来时，"我"又想起了"她"。

是的，因为亲身贴近了最纯粹天然的自然环境，让"我"内心开始发生转变与触动，这里也是一处伏笔，为下文"我"心中的那片绿意的生长作了铺垫。而在这一部分当中，这些优美自然的笔触，与"小姑娘"看到这些景物时所发出的"不同于常人的关注和慨叹"，也在细腻的环境描写之中，升起了悬念的烟雾。

二、壮美——科幻世界里的想象编织

崇高美，总让人想到庞大的空间、无法控制的走向、饱含巨大神秘力量的未知事物，这些会令人产生紧张感、距离感、敬畏感。就恰如本篇小说里，地航飞船所过之处岩浆迅疾聚拢过来的惊心动魄的场面。而壮美与此不同的是，当中的描述尽管也关涉这些宏大的场面，却会让人想要亲近，一探原委。《带上她的眼睛》里对科幻世界的编织塑造，就有如此的壮美之感。

就科幻小说而言，其主要特征是使用了较多科技类的词语，本文也运用了人们耳熟能详的词语，如地幔、地核、空间站等，这种描述会进一步增加故事的可信度，也能够给读者以身临其境的感受。从科技角度分析，具体体现在以下几个方面：第一，小说中展现的一些科学知识，是以现代知识、科技发展为基础，合理想象生成的，也是现代科技、现代科学工作人员不断想要努力解决的问题，如传感眼镜、微子通信技术等；第二，小说中有很多以现代科学推测为基础的合理想象，如地心由铁、镍、硅等物质构成，熔融态、密度很大、温度可以达到 5000 摄氏度，这些大胆的科学设想，现在还无法得到证实，却存在一定的科学理论依据，这也是小说科学之美、前瞻之美的体现；第三，在《带上她的眼睛》中很多的科学知识，其实就是现代生活中真实存在的科学知识，如航天技术、机器人、太空服、现代通信技术等，这些现代科学知识在小说中的展现，能拓宽读者的科学视野，是小说科学之美、现实之美的一种体现。

此外，在《带上她的眼睛》这篇科幻小说中，作者融入的所有科技知识并不是凭空想象的，而是符合科学逻辑的，并且在想象之时，加入了作者许多浪漫的笔触，如：

我记得"落日一号"发射时的情景。那时正是深夜，吐鲁番盆地的中央出现了一个如小太阳般的火球，当火球暗下来时，"落日一号"已潜入地层，只在潜入点留下了一个岩浆的小湖泊，发出耀眼的红光。那一夜，在几百公里外都能感到飞船穿过地层时传到大地上的微微震动。

宇宙航行是寂寞的，但宇航员们能看到无限的太空和壮丽的星群；而地航飞船上的地航员们，只能从飞船上的全息后视电视中看到这样的情景：炽热的岩浆刺目地闪亮着、翻滚着，随着飞船的下潜，在船尾飞快地合拢起来，瞬间充满了飞船通过的空间。飞船上方那巨量的地层物质在不断增厚，产生了一种地面上的人难以想象的压抑感。

"一个如小太阳般的火球""一个岩浆的小湖泊，发出耀眼的红光"，正因为有这些基于现实科技的合理想象，才有作者带领我们感受"那一夜，在几百公里外都能感到飞船穿过地层时传到大地上的微微震动"。这一份振动里，包含了一份无法言说的激烈碰撞的美。

在这部科幻小说当中，作者展现了丰富的科技知识。在阅读过程中，读者阅读的不仅是一个科幻故事，也会从中了解到很多先进的科学知识，同时，作者为读者开辟了一个全新的想象空间，对神秘的地心世界作出了无限的遐想，这可以引发读者对地心世界的好奇心，也极大地增添了小说的科学之美。

三、人性美——女领航员的坚韧品质与光辉形象

"落日六号"的航行开始很顺利，但在飞船航行 15 小时 40 分钟时，警报出现了。从地层雷达的探测中得知，航行区的物质密度急剧增高，物质成分由硅酸盐类突然变为以铁镍为主的金属，物质状态也由固态变为液态。飞船显然误入了地核区域。"落日六号"立刻紧急转向，企图冲出这个危险区域。当飞船在远大于设计密度和设计压力的液态铁镍中转向时，发动机与主舱结合部断裂，失去发动机的飞船在地层中失去了动力……

我们从这段以假乱真的文字当中，仿佛真的能感受到"落日六号"沉入地心深处的那份与世隔绝的绝望与悲凉，小说也提到，地心深处像一个巨大的炼钢炉，在这样的世界里，生命算什么？

是的，在这个炼钢炉里，生命连脆弱都谈不上，而在这样几近绝望的境地里，我们从文本中看到了女领航员异于常人的言行与"我"当初不知情时的疑惑——

"她"突然惊叫："呀，花，有花啊！上次我来时没有的！""她"对每朵花、每棵草、每一缕阳光、每种声音、小溪、微风、月亮，都怀有极大的热情。当"她"对星星点点的野花满怀激动时，"我"是有些不解的，"我"觉得"她"对这个世界的情感已丰富到不正常的程度。但是，在不知不觉中，"她"的态度渐渐影响到"我"。在"我"的意识深处，也有一颗小小的种子留了下来，在我孤独寂寞的精神沙漠中，那颗种子已长出了令人难以察觉的绿芽。无疑，"她"打动了"我"，这个情节也打动了每一位读者。

是"她"在狭窄的地心空间度过余生的强大内心，是"她"不忍告诉"我"真相的善良和坚强，是"她"对一花一草的热爱，是"她"失去地面联系后坚持在地心工作的敬业奉献，也是"她"不舍草原美好的平凡与脆弱……

是的，文中的"小姑娘"是一位刚毕业的大学生，为了人类对地球的科考事业，"她"驾驶"落日六号"地航飞船深入地球内部进行探险，在意外降临后，"她"孤身一人被困在距离地面 6300 千米的地心深处，承受着高温、高压、封闭，"她"将要在不到 10 立方米的控制舱中度过余生，"小姑娘"最终却用平静的语气给这个世界留下了这样一段话："……今后，我会按照

研究计划努力工作的。……请你们放心，我现在已适应这里，不再觉得狭窄和封闭了，整个世界都围着我呀，我闭上眼睛就能看见上面的草原，还可以清楚地看见那里的每一朵小花呢……"

这样绝望的境况，放在任何一个普通人身上，都会摧毁人类的意志和信念，甚至是活下去的勇气，女领航员的心中却没有丝毫的痛苦与绝望，反而显得勇敢、乐观、坚强、执着，而唯一让"她"留恋的就是曾经那平凡的生活，"她"珍爱每一朵花、每一棵草、清风、流水、月光和日出……在"她"的心中，平凡的生活充满诗意，使"她"珍爱并留恋，所以在"她"最后一次感受到大自然美景的时候激动不已。

从"我"一开始的不解、觉得"她""不正常"的膈应，在所有的疑问与怪象被揭晓那一刻，才知道"她"身上传递着非同寻常的人性之美。

四、悲剧美——悬疑对比中的悲剧走向

悲剧是将人生有价值的东西毁灭给人看。在《带上她的眼睛》中，整部小说将"我"的冷漠与"她"在极端时的喜悦进行了对比。随着时间的推移，投射在我们感知世界里的认知对象的美会减少。美感减弱，丑恶感增强；敏感性减弱，沉闷感增强；新鲜感减弱，平凡感增强；绿洲感减弱，沙漠感增强。所以渐渐地，日常生活给"我"带来了"冷漠"，而且根本没有诗意。但是"她"是不一样的：在"她"的眼睛里，有一种微弱的气味，"像一首隐隐传来的小夜曲"；"她"给每朵花起了个名字。"她"渴望看到每一朵野花、每一片草叶、每一缕阳光在草地上跳舞；一股突然的小溪、一阵意想不到的微风，会使"她"激动起来……作者一次又一次地夸大了"她"对世界的丰富感情，以便将"她"对世界的丰富感情与"我"的冷漠态度形成强烈的对比，从而揭开一场更痛苦的悲剧序幕。悲剧美令人震撼、净化、升华。如本文中"她"被永久封闭于地心，而精神上不甘被封闭的悲剧命运。刘慈欣在接受《城市画报》的采访时，称自己"不喜欢殉道者，也不喜欢苦行僧"，然而技术的进步并非总是一帆风顺，总是伴随着失败甚至灾难，如本文中陷入地心深处将被封闭一生的女领航员，这种殉道情结大概是刘慈欣自己也感到悲哀的。

对比越大，文本的审美张力就越大，思维就越深入。因此，作者一次又一次地向读者呈现"她"丰富的情感。让我们站在"她"的立场上，从"她"

的角度来看这个世界：如果我从一方被 5000 摄氏度的液态铁镍包围着的控制舱里看到美丽的自然景观，我会怎么想？如何思考？如果让我从不到 10 立方米的控制舱里看到广阔的草原、高耸的山，我会怎么看？如何思考？如果我从地下 6300 千米的深处，孤独地看到街道的流动，看着拥挤的市场，我会怎么样呢？如何思考？如果我是最后一次看到这个美丽的世界，我会怎么想呢？你觉得怎么样？我可能已经崩溃了，无论我所从事的职业有多么美好，都会很无聊。为什么"她"能如此细致地感受一切呢？

这种悲剧的美，无力而挣扎，悲壮而热烈。

无论最终的结果将人类历史导向何处，我们选择相信，选择保留人类在最后留下的温存与人性的温暖；我们选择希望，在故事未完待续的空间里，保留希望与期待。

科学背后有人情

▶ 设计意图

叶圣陶先生曾说："略读的时候，更要给学生提纲挈领的指导，其目的唯在学生习惯养成，能够自由阅读。"本文是一篇自读课文。自读课文怎么教，我们在心中可以先有一个概念：在一些必要的阶段或环节中，教师需要隐身，淡化自己的存在，以保证学生有足够的阅读时间和空间。就本篇小说而言，笔者希望通过这一节课激发学生的兴趣，将学生带入科幻小说的自由天地，让学生用快速浏览的方式，提取字里行间的主要信息并提出问题，引领学生在科学的领域里诗意地"异想天开"。

▶ 教学过程

一、导　入

一问：有没有读过科幻小说？了解有多少？这类小说有什么特点？

二带：刘慈欣在《朗读者》中说："我是要把自己想象的世界展现给广

大读者。"他用比喻的方式向电视观众们解释了科幻作家所做的工作：地球就像这座大楼地下室储藏间里的一个火柴盒，太阳系就是地下室，银河系就是大楼，而宇宙就是北京这个大城市。科幻作家所做的工作，就是向火柴盒里的人们，介绍火柴盒外面的广阔世界，让大部分人从封闭空间中突围出来，从而在思想上获得更加广阔的空间。

二、聚精会神，一读再读

1. 快速浏览课文，了解全文的基本故事脉络。

教师给出 4 分钟时间，把静心阅读的时间留给学生，通读全文。在静心阅读中与文本进行第一次对话。

2. 读题目，从题目说起，概括全文的主要内容。

从题目《带上她的眼睛》出发，检验学生是否能在快速阅读中掌握字里行间的关键信息，进行一一验证。

教师设疑：谁带上了"眼睛"？文本中的"我"是谁？"她"是谁？"她的眼睛"指什么？"我"为什么要带上"她的眼睛"？再追问——带上"她的眼睛"之后，"我"和"她"后来怎么样了？

学生解答，梳理文章一望而知的基本脉络。

此处教师可以根据学生所说，了解女领航员身处什么境地之时，便在黑板上绘制一个不封口的圆形，写上 $r=6300$ km。

3. 再读，与未删减的原文作对比，加深理解。

学生拿出课前教师印制好的材料——《带上她的眼睛》未删减版本，也就是作家的原文。提示：阅读原文，读到课文删减的部分，可以做个标记。

在二次亲近文本，而且是亲近作家最原始的文本（此环节的阅读过程配以德彪西的《月光》），此时，你读懂了什么？

设计理念：把课文与原文构建群文阅读，再次回到文本，让学生看到未删减的原作，共八千余字，与课文比读，引导学生关注变化，在对比当中，进一步深化对文本内容的理解。

此环节学生自由读的时间需要 5 分钟。

4. 合作读，分享对比的成果。

学生自由组队，自由讨论，教师给出思想路径：读到这里，你读懂了什么？

和伙伴分享，做批注。还有哪些细节仍然读不懂，把学生的求知欲激发出来。

三、跃跃欲试，激起思维千层浪

学生回答懂和不懂之处，教师作小结归纳，随即让学生书写于黑板上。预设学生"懂"的部分，教师在学生自由讨论时可以聆听和指引。

1. "悬念"四伏：看到"小姑娘"身处窄小的控制舱，身着"隔热系统异常发达的太空服"；"小姑娘"对这个世界的情感丰富到不正常的程度，后来得知，"小姑娘"是困于地航飞船的女领航员，在与地面最后联系中借助"眼睛"感受地面的世界。

2. "插叙"揭疑：得知"小姑娘"的真实身份，插叙地航飞船"落日六号"失事；陷于地心深处，女领航员将在这狭小的空间里度过余生。

3. "主体"瞬间：女领航员因困于地心而无法返回地表的沉重苦难瞬间；女领航员对人间美丽景色的留恋与自愿选择按照原计划努力工作的人性光华瞬间。

4. "结局"揭示：活泼开朗的女领航员，在与地球失去联系的最后时刻，勇敢地接受现实并做出坚定工作的抉择。

5. "人物"塑造：

"小姑娘"的矛盾形象，一方面在内心深处对封闭和绝境存在恐惧感，另一方面在和"我"交往中表现出乐观与坚毅。"她"是地航飞船的领航员，"她"善良、乐观、镇定、敬业，"她"热爱大自然，渴望自由，但当自己永久困于地心时，自愿按照原计划努力工作，表现出坚强、乐观、献身科学的崇高品质。

"我"的双重形象。我对平凡的生活感到麻木与无望，心中感到孤独寂寞，精神的贫瘠，"小姑娘"对平凡生活的珍爱与留恋让我觉得诧异、生气、愤怒，但是"我"对"小姑娘"始终抱有善意和迁就。

预设学生"不懂"的部分，教师在学生自由讨论时可以聆听和指引。

重点：如何理解"我"精神上的变化，"令人难以察觉的绿芽"究竟是什么？

两次出现"无意识"，"我"为什么想起了"她"？

文章结尾部分——"不管走到天涯海角，我离她都不会再远了"，为什么地球在"我"眼里变"透明"了？

表面上，是"我"带着封闭在地心的"她"的感官去触摸世界，而实际上，却是"她"指引"我"睁开心灵的眼睛去体会平凡中的美，是"她"让"我"灰色的精神沙漠中长出绿芽。所以，是因为"她"的优秀、温柔、善解人意、热爱生活的这些美好的人格，深深触动了"我"，在"我"的心中留下了星星点点的嫩绿，照亮了"我"灰色的世界。

忙碌的工作让"我"感到身心疲惫，虽然从事的是高科技科研工作，但"我"的精神世界犹如沙漠一般孤独寂寞，大自然的美景对"我"来说毫无诗意，"我"已对生活变得冷漠麻木，小说中的"我"与"小姑娘"是两个截然相反的人物："我"行动自由但精神世界孤独寂寞，对待平凡生活冷漠麻木，而"小姑娘"失去自由但精神世界充实丰富，对待平凡生活珍爱留恋，因此"小姑娘"的出现影响并逐渐改变了"我"。文中写道："很长时间后，我想起洗那些那次旅行时穿的衣服时，在裤脚上发现了两三颗草籽。……世界在我的眼中仍是灰色的，但星星点点的嫩绿在其中出现，并在增多。"

这里的"草籽"具有象征意义，那就是珍爱平凡生活。当"我"听到女领航员的录音之后，"我"彻底被其伟大精神感动，而"她"对平凡生活的珍爱也让"我"对生活的态度发生彻底改变，文章最后写道："在以后的岁月中，地球常常在我脑海中就变得透明了……不管走到天涯海角，我离她都不会再远了。"

其他问题：漂浮的铅笔为什么要两次出现？"我"为什么无力地跌坐在毛毯上？

四、豁然开朗，解密人性

科幻、悲剧与人性分别对应科幻小说的想象外壳、小说的结局走向、小说中人物的善与美的挖掘。

悲剧——"她"的悲剧，"我"之前的麻木与冷漠，是不是也是预设悬念的悲剧？我们这些悲剧，在人性流淌的长河中，会走向何处？

人性——"她"的人性美，"我"的"绿芽"，"我"的转变。

把学生的问题进行归类和导向，并绘制板书。

过渡语：科幻小说应该具有"经以科学，纬以人文"的文本构造方式。

这篇小说，有科幻的外壳，有充满悬疑、步步解疑的悲壮故事，也有人性的光华闪耀其中。

你们觉得故事到这里，就结束了吗？

五、触类旁通，续写故事

悲剧美当中的希望——《流浪地球》中说，无论最终结局将人类导向何处，我们选择"希望"，这是我们心底里的那一抹亮光，是人世间最温暖人心的力量。

试着续写故事——刘慈欣曾说，科幻不是预测，而是排列，然后展现各种未来的可能。

11　大雁归来

大雁归来：一场人与自然的温情告白

《大雁归来》是一篇科学观察笔记类的说明文，文笔优美。与中学教材中的其他说明文相比，《大雁归来》观察周期更长，文学色彩更浓，作者利奥波德是美国的环境保护主义者，他通过常年的观察，用饱含深情的语言记录了大雁的生活习性。在利奥波德的心目中，大雁并非只是一种动物，更是自己的朋友与亲人。他经过长达六年的观察才记录下大雁的生活习性，文章字里行间都充斥着他对大雁的喜爱之情及对它们命运的关注。阅读过这篇文章的读者们都会被文章内容中创作者自然流露出的对大雁的真诚情感震惊与折服。

一、对大雁的无限赞美之情

文章随处能够看见作者利奥波德对大雁的夸赞性详细介绍。例如，"向我们农场宣告新的季节来临的大雁知道很多事情，其中包括威斯康星的法规"和文中第二自然段段末大雁的详细介绍，使读者能够看见一只能恰当分辨变化多端的天气的大雁。这只大雁聪慧、博学且多才，有很多年春天迁移的日常生活经验，对沿路各地的政策法规、群山与人情世故都有着清楚的了解，丰富的所见所闻让这只大雁对生活中出现的一些状况能够做出更加明智的选择，而"目空一切"这个贬义词在文章中被用作褒义词来使用，更让我们看到了一个有了既定目标，必会坚定不移地去完成自己目标的令人尊敬的形象。

在文章的末尾，作者介绍了"大雁"。"它们都要用自己的生命来为实现这个基本的信念做赌注""都要吹起联合的号角"，呈现在读者面前的是一群用生命维护世界和平的大雁。它们具备一种社会属性。文中出现的"一些家庭，或者说是一些家庭的聚合体"，表明它们像人类一样，有家庭观念，却比人类更具一种博爱的精神。在利奥波德的心里，大雁是像人类一样的有着精神力量的动物，它们有观念，有思维，会选择，有着自身的规划与目标，受人尊重，也有着部分人类无法企及的传统美德。

二、对大雁形象细致入微的描写

除去利奥波德对大雁的详细介绍外，原文中对大雁的形容也不尽相同。例如，原文中这样写道："向每个沙滩低语着，如同向久别的朋友低语一样。它们低低地在沼泽和草地上空曲折地穿行着，向每个刚刚融化的水洼和池塘问好。"冬去春来，这群大雁回到了故乡，告别了艰难的冬季。大雁返回了"我们的农场"，迫不及待地去找它们的好朋友。它们聚在一起时而低语、时而问好，低声细语、问好时没有遗漏下任何一位好朋友，就如同情深的人类返回了告别已久的家乡一样，它们向故乡的亲朋好友倾吐离别的痛苦，阐释着那份想念之情。它们来不及等"刚刚融化"的雪水，也没有时间顾及自己在旅途中的疲劳与辛勤，乃至"一触到水，我们刚到的客人就会叫起来"，压抑不住激动之情，就像小朋友一样，真心诚意地向思念已久的家人倾诉它们全部的快乐，在阅读过程中，这怎能不使我们体会到一个以诚相待与痴情的形象呢？

然后，文章又叙述说："它们一群一群地喧闹着往收割后的玉米地飞去。每次出发之前，都有一场高声而有趣的辩论，而每次返回之前的争论则更加响亮。"这些聪慧的春雁，它们了解了春季严禁猎雁的政策法规，每一次找食材便也不偷偷摸摸地做，而是正大光明地叫来它们的好朋友一起。它们会和好朋友一起共享食材，乃至它们会为了选择去某一块玉米地里而高谈阔论。在有趣的辩论中，它们用自己的语言彼此交流，陈述理由，争取让同伴吃到更多、更好的食物。在吃饱了的情况下，大雁们又非常大方地让朋友们共享彼此获得的开心与快乐。这是一群不求回报的大雁，由于无私，它们收获了无尽的快乐。这是一个甜蜜快乐的国度，也是一个梦想的社会的展现。

利奥波德用拟人手法，描述了他对大雁的"爱"，用他细腻的描述告知大家，大雁和人类一样，是有生命的，有情感的。在他眼中，大雁和人类平等，人与人之间要和谐相处，人和动物彼此也要和睦。

三、对人与自然关系的思考

在利奥波德来看，人仅仅是一种生物，不比其他物种和生物具有更多的支配权。人应当尊重自然的全部生命。"一个事物趋向于保护生物共同体的完整、稳定和美丽，它才是正确的。"利奥波德在自然面前充满谦虚和焦虑，他常常思考人类的高傲和愚昧。他的仁德感，使他顺理成章地变成自然环境运动中的一位"无形领导者"，被大家称作"大地的守护者"。

地球不仅是人类的，还属于地球上的每一个生物，同样也属于这群大雁。大雁和人类一样，具有平等生活在地球上的权利。大雁这一生物与人类有很多共同之处，它们也有亲人，有才智，会思考，观察它们对人类的好处是非常多的。因而，利奥波德在文章中对大雁完全是从好朋友、亲人和与人类平等的生命体方面来叙述的。文章中的这些词语，即"我们的春雁""我们刚到的客人""我们的大雁"等对大雁的称呼都是围绕全部文章内容最有效的证据。而作为朋友、亲人、平等的生命体，除了有爱，还应有人类对它们的尊重。因此，在《大雁归来》这篇文章中，利奥波德用他细致的观察和思索告知读者，大雁和我们人类是平等的，人类不但要爱它们，还需要重视它们，也要尊重它们生活在这个地球上的权利。

《大雁归来》在内容上并没有用猛烈的言语声讨打猎者的个人行为，反而是在理智的文字描写中添加深入的绿色生态思考、反思与批判。作品中对雁群鸣叫声的叙述尤其让人印象深刻，使读者犹如亲临其境，如同穿梭时空，和作者一起听雁群在寻食前的激烈探讨，听它们在返回家中后集中探讨食材使用价值的细语。细心品味，便可以看出作者对大雁和生态环境的情感是超越人类中心主义的大爱无疆。利奥波德文章中的大雁，可以使读者再次思考人类和其他生物与生命体的相互关系，从而观察与关照地球上大量的有感情的生命体，从人类中心主义这个狭小的角度中跳脱出来，从而不断对人类伦理道德的局限进行思考与调整，这一点在利奥波德对大雁的鸣叫声的观察和科研中尤其显著。在他的科学研究以前，人们仔细观察春雁聚会的日常程序，注意到全部的大雁的航行和鸣叫声都很频繁，并且鸣叫声的音调抑郁，因此人类便根据主观的想象得出了结论：这群大雁是忧伤的单身。而利奥波德和他的学生花了六年的时间认真观察和进行专业的科学研究，最终在数据剖析中发现："六只或以六的倍数组成的雁队，要比偶尔出现一只，多得多。换句话说，雁群是一些家庭，或者说是一些家庭的聚合体，而那些孤雁正好大致符合我们先前所提出来的那种想象，它们是丧失了亲人的幸存者。"科学研究结论是枯燥乏味的数据，但令利奥波德诧异的是，单调枯燥的数字更能激发那些爱鸟者的感伤。文章内容虽然简约、干净与利索，但利奥波德的文字使读者真正地体验到雁群存活处境的忧虑，对大雁所遭受的损害的惋惜，以及人类应当怎样看待社会中他人的道德诘问。利奥波德以大雁为对象进行的创作具备了比较丰富的生态意义，记录了人类与现实世界动物的互动交流，体现了人类在与动物相处和并存的历程中所呈现出的伦理道德情况和难点。

　　事实上，在自然进化的艰难过程中，人类和其他种群互相抵抗和相互依存。过去，人类捕杀动物是为了生存，但当代工业文明和科技创新的发展使人类产生了以暴力行为吸引、捕杀、交易动物的意识，成功地拥有了主宰动物命运的方法和能力，人类对动物的滥杀已经与人类的生存与生活无关了，仅仅是人类为了更好地追求完美或满足自身私欲的冲动。这一切的源头是几千年来操纵人类观念和行为表现的人类中心主义。人类中心主义者认为，一切都应当以人类的权益为起点和归宿。在解决人类与自然的关系时，人类中心主义夸大了人类更新改造全世界的工作能力，打乱了人类和大自然的关联，他们错误地认为只有人类才算是行为主体，自然仅仅是行为客体，他们把自然天地万物视为达到人类需要与私欲的专用工具。生态主义作为一种单独的形态意识，其特有的题材之一是抵制人类中心主义。利奥波德的《大雁归来》就是从生态主义的角度观察和撰写大雁的迁移行为和存活情况，作品中传递的感情表明了利奥波德清除人类中心主义的心态。

四、土地伦理——万物都是大地上的成员

利奥波德明确提出了实际意义长远、有竞争力的"土地伦理"理论。实际上，大雁等动物仅仅是利奥波德在大自然中留意的一部分，绿色植物、土地资源、气候等全是他观察和撰写的目标。"土地伦理"这一基础理论就来源于他对生态资源长期性的细致观察和科学研究。只有了解了这一基础理论，才可以真真正正地展现《大雁归来》中所包含的生态观念含义。

利奥波德提倡的"土地伦理"概念以人类对大自然的伦理道德感情为前提条件，以将对大自然的伦理道德感情转化成对大自然的美感观念为前提条件。他认为在对某两种事物的相互关系中，只有当你可以见到、体会、了解、爱或表述信赖时，才是具有社会道德特征的。"土地"是全部生态体系的代称。在利奥波德来看，土地资源是诸多食物网交叠编制的金字塔的结合体，具备相对高度有序的结构，各种各样构成部分间的协作和市场竞争保持着其正常的运行，包含人类以内的任何种群都仅仅是当中的一部分。可是，人类通常把自己误以为是土地资源的战神和征服者，而不是地球生物共同体中与其他生物和生命体平等的一员。这类错误观点造成了人类肆无忌惮地毁坏生态资源的行为表现和苦果。因而，人类必须塑造新的价值观念，即对土地资源要有责任感和使命感，要有绿色生态的良知。"土地伦理"理论的明确提出，代表着人类的观念在数千年以人类为主导发展趋势后，总算超过了人类本身的局限性，逐渐从全部环境的宏观方面思索人与大自然的关联。《大雁归来》就是对这一概念的审美表述。

利奥波德详细介绍了大雁在生态环境中的作用，期待借此机会提升读者对大雁的了解水平，认识大雁对土地共同体的功能和效用。除去感性认识外，利奥波德还发现了大雁的优秀品格，即大雁有着对迁移线路的毫不动摇之心、对地理环境的友善激情之心、与朋友们团结一致之心，也有很强的家庭观念和协同意识。这些对大雁优秀品格的叙述进一步地激起大家对大雁的爱和重视，使我们了解到大雁和其他生物一样，是土地共同体的一部分，具备不可替代的价值。忽视大雁具有的价值，随便伤害大雁，事实上是对土地共同体的毁坏，也会间接损害土地共同体中的任何一位成员的利益。只有把大雁放到与人类同等意义的核心影响力上来，真正了解大雁与人类和土地共同体之

间错综复杂的关联，才有利于维护土地共同体的和睦、平稳和美丽。

《大雁归来》这篇文章内容具备与众不同的特性。根据"我们"一词，可以感受到利奥波德身上所具有的普遍的人文情怀与关怀。那种万物平等的意识不需要用文字来精心地雕刻便能够突显。这是由于利奥波德用平视的目光宽容地审视着土地共同体中的一切。他的个性力量与新时代的动物保护趋向是一致的，从而使文本具备了触动人心的能量，本文字里行间流露出对大雁如对待朋友一样的关怀，对人与自然关系的思考，是一场人与自然的温情告白。

以阅读活动激发学习热情

▶ 设计意图

怎样让学生主动学习是一直困扰教育者的问题。《大雁归来》是一堂自读课。本节课利用自读课的优势，设计制作读书卡片的学习活动。学生以小组为单位，通过制作读书卡片的活动梳理文章，品味语言，理解作者的思想。小组合作探究是沿用多年的学习手段，但探究应建立在个人思考的基础上。所以在每个阅读活动中，先让学生自主阅读，保证独立思考，然后才进行有效的探究、讨论与展示。小组赛是激发学生学习热情的手段之一，每一场学习活动都有评价和评分，最后评出优秀小组，以促进学生参与活动的积极性。

▶ 教学过程

一、导　入

"戍鼓断人行，边秋一雁声。""乡书何处达？归雁洛阳边。"大雁提醒古代的中国人思乡，但在利奥波德的眼中，大雁在生活中担当怎样的角色呢？今天我们一起阅读利奥波德的《大雁归来》，开展阅读活动，制作关于大雁的读书卡片。

二、制作读书卡片

（一）大雁的档案

本文是一篇观察笔记，文中介绍了关于大雁的哪些知识？请各自阅读课文，提取关键信息，以小组为单位为大雁制作一份档案，写在读书卡片上。小组向全班同学展示自己小组读书卡片上的大雁档案，介绍大雁的生活习性。教师根据发言的流畅度、全面性给发言的小组计算积分。

明确：大雁档案。

归来的时间：3月。

旅程远近：200英里（约321.87千米）。

栖息地：沙滩和沼泽。

觅食：成群到玉米地觅食。

集会：春天集会，以家庭式生活。

鸣叫：孤雁鸣叫频繁，声调忧郁。雁群聚集时有激烈的鸣叫。

（二）大雁的性格

勾画出文中描写大雁的句子，你认为这些句子展现了大雁什么样的性格？在书上进行旁批，然后把你认为最能展现大雁性格特点的句子与组内同学分享，并把大雁的性格写在读书卡片上。小组展示，带领全班同学一起朗读、品味本组写在读书卡片上的句子。教师根据发言的流畅度、深刻性、朗读情感的传达程度给发言的小组计算积分。

明确：

（1）向我们农场宣告新的季节来临的大雁知道很多事情，其中包括威斯康星的法规。

这是一只能恰当分辨变化多端的天气的大雁。

（2）大雁知道，从黎明到夜幕降临，在每个沼泽地和池塘边，都有瞄准它们的猎枪。

这是一只聪明的大雁。

（3）11月份南飞的鸟群，目空一切地从我们的头上高高飞过，即使发现了它们所喜欢的沙滩和沼泽，也几乎是一声不响。

这是聪明又自信，有了既定目标，必会坚定不移地去完成自己目标的大雁。

（4）每年3月，它们都要用自己的生命来为实现这个基本的信念做赌注。

这是用生命维护世界和平的大雁。

（5）每年3月，从中国海到西伯利亚，从幼发拉底河到伏尔加河，从尼罗河到摩尔曼斯克，从林肯郡到斯匹次卑尔根岛，大雁都要吹起联合的号角。

这是有使命感、责任感的大雁。

（6）雁群是一些家庭，或者说是一些家庭的聚合体，而那些孤雁正好大致符合我们先前提出的那种设想，即它们是丧失了亲人的幸存者。

这是有家庭观念、有情感，像人类一样害怕孤独的大雁。

（7）它们顺着弯曲的河流拐来拐去，穿过现在已经没有猎枪的狩猎点和小洲，向每个沙滩低语着，如同向久别的朋友低语一样。它们低低地在沼泽和草地上空曲折地穿行着，向每个刚刚融化的水洼和池塘问好。

这是友好的大雁，它们有交友、交流的需求，并且同类间能和平相处。

（8）它们一群一群地喧闹着往收割后的玉米地飞去。每次出发之前，都有一场高声而有趣的辩论，而每次返回之前的争论则更加响亮。

大雁每一次找食材便也不偷偷摸摸地做，而是正大光明地叫来它们的好朋友一起。它们用自己的语言彼此交流，争取让同伴吃到更多、更好的食物。在吃饱了的情况下，大雁又非常大方地让朋友共享彼此获得的开心与快乐。这是一群不求回报的人雁，出于无私，它们收获了无尽的快乐。

总结：在作者笔下，这是一群聪明、大度、有家庭观念、友善、同类间能和平相处的大雁。

在品读这些句子时，同学们发现利奥波德对大雁有怎样的情感？

明确：赞美、爱。

（三）作者与大雁

为什么利奥波德描写大雁时多次用到"我们"？请阅读课文和在网上查找关于利奥波德的资料，分析原因，共同讨论并以"利奥波德与大雁"为题，在读书卡片上写一段小评论，并以小组为单位展示。教师根据评论的完整性、发言的深刻性给小组计算积分。

利奥波德与大雁

利奥波德是美国享有声望的科学家和环境保护主义者、生态文学和生态美学的奠基人。他提倡土地伦理，把人类从以土地征服者自居的角色变成这个共同体中的一员。人与自然不应是征服与被征服的关系，应该彼此尊重。所以在文中，描写"大雁"时他多次用到"我们"，因为他觉得人类与大雁是平等的，人类应该像尊重自己的同类一样尊重大雁，尊重土地共同体的所有成员。

优秀小组与优秀读书卡片评选：根据发言积分评选出优秀小组若干和优秀读书卡片若干，在班级里表彰。

三、总　结

同学们，今天我们通过品读《大雁归来》，了解了一位大雁的人类朋友——利奥波德，他平等地对待地球上的每一个生物体，希望同学们能正确地认识人与自然的关系，保护生物，尊重生命，与自然和谐相处。

12   中国石拱桥

情真意切尽在字里行间

《中国石拱桥》是我国著名桥梁专家茅以升的作品，文章向普通读者介绍了有关中国石拱桥的知识。作为一篇典型的事物性说明文，作者抓特点、举例证，文章语言既科学严密，又体现了一定的文学性。文中的叙述尽显我国石拱桥高超的技术水平和不朽的艺术价值，体现了中国劳动人民的勤劳与智慧，充满了对民族文化和社会主义事业的自豪感。

一、选材举例显匠心

为了说明中国石拱桥的特征，文章选取了六个例子。作者在文中着重介绍赵州桥和卢沟桥这两座中国石拱桥的典型代表，详尽地叙述了中国石拱桥的特点和历史，说明了中国石拱桥在设计和施工上的独特创造及优良传统。我们从课文中找出相关信息，整理成表格。

名称	建造时间	特点
旅人桥	约 282 年	可能是有记载的最早石拱桥
赵州桥	约 605 年	造成后一直使用到现在的最古的石桥；非常雄伟；设计完全合乎科学原理；巧妙绝伦
卢沟桥	1189—1192 年	历史悠久；坚固优美；是世界上独一无二的
江东桥	800 年前	在建筑技术上有很多创造，在起重吊装方面更有意想不到的办法
长虹大桥	1961 年	当时世界上最长的独拱石桥
双曲拱桥	解放后	钢筋混凝土拱桥，世界上所仅有的

　　填完表格之后我们发现，课文中提到的每一座石拱桥都有其特殊的地位和历史意义。旅人桥特殊在其"最早"有记载，赵州桥特殊在其使用时间最长，卢沟桥特殊在其坚固优美是世界上"独一无二"的，江东桥特殊在其"意想不到"的古代起重吊装技术，解放后的长虹大桥是当时世界上"最长"的独拱石桥，双曲拱桥是世界上"仅有"的钢筋混凝土拱桥。中国人民的智慧不只体现在石拱桥的建造上，还体现在现代钢筋混凝土拱桥的建造上。"最早"的石拱桥出现在中国，"最古"的石拱桥出现在中国，"独一无二"的石拱桥出现在中国，"意想不到"的石拱桥出现在中国，"最长"的石拱桥出现在中国，"仅有"的石拱桥出现在中国！每一座桥都堪称世界之最！如此，怎能不让作者和读者感到自豪？

　　纵向观察表格，从古代的旅人桥、赵州桥、卢沟桥、江东桥到现代的长虹大桥、双曲拱桥，作者在选材举例时纵越古今。再结合课文和注释，我们发现旅人桥在河南洛阳附近，赵州桥横跨在河北洨河上，北京市永定河上坐落着卢沟桥，江东桥位于福建漳州，长虹大桥位于云南省，双曲拱桥的位置课文中没有明确说明。由此可观，六座大桥横跨祖国大江南北。由时间纵观，从空间横看，作者在举例上匠心独运，抓住特点，一步一步地完成选材说明，很好地体现了"中国"二字。代表性举例，洋溢着作者对民族的自豪感。

二、说明方法传真情

　　文章运用多种说明方法，全方位、多角度地说明了中国石拱桥的特点。

　　列数字这一说明方法在文中出现了 20 多次，文中有概数、确数之分，给人以准确鲜明的印象。如卢沟桥"桥长 265 米，由 11 个半圆形的石拱组成，每个石拱长度不一，自 16 米到 21.6 米。桥宽约 8 米，桥面平坦，几乎与河面平行。"一连串的数字准确地说明了卢沟桥的桥长、桥宽、石拱形状和长度。

　　在举例子这一说明方法的运用上，为了让普通读者对中国石拱桥有清晰具体的认识，作者着重列举了赵州桥和卢沟桥两个典型例子。赵州桥是独拱石桥的典型代表，卢沟桥是连拱石桥的突出代表，两座桥都闻名于世，例子具有典型性和代表性。

　　为了说明卢沟桥坚不可摧，作者在文中写道："永定河发水时，来势很猛，以前两岸河堤常被冲毁，但是这座桥极少出事，足见它的坚固。"这里运用了作比较的说明方法，将卢沟桥与两岸河堤相比较，充分地说明了卢沟桥的坚固。

文中打比方、摹状貌、引用等说明方法的运用，让中国石拱桥的特点变得形象，显得文字优美而有韵味。

文章中有两处打比方的句子："石拱桥的桥洞成弧形，就像虹。""桥洞不是普通半圆形，而是像一张弓，因而大拱上面的道路没有陡坡，便于马车上下。"用"虹"和"弓"作比，突出了石拱桥形态上的特征，极形象。

在介绍卢沟桥时，摹状貌说明方法的运用可谓相当精彩。"每个柱头上都雕刻着不同姿态的狮子。这些石刻狮子，有的母子相抱，有的交头接耳，有的像倾听水声，有的像注视行人，千态万状，惟妙惟肖。"这句话描绘了石刻狮子的千姿百态，说明了卢沟桥在装饰上的艺术价值，突出了桥的形式美。

此外，文中的三处引用值得细细品味。在说明赵州桥设计施工的精巧时，引用了唐朝张嘉贞的话："制造奇特，人不知其所以为。"为了说明赵州桥的形式优美，引用了唐朝张鷟的赞语："初月出云，长虹饮涧。"卢沟桥"是世界上独一无二的"，桥栏柱上刻的狮子"共同构成美丽的奇观"，引用意大利人马可·波罗的话，则说明了卢沟桥的重要地位和艺术价值。结合课文注释我们可以了解到，张嘉贞是唐朝开元年间的中书令，相当于现在的国务院总理，一位大人物称赞赵州桥"制造奇特，人不知其所以为"，这就肯定了赵州桥的施工技术的确是巧妙绝伦的。张鷟又是何等人物呢？唐朝著名的文学家。"初月出云，长虹饮涧"的意思是说赵州桥看起来好像是穿出云层的新月，又像是入涧饮水的长虹。这样的赞语由一位文学家说出来，就显得无比优美了。众所周知，马可·波罗是意大利著名的旅行家，由他来说卢沟桥"是世界上独一无二的"，就能让读者信服，因为他是旅行家，饱览世界风景名胜，有比较。由此可见，因为文中的张嘉贞、张鷟、马可·波罗都是历史上的名人，说的又都是符合自己身份的话，所以令人信服，让人感叹。作者在文中的权威性引用，很好地表达了自己的民族自豪感。

三、说明语言透纸背

文章很多地方体现了说明文语言的特点。作者在行文中实现了准确与生动的统一，展现了高超的文字功底。

文中写道："永定河上的卢沟桥，修建于公元 1189 到 1192 年间。桥长 265 米，由 11 个半圆形的石拱组成，每个石拱长度不一，自 16 米到 21.6 米。桥宽约 8 米，桥面平坦，几乎与河面平行。"其中，"公元 1189 到 1192 年间""11 个半圆形的石拱""自 16 米到 21.6 米"等语句罗列数字准确具体；"桥宽约 8 米"，在该用"约"做限制时，绝不故作准确；"几乎"强调了桥面与河面并非完全平行，实事求是，用词准确。

说明文语言除了准确严密外，又有生动的一面。"每个柱头上都雕刻着不同姿态的狮子。这些石刻狮子，有的母子相抱，有的交头接耳，有的像倾听水声，有的像注视行人，千态万状，惟妙惟肖。"这里描绘了石狮雕刻与桥身构成的美丽奇观。"石拱桥的桥洞成弧形，就像虹。"作者以彩虹作喻，生动形象地说明了桥身的形状，既形象又有趣味性。

在介绍赵州桥的桥身形状时，文中提道："大拱的两肩上，各有两个小拱。""两肩上"是一种比喻，既准确，又比"斜上方"更形象生动，便于读者理解。此外，"大拱的两肩上，各有两个小拱"又不同于"大拱的两头各有两个小拱"或"大拱的上面有两个小拱"。

课文倒数第二段有一句话介绍了我国石拱桥设计施工的优良传统，"用料省，结构巧，强度高"，"省""巧""高"三个字，用得精简准确，绝不拖泥带水。

由此可见，这篇说明文的语言有珍惜笔墨的简洁性、精准介绍的严密性、身临其境的生动性，让人拍手称绝。

总的来说，一般的说明文往往具有三大特点——内容上的科学性、结构上的条理性、语言上的准确性。三大明显的特点给人以过于正规、枯燥的印象。在传统教学中，品读说明文往往采用"三部曲"授课方法：知道怎么抓住事物的特征，以确定说明的重点；学习并掌握各种说明方法；通过进一步揣摩品读，学习说明文语言的特点。这样的教学定式让教师和学生都认为，学习说明文就是单调无味的"说明"课。因此，在说明文教学中，教师应该引导学生适当关注作者的情感，关注遣词造句的细节，这样更能在说明文中读出趣味。

劳动与智慧的结晶

▶ 教学目标

《中国石拱桥》的作者茅以升是我国著名的桥梁专家，他向普通读者介绍中国石拱桥的知识，可谓高屋建瓴、游刃有余。文章举例证、抓特点，语言既科学严密又平实亲切，字里行间都流露出对民族文化和社会主义事业的自豪感。在学习这样一篇典型的事物性说明文时，除了学习基本的说明文知识外，还要从中感受中华民族的非凡智慧与杰出创造力，体会作者的自豪感与民族情。

能力方面：了解中国石拱桥的特点，把握本文的说明顺序和行文思路；学习常见的说明文方法，体会其作用；结合具体语句，体会说明文语言的准确性。

品格方面：感受中华民族的非凡智慧与杰出创造力，体会作者的自豪感与民族情，激发对民族文化和社会主义事业的自豪感。

▶ 教学重难点

重点：了解中国石拱桥的特点，把握本文的说明顺序和行文思路；学习常见的说明文写作方法，体会其作用；结合具体语句，体会说明文语言的准确性。

难点：感受中华民族的非凡智慧与杰出创造力，体会作者的自豪感与民族情，激发对民族文化和社会主义事业的自豪感。

▶ 教学过程

第一环节：课堂导入

同学们，今天我们要学习一篇典型的事物性说明文——《中国石拱桥》。通过学习这篇文章，可以了解我国人民在石拱桥建造方面的卓越成就，感受前人的非凡智慧与杰出创造力。这堂课要解决的核心问题是：怎么读懂这一类文章？要解决这个问题，我们首先要思考两点：这篇文章所说明的事物有哪些？这些事物又有怎样的特征？

第二环节："寻找桥梁"

文章介绍了中国石拱桥，为了说明中国石拱桥的特征，选取了许多例子。文中介绍了哪几种中国石拱桥？它们分别是在什么时候建造的？各自有什么特点？请同学们快速浏览课文，从课文中找出这些例子，提取关键信息，填写在表格中。

名称	建造时间	特点
（旅人桥）	约 282 年	可能是有记载的最早石拱桥
赵州桥	约 605 年	（造成后一直使用到现在的最古的石桥；非常雄伟；设计完全合乎科学原理；巧妙绝伦）
（卢沟桥）	1189—1192 年	（历史悠久；坚固优美；是世界上独一无二的）
江东桥	800 年前	（在建筑技术上有很多创造，在起重吊装方面更有意想不到的办法）
（长虹大桥）	1961 年	当时世界上最长的独拱石桥
双曲拱桥	解放后	（钢筋混凝土拱桥，世界上所仅有的）

完成表格后，同学们大致把握了中国石拱桥的特征。纵向观察表格"建造时间"一列，我们发现作者在选材举例时纵越古今。结合课文和注释，又会发现六座大桥的建造地点横跨祖国大江南北。作者选材别具匠心，在时空上极好地诠释了标题里的"中国"二字！

第三环节："桥梁设计师"

小组合作，根据课文内容提示，画出赵州桥和卢沟桥的示意图，并在相应的位置上标出数据；完成以后，由小组成员介绍作品。内容提示：

赵州桥	1. 全长 50.82 米，两端宽 9.6 米，中部略窄，宽 9 米。 2. 全桥只有一个大拱，长达 37.4 米，在当时可算是世界上最长的石拱。桥洞不是普通的半圆形，而是像一张弓…… 3. 大拱的两肩上，各有两个小拱。 4. 大拱由 28 道拱圈拼成，就像这么多同样形状的弓合拢在一起，做成一个弧形的桥洞。
卢沟桥	1. 桥长 265 米，由 11 个半圆形的石拱组成。 2. 每个石拱长度不一，自 16 米到 21.6 米。 3. 桥宽约 8 米，桥面平坦，几乎与河面平行。 4. 每两个石拱之间有石砌桥墩，把 11 个石拱联成一个整体。 5. 由于各拱相连，所以这种桥叫作联拱石桥。

通过绘制示意图，可以训练学生对文章内容的把握能力及化抽象为具体的理解能力。学生绘制、展示完桥梁示意图后，教师展示赵州桥和卢沟桥的图片，增强学生的直观感受，让学生进一步理解课文内容。

第四环节："说明方法总动员"

说明文中有许多说明方法，如下定义、举例子、作比较、打比方、分类别、画图表、列数字、引用、摹状貌等，恰当地运用说明方法，能提高说明语言的科学性和准确性，使说明对象更具体、更生动。文中运用了哪些说明方法？请同学们在 5 分钟内尽可能多地找出说明方法，并说说这些说明方法有什么作用。

提示：重点关注课文中的三处引用。张嘉贞、张鷟、马可·波罗因为都是历史名人，说的又都是符合自己身份的话，令人信服，让人感叹。作者在文中的权威性引用，恰到好处地表达了自己的民族自豪感。

第五环节："大家一起来找茬"

同学们，茅以升将完成的《中国石拱桥》一文送到《桥梁》杂志准备发表，可在发表前，杂志社的责任编辑惊讶地发现，实习编辑张小安排版后的部分文段有大问题！请用你的火眼金睛找出来。请同学们对比原文，圈出以下选段和原文不同的地方，说说哪种更好，并批注理由。要求学生在 6 分钟内完成任务。

选段：石拱桥在世界桥梁史上出现得早。这种桥不但形式优美，而且结构坚固，能几十年几百年甚至上千年雄跨在江河之上，在交通方面发挥作用。

我国的石拱桥有悠久的历史。《水经注》里提到的"旅人桥"，建成于公元282年，是有记载的最早的石拱桥了。我国的石拱桥到处都有。

赵州桥横跨在洨河上，是世界著名的古代石拱桥，也是造成后一直使用到现在的最古的石桥。这座桥修建于公元605年，到现在已经1300年了，还保持着原来的雄姿。

赵州桥非常雄伟，全长50.82米，两端宽9.6米，中部窄，宽9米。桥的设计完全合乎科学原理，施工技术更是巧妙绝伦。唐朝的张嘉贞说它"制造奇特，人不知其所以为"。这座桥的特点是：（一）全桥只有一个大拱，长达37.4米，可算是世界上最长的石拱……桥的主要设计者李春就是一位杰出的工匠，在桥头的碑文里刻着他的名字。

永定河上的卢沟桥，修建于公元1189到1192年间。桥长265米，由11个半圆形的石拱组成，每个石拱长度不一，自16米到21.6米。桥宽约8米，桥面平坦，几乎与河面平行。每两个石拱之间有石砌桥墩，把11个石拱联成一个整体。由于各拱相连，所以这种桥叫作联拱石桥。永定河发水时，来势很猛，以前两岸河堤常被冲毁，但是这座桥极少出事，足见它的坚固。桥面用石板铺砌，两旁有石栏石柱。每个柱头上都雕刻着不同姿态的狮子。

……其次，我国石拱桥的设计有优良传统，建成的桥，用料节省，结构精巧，强度很高。

原文：石拱桥在世界桥梁史上出现得（比较）早。这种桥不但形式优美，而且结构坚固，能几十年几百年甚至上千年雄跨在江河之上，在交通方面发挥作用。

我国的石拱桥有悠久的历史。《水经注》里提到的"旅人桥"，（大约）建成于公元282年，（可能）是（有记载的）最早的石拱桥了。我国的石拱桥（几乎）到处都有。……

赵州桥横跨在洨河上，是世界著名的古代石拱桥，也是造成后一直使用到现在的最古的石桥。这座桥修建于公元605年（左右），到现在已经1300（多）年了，还保持着原来的雄姿。……

赵州桥非常雄伟，全长50.82米，两端宽9.6米，中部（略）窄，宽9米。

桥的设计完全合乎科学原理，施工技术更是巧妙绝伦。唐朝的张嘉贞说它"制造奇特，人不知其所以为"。这座桥的特点是：（一）全桥只有一个大拱，长达37.4米，（在当时）可算是世界上最长的石拱。……桥的主要设计者李春就是一位杰出的工匠，在桥头的碑文里刻着他的名字。

永定河上的卢沟桥，修建于公元1189到1192年间。桥长265米，由11个半圆形的石拱组成，每个石拱长度不一，自16米到21.6米。桥宽约8米，桥面平坦，几乎与河面平行。每两个石拱之间有石砌桥墩，把11个石拱联成一个整体。由于各拱相连，所以这种桥叫作联拱石桥。永定河发水时，来势很猛，以前两岸河堤常被冲毁，但是这座桥极少出事，足见它的坚固。桥面用石板铺砌，两旁有石栏石柱。每个柱头上都雕刻着不同姿态的狮子。（这些石刻狮子，有的母子相抱，有的交头接耳，有的像倾听水声，有的像注视行人，千态万状，惟妙惟肖。）

……其次，我国石拱桥的设计有优良传统，建成的桥，用料（省），结构（巧），强度（高）。

通过对比可知，原文的表述更周密、更精妙。主要表现在三个方面：第一，表达准确。如"比较早""可能是有记载的"中"比较""可能"两个词，是根据写作时仅仅能查到的资料进行表述，还没有更确凿的证据。如果去掉，语气变得绝对，有失准确。第二，语言生动。"这些石刻狮子，有的母子相抱，有的交头接耳，有的像倾听水声，有的像注视行人，千态万状，惟妙惟肖。"这句话刻画了石刻狮子的神态和样貌，说明了卢沟桥外形优美和它的艺术价值。第三，用词简洁。"用料省，结构巧，强度高"，"省""巧""高"三个字，不仅用得准，而且用得精，位置决不能变动。通过对比，体现了说明文准确性、生动性、简洁性的语言特点。

第六环节："再读卢沟桥"

读一读课后"积累拓展"中罗英《中国桥梁史料》选段和陈寿儒《夜宿卢沟观晓月》选段，思考：与课文里的卢沟桥介绍相比，罗英的《中国桥梁史料》在说明的内容上有什么不同？陈寿儒的《夜宿卢沟观晓月》在写法上有什么不同？

阅读后发现，《中国桥梁史料》是一部桥梁学的专业著作，主要从学科专业的角度介绍卢沟桥作为一座重要建筑物的技术细节。课文是一篇科普文章，要让普通读者在有限篇幅内比较全面地了解卢沟桥，自然不能过多聚焦技术细节，所以只选择结构特点和最著名的石刻狮子作为说明重点。

《夜宿卢沟观晓月》是一篇散文，主要写观赏卢沟晓月时的情景。而课文是一篇说明文，基本上是客观而平实地介绍卢沟桥的特点，即使有摹状貌之处，主要目的也不是写景抒情，而是把相关内容说清楚。

通过比较课文和两个选段，进一步理解《中国石拱桥》作为一篇说明文在内容、写法上的独特之处。

小结：《中国石拱桥》作为一篇典型的事物性说明文，既要把握它的文体特征，学习说明文的写作方法、说明文语言的特征等相关知识，又要感受其求真求实的理性精神，体会作者洋溢其中的民族自豪感。

13 最后一次讲演

无所畏惧的呐喊，饱含激情的讲演

统编版教材七年级下册第一单元选入臧克家所写的《说和做——记闻一多先生言行片段》，我们知道了闻一多先生既是充满爱国热情的诗人、学者，又是伟大的民主战士，课文高度赞扬闻一多先生是"口的巨人""行的高标"。文章描述评价了作为学者的闻一多，然后描述评价了作为革命家的闻一多。在统编版教材八年级下册第四单元课文《最后一次讲演》中，我们遇见了一个无所畏惧在呐喊的战士，他慷慨激昂、字字千钧地讲演。毛泽东同志评价他"拍案而起，横眉怒对国民党的手枪，宁可倒下去，不愿屈服"。教材如此的先后编排，有一定的偶然性与必然性，我们从初识闻一多先生，到后来阅读其激扬的演讲词，会带给我们强烈的冲击，以求更深入的了解。我们会思考，闻一多先生开始就是一位大无畏的战士吗？不，他曾经只是诗人、学者，后来进步成为一位战士。我们就会想是什么让这位诗人、学者变成了战士？是什么让他无所畏惧地呐喊？又为什么而呐喊？

一、从诗人、学者到战士的闻一多

20 世纪 30 年代，在国立青岛大学的闻一多已经是"诗兴不作而研究志趣正浓"，而且"仰之弥高，越高，攀得越起劲；钻之弥坚，越坚，钻得越锲而不舍"，这是臧克家所写的《说和做——记闻一多先生言行片段》中的评价。当时闻一多已从诗人转化为学者，对学术研究攀其高钻之深，"目不窥园，足不下楼，兀兀穷年"，甚而无暇顾及一头凌乱的发，著有学术著作《神话与诗》《唐诗杂论》等。作为学者的闻一多，是多想安安静静地做自己的学术研究，潜心贯注，沉醉于其间啊！然而，时局并未能让他如愿，曾经作为诗人的爱国热情再次唤醒了他，使他成为战士。

1999年澳门回归，全国人民唱响了《七子之歌》，这首歌就衍生于闻一多先生所写的《七子之歌·澳门》："你可知'妈港'不是我的真名姓？我离开你的襁褓太久了，母亲！但是他们掳去的是我的肉体，你依然保管我内心的灵魂。那三百年来梦寐不忘的生母啊！请叫儿的乳名，叫我一声'澳门'！母亲！我要回来，母亲！"这组诗是闻一多先生于1925年3月在美国留学期间所写，其爱国热情由此可见一斑。

闻一多（1899—1946年），湖北浠水人，13岁就以复试鄂籍第一名的成绩考入北京清华留美预备学校（清华大学前身），在清华度过了十年学子生涯。1919年"五四运动"爆发，闻一多积极参加学生爱国运动，发表演说，创作新诗。1922年留美，期间创作了许多爱国诗文，出版了爱国主题与唯美主义相结合的诗集《红烛》："红烛啊！既制了，便烧着！烧罢！烧罢！烧破世人的梦，烧沸世人的血——也救出他们的灵魂，也捣破他们的监狱！"1928年1月出版第二部诗集《死水》："这是一沟绝望的死水，这里断不是美的所在，不如让给丑恶来开垦，看它造出个什么世界。"在绝望中创造新生，表达深沉的爱国主义激情。

1937年卢沟桥事变，抗日战争全面爆发。曾先后在武汉大学、国立青岛大学、清华大学等校任教的闻一多，随校迁往昆明，任北大、清华、南开三校合并后的西南联合大学教授。一路南迁途中，他听到了沿途百姓对共产党和红军的赞美，目睹了国民政府统治下的百姓的疾苦，这使他对曾认定的作为国家民族象征的国民政府产生了怀疑，思想上有了更新、更深的变化。后来接触了毛泽东的《论联合政府》《新民主主义论》等及马列主义的一些著作，闻一多对政治、对人民民主有了更深层次的认识，这使他成为更彻底的民主战士。

二、无所畏惧的呐喊

《最后一次讲演》是闻一多先生给人们留下的"最后一课"，是闻一多先生无所畏惧的呐喊，回响至今。他呐喊："李先生究竟犯了什么罪，竟遭此毒手？""李先生"就是李公朴，是我国现代伟大的爱国主义者，坚定的民主战士，中国民主同盟早期领导人，杰出的社会教育家。他坚定争取和平民主，决心"前脚跨出大门，后脚就不准备再跨进大门"，奔走在战斗的路上。1946 年 7 月 11 日，李公朴不幸在昆明惨遭国民党特务杀害。7 月 15 日，各界人士到云南大学礼堂召开李公朴先生的追悼会，面对亲密战友的遗像，面对痛苦茫然的进步人士，看到国民党特务分子现场无耻的奸笑，即便"在这之前，朋友们得到要暗杀他的消息，劝告他暂时隐蔽，他毫不在乎，照常工作，而且更加努力。明知敌人要杀他，在被害前几分钟还大声疾呼，痛斥国民党特务，指出他们的日子不会很长久了，人民民主一定得到胜利"（吴晗《谈骨气》）。面对国民党特务的手枪，闻一多先生依然表现出"威武不能屈"的骨气。参加完追悼会的那个下午，闻一多先生继而主持《民主周刊》社的记者招待会，进一步揭露暗杀事件的真相。散会后，闻一多在返家途中，遭到国民党特务的伏击，身中十余弹，不幸遇难。《最后一次讲演》是闻一多先生无所畏惧的呐喊，是他在人世间演绎的最后绝唱。

他无所畏惧地呐喊："说什么'桃色事件'，说什么共产党杀共产党，无耻啊！无耻啊！"他直言指出国民党反动派的丑恶行径，企图在人民大众面前掩盖他们杀害李公朴的罪行，试图造谣李公朴被暗杀是因为"桃色事件"。"你们杀死一个李公朴，会有千百万个李公朴站起来！""反动派，你看见一个倒下去，可也看得见千百个继起的！"闻一多向国民党反动派宣战，表明决心，我们不怕暗杀，我们不怕死亡，倒下一个就有千千万万的"李公朴"们站起来，坚信"正义是杀不完的，因为真理永远存在"。"我们不怕死，我们有牺牲的精神！我们随时像李先生一样，前脚跨出大门，后脚就不准备再跨进大门！"闻一多先生大义凛然，激昂慷慨，不畏强暴，视死如归，充分表达其对未来、对胜利的坚定信心。

臧克家的《说和做——记闻一多先生言行片段》所写，闻一多先生作为诗人、学者，"做了再说，做了不说"；作为革命家的闻一多，一反既往作为诗人、学者的言行，成为勇敢的战士，敢说敢做。"起先，小声说，只有昆明的青年听得到；后来，声音越来越大，他向全国人民呼喊，叫人民起来，反对独裁，争取民主！"他视死如归，大无畏地呐喊，"气冲斗牛，声震天地"。"他终于以宝贵的生命，实证了他的'言'和'行'。"以生命为代价，是怎样的无所畏惧！

三、饱含激情的讲演

《最后一次讲演》编排在统编版教材八年级下册第四单元"活动·探究""任务一 学习演讲词"中。"学习演讲词"部分收录了四篇演讲词，第一篇就是《最后一次讲演》，其他三篇为丁肇中的《应有格物致知精神》、王选的《我一生中的重要抉择》、顾拜旦的《庆祝奥林匹克运动复兴25周年》。《最后一次讲演》是即兴演讲，这篇演讲词是闻一多先生的学生唐登岷整理的，整理出来时闻一多先生已惨遭杀害。在李公朴的追悼会上，原本没有准备讲演的闻一多先生怒火中烧，拍案而起，即席发表讲演，从开篇便义愤填膺、慷慨激昂，整篇讲演更是激情澎湃、酣畅淋漓，是饱含激情的讲演。

即兴演讲，就是在特定的情境和主体的诱发下，自发或被要求立即进行的当众说话，是一种不凭借文稿来表情达意的口语交际活动。演讲者事先并没有做任何准备，而是随想随说，有感而发。从以上两点分析，闻一多先生是诗人，是学者，他有广博的知识，有深度的思想，这给了他即兴演讲的基础；作为民主战士，亲密战友被暗杀，在追悼会这一场合，看到死去的战友，看到悲痛的群众，更看到国民党特务的奸笑，闻一多先生积压于胸的愤怒被激起，因此才能以充沛的感情即兴讲演。

1. 饱含激情体现在人称上

《最后一次讲演》爱憎分明地表达强烈的情感，针对所处的场合，面对不同的听众，采用不同的人称，使其揭露什么，歌颂什么，反对什么，赞扬什么，旗帜鲜明地表达。李公朴先生的追悼会这一场合，现场有民主战士、青年学生、人民群众，也有国民党特务。闻一多先生是因为群情悲痛和国民党特务的捣乱才拍案而起的，其面对演讲的对象大概可分为两类：一是民主战士、青年学生、人民群众等，二是国民党特务。当他面对前者时使用"我们"；当他责问批判后者时使用"你""你们"；当他面对大众揭露国民党特务的丑恶行径时，使用"他们"。

面对民主战士、青年学生、人民群众等，为鼓舞他们斗争的信心和勇气，闻一多先生运用第一人称，拉近距离，激发斗志。例如："我们的力量大得很，强得很！看今天来的这些人，都是我们的人，都是我们的力量！此外还有广大的市民！我们有这个信心：人民的力量是要胜利的，真理是永远存在的。……我们的光明就要出现了。我们看，光明就在我们眼前，而现在正是黎明之前那个最黑暗的时候。我们有力量打破这个黑暗，争到光明！我们的光明，就是反动派的末日！"

面对国民党特务时，针对他们在追悼会上的捣乱、奸笑，甚至对民主战士、青年学生、人民群众等的威胁恐吓，闻一多先生运用第二人称"你""你们"予以谴责，运用第三人称"他们"予以揭露。例如："今天，这里有没有特务？你站出来！是好汉的站出来！你出来讲！凭什么要杀死李先生？"他毫无畏惧地斥责。"特务们，你们想想，你们还有几天？你们完了，快完了！你们以为打伤几个，杀死几个，就可以了事，就可以把人民吓倒了吗？其实广大的人民是打不尽的，杀不完的！要是这样可以的话，世界上早没有人了。"他重拳打击国民党特务，同时极大地鼓舞人们战斗的信心。"我心里想，这些无耻的东西，不知他们是怎么想法，他们的心理是什么状态，他们的心怎样长的！其实很简单，他们这样疯狂地来制造恐怖，正是他们自己在慌啊！在害怕啊！所以他们制造恐怖，其实是他们自己在恐怖啊！"他连用七个"他们"揭露反动派心虚的本质。

2. 饱含激情体现在修辞上

运用对比的修辞表达强烈的爱憎。例如："光明正大"与"偷偷摸摸"，"为什么要打要杀，而且又不敢光明正大地来打来杀，而偷偷摸摸地来暗杀！"这句话揭露了国民党特务的丑恶行径。"无耻"与"光荣"，"这是某集团的无耻，恰是李先生的光荣！"这句话揭示了国民党特务的丑陋，展现了李先生的伟大。"光明"与"黑暗""末日"，"我们有力量打破这个黑暗，争到光明！我们的光明，就是反动派的末日！"这句话表明了对光明的未来充满信心，警告反动派的末日即将到来。

运用排比、反复等修辞，句式整齐，铿锵有力，层层递进，并加以强调，表达强烈的情感。例如："说什么共产党杀共产党，无耻啊！无耻啊！"他运用反复手法来强调国民党特务无耻地制造谣言。"这是某集团的无耻，恰是李先生的光荣！李先生在昆明被暗杀，是李先生留给昆明的光荣！也是昆明人的光荣！"他连用三个"光荣"，层层深入，这"光荣"不仅是李先生的，还是昆明人的。"其实很简单，他们这样疯狂地来制造恐怖，正是他们自己在慌啊！在害怕啊！所以他们制造恐怖，其实是他们自己在恐怖啊！"句式整齐反复，突出国民党反动派的心虚本质。

运用反问、设问的修辞，指向特定的听众，引起听众的注意和思考，突出表达自己的态度与观点。例如："今天，这里有没有特务？你站出来！是好汉的站出来！你出来讲！凭什么要杀死李先生？……"他运用设问步步逼近。"历史上没有一个反人民的势力不被人民毁灭的！希特勒，墨索里尼，不都在人民之前倒下了吗？"他运用历史事例，采用反问的方式警示国民党反动派，并树立光明必将到来的信心。

3. 饱含激情还体现在语气上

全篇共使用了44个感叹号。有的感叹是对国民党反动派的谴责，如："你站出来！是好汉的站出来！你出来讲！""正是他们自己在慌啊！在害怕啊！"有的是对人民力量的赞颂，如："我们的力量大得很，强得很！""我们不怕死，我们有牺牲的精神！我们随时像李先生一样，前脚跨出大门，后脚就不准备再跨进大门！"有的是对光明的未来充满信心，如："我们有力量打破这个黑暗，争到光明！我们的光明，就是反动派的末日！"

《最后一次讲演》是闻一多先生给青年学生上的"最后一课"，也是他留给世人的绝唱。面对国民党反动派的手枪，他拍案而起，无所畏惧地发出呐喊"正义是杀不完的，因为真理永远存在"，饱含激情地讲演"我们的光明，就是反动派的末日"。读这篇文章时，笔者认为必须把握两点，即无所畏惧与饱含激情，这是即兴演讲的典范，我们不仅要用心去"读"，更要用情去"讲"。

用心去"读"，用情去"讲"

▶ 设计意图

《最后一次讲演》是统编版教材八年级下册第四单元"活动·探究""任务一 学习演讲词"的第一篇课文，是一篇即兴演讲。演讲不仅要"读"，还要"讲"，只有用心去"读"懂，才能用情去"讲"好。如何"读"懂？首先，从"听"出发，对文章有初步的认识；其次，从"说"入手，说作者闻一多先生是如何从诗人、学者到战士的，说闻一多先生是如何拍案而起，发出无所畏惧的呐喊的；再次，从"读"深入，"读"懂闻一多先生的无所畏惧，读懂闻一多先生的饱含激情；最后，以"讲"落地，如闻一多先生那般地"讲"，深切体会"讲"的感受。

▶ 教学过程

一、听一听

导入语："富贵不能淫，贫贱不能移，威武不能屈，此之谓大丈夫。"面对敌人威逼的手枪，"明知敌人要杀他，在被害前几分钟还大声疾呼，痛斥国民党特务，指出他们的日子不会很长久了，人民民主一定得到胜利"，这就是闻一多先生的《最后一次讲演》。今天，我们一起来听一听，闻一多先生是如何疾呼、如何痛斥国民党特务的。请听录音《最后一次讲演》，谈谈你听的感受。

设计意图：引用孟子的名言及吴晗《谈骨气》中的语句，导入今天所学的《最后一次讲演》，听录音使学生有直观的"听"的感受，初步认识演讲的特点，体会演讲的激情澎湃，感受作者强烈的爱国情怀。

二、说一说

听，那演讲是如此的毫不畏惧，如此的激情澎湃，这还是一篇即兴的演讲，依据课文下面的注释及所学的知识，说一说你知道的闻一多先生。

1. 说说闻一多

（1）结合统编版教材七年级下册第一单元臧克家所写的《说和做——记闻一多先生言行片段》说一说。

参考资料：20 世纪 30 年代在国立青岛大学的闻一多"诗兴不作而研究志趣正浓"，而且"仰之弥高，越高，攀得越起劲；钻之弥坚，越坚，钻得越锲而不舍"。闻一多先生作为诗人、学者是"做了再说，做了不说"；作为革命家的闻一多，一反既往作为诗人、学者的言行，成为勇敢的战士，敢说敢做。"起先，小声说，只有昆明的青年听得到；后来，声音越来越大，他向全国人民呼喊，叫人民起来，反对独裁，争取民主！"他视死如归，大无畏地呐喊，"气冲斗牛，声震天地"。"他终于以宝贵的生命，实证了他的'言'和'行'。"

（2）结合 1999 年 12 月 31 日澳门回归的经典歌曲《七子之歌》说一说。

参考资料：这首歌就衍生于闻一多先生所写的《七子之歌·澳门》："你可知'妈港'不是我的真名姓？我离开你的襁褓太久了，母亲！但是他们掳去的是我的肉体，你依然保管我内心的灵魂。那三百年来梦寐不忘的生母啊！请叫儿的乳名，叫我一声'澳门'！母亲！我要回来，母亲！"

设计意图：通过学生熟知的课文《说和做——记闻一多先生言行片段》和纪念澳门回归的歌曲《七子之歌·澳门》，让学生更亲近地认识闻一多，了解从诗人、学者到民主战士的闻一多，体会他那浓烈的爱国热情。

2. 说说相关历史事件

（1）李公朴先生被暗杀事件。

参考资料：1946 年 6 月底，民主同盟和各界人士在昆明发起万人签名运动，要求和平。虽然民主同盟一再声称自己并非暴力团体，只以和平方式争取民主，反对暗杀和暴动，南京国民政府却密令昆明警备司令部、宪兵十三团等机关："中共蓄意叛乱，民盟甘心从乱，际此紧急时期，对于该等奸党分子，于必要时得宜处置。"昆明警备总司令霍揆彰奉令后，拟定了逮捕、暗杀民盟负责人的名单。李公朴被列为第一名，闻一多为第二名。1946 年 7 月 11 日晚，李公朴和夫人在外出归途中，于青云街大兴坡遭国民党特务暗杀。

（2）"一二·一"事件。

参考资料：1945 年 11 月 25 日晚，昆明几所大学的学生自治会在西南联合大学举行时事晚会，到会者达 6000 多人，国民党军队包围会场，突然用冲锋枪、机关枪、小钢炮对会场上空射击，进行恐吓。次日，昆明 3 万学生为反对内战和抗议军警暴行宣布总罢课，提出立即停止内战、撤退驻华美军、保障人民民主权利、建立民主的联合政府等口号。1945 年 12 月 1 日，大批国民党特务和军人分别围攻西南联合大学和云南大学等校，毒打学生和教师，并向学生集中的地方投掷手榴弹，炸死西南联合大学学生潘琰和李鲁连、昆华工校学生张华昌、南菁中学青年教师于再等 4 人，重伤 29 人，轻伤 30 多人，造成了震惊全国的"一二·一"惨案。

（3）如何理解标题中的"最后一次"？说说相关历史事件。

参考资料：1946 年 7 月 15 日，各界人士到云南大学礼堂召开李公朴先生的追悼会，面对亲密战友的遗像，面对痛苦茫然的进步人士，看到国民党特务分子现场无耻的奸笑，闻一多先生拍案而起，发表了此篇讲演。参加完追悼会的那个下午，闻一多先生继而主持《民主周刊》社的记者招待会，进一步揭露暗杀事件的真相。散会后，闻一多在返家途中，遭到国民党特务的伏击，身中十余弹，不幸遇难。《最后一次讲演》是闻一多先生无所畏惧的呐喊，是他在人世间演绎的最后绝唱。

设计意图：学生了解相关的历史事件，才能清楚《最后一次讲演》的内容，更加真切地感受闻一多先生的拍案而起、慷慨激昂，深刻地感悟民主战士的爱国情怀。

说明：以上内容，教师可指导学生课前查找、翻阅相关资料，以供课堂深入地讨论与理解。

三、读一读

了解历史背景，酝酿浓烈的爱国感情，我们一起用心去"读"！

1. 研读

这篇演讲稿爱憎分明，冷峻如铁，热情如火，运用了一些反义词鲜明地表达爱憎，请你试从这一角度研读课文。

（1）课文中多次出现"无耻"与"光荣"，你是怎么理解的？请从文中找出相应的依据。

"无耻"体现在：① 李公朴遭暗杀，"在昆明出现了历史上最卑劣最无耻的事情！李先生究竟犯了什么罪，竟遭如此毒手"；② 采用暗杀的手段，"为什么要打要杀，而且又不敢光明正大地来打来杀，而偷偷摸摸地来暗杀"；③ 造谣，"杀死了人，又不敢承认，还要诬蔑人，说什么'桃色事件'，说什么共产党杀共产党"；④ 趁虚挑拨离间，"你们看见联大走了，学生放暑假了，便以为我们没有力量了吗"。

"光荣"体现在：① 李公朴的牺牲精神，"李先生为了争取民主和平而遭受了反动派的暗杀"；② 昆明人争取民主，"去年'一二·一'昆明青年学生为了反对内战，遭受屠杀"。

（2）课文还出现了"光明"与"末日"，你是怎么理解的？请从文中找出相应的依据。

"光明"即将到来，因为：① "其实广大的人民是打不尽的，杀不完的"；② "你们杀死一个李公朴，会有千百万个李公朴站起来"；③ "我们的力量大得很，强得很"；④ "正义是杀不完的，因为真理永远存在"。

"末日"是因为：① "他们这样疯狂地来制造恐怖，正是他们自己在慌啊！在害怕啊！所以他们制造恐怖，其实是他们自己在恐怖啊"；② "历史上没有一个反人民的势力不被人民毁灭的！希特勒，墨索里尼，不都在人民之前倒下去了吗"；③ "我们不怕死，我们有牺牲的精神！我们随时像李先生一样，前脚跨出大门，后脚就不准备再跨进大门"。

设计意图：从对比鲜明的词中感受这篇演讲的爱憎，真切体会闻一多先生义愤填膺、慷慨激昂的情感，深刻理解闻一多先生无所畏惧地呐喊的原因。

2. 朗读

在研读的基础上，试着朗读课文，饱含激情地朗读，分解朗读，体会如何饱含感情地朗读。

（1）通过朗读，体会人称转换中的情感变化。

例如："我们的力量大得很，强得很！看今天来的这些人，都是我们的人，都是我们的力量！此外还有广大的市民！我们有这个信心：人民的力量是要胜利的，真理是永远存在的。……我们的光明就要出现了。我们看，光明就在我们眼前，而现在正是黎明之前那个最黑暗的时候。我们有力量打破这个黑暗，争到光明！我们的光明，就是反动派的末日！"运用第一人称，拉近距离，激发斗争的信心和勇气。

"特务们，你们想想，你们还有几天？你们完了，快完了！你们以为打伤几个，杀死几个，就可以了事，就可以把人民吓倒了吗？其实广大的人民是打不尽的，杀不完的！要是这样可以的话，世界上早没有人了。"重拳打击国民党特务，同时鼓舞人们战斗的信心。

（2）通过朗读，体会修辞中重读的词语。

例如："为什么要打要杀，而且又不敢光明正大地来打来杀，而偷偷摸摸地来暗杀！"重读"光明正大"与"偷偷摸摸"这组对比性词语，揭露国民党特务的丑恶行径。

"这是某集团的无耻，恰是李先生的光荣！李先生在昆明被暗杀，是李先生留给昆明的光荣！也是昆明人的光荣！"连用三个"光荣"形成排比，层层深入，重读"光荣"，突出李公朴先生的牺牲是有价值的。

（3）通过朗读，体会语气上表达的强烈情感。

课文共使用了44个感叹号，强烈的情感表现在演讲的语气上。例如："你站出来！是好汉的站出来！你出来讲！"强烈地谴责国民党反动派的卑劣行径；"我们的力量大得很，强得很！"强烈地赞颂人民的力量；"我们有力量打破这个黑暗，争到光明！我们的光明，就是反动派的末日！"强烈地表达对光明到来的信心。

设计意图：有了前面环节对课文的理解及情感的酝酿，这一环节进而运用分解朗读的方式，体会人称转换、修辞使用、语气表达中的情感，感受演讲者的慷慨激昂，爱憎分明。

四、讲一讲

学习演讲词不仅只是"读"，更要试着"讲"，通过"讲"来体会演讲词的特点。请同学们以小组为单位，自由地演讲起来，然后各小组派代表比赛，可以整篇，也可以选择其中的部分进行演讲。

设计意图：经过前三个教学环节后，水到渠成地试着让学生"讲一讲"。

通过亲身体验"讲"，便有了现场带入感，能够让学生更真切地感受闻一多先生的爱国热情，战斗激情。

五、总　结

本课除学习演讲词外，更能激发我们的爱国热情。"天下兴亡，匹夫有责"，在国家民族危难之际，我们应勇敢地站出来。让我们齐读朱自清先生《你是一团火》这首诗："你是一团火，照彻了深渊；指示着青年，失望中抓住自我。你是一团火，照明了古代；歌舞和竞赛，有力猛如虎。你是一团火，照见了魔鬼；烧毁了自己！遗烬里爆出个新中国！"深深悼念闻一多先生，向先生学习，做"口的巨人""行的高标"。

14 就英法联军远征中国致巴特勒上尉的信

"群文"智慧：一篇与一类

《就英法联军远征中国致巴特勒上尉的信》是法国著名作家雨果写的一封信，也是九年级上册第二单元的一篇议论文。关于初中阶段对议论文课文的学习，七年级下册曾出现过2篇议论文（但教学中并没有侧重讲授议论文的文体知识），九年级上册有4篇，下册有5篇（真正的议论文教学，其实是从九年级上学期才真正开始的）。从中可知，整个初中阶段的语文课程学习，学生接触的议论文课文总计只有11篇，占比只有7%。议论文教学是初中语文阅读教学的重要内容，也是中考阅读学习的一个重要组成部分，这也就使议论文不得不成为每一位教师需要花很大力气来翻越的一座高山！

一、关注学情，明确教学方向

对于九年级学生而言，议论文是新的学习内容，教学时应以学生起点能力分析为主。

首先，对于初中议论文的教学，新课标提出的要求是：学生能阅读简单的议论文，区分观点与材料，发现观点与材料之间的联系，并通过自己的思考，作出判断。这个要求对于九年级的学生而言，显然是没多大难度的。九年级学生随着年龄的增长，心智逐渐成熟，自制力和思考能力大大增强，不仅学习目的较明确细致，还有着比较理性的学习态度，对于议论文的学习应该能达到较高的理解和运用水平。为此，我们要敢于"拔高"，适当增加难度，尝试从课内向课外拓展，为九年级学生"量身定做"更多有利于提升议论文阅读水平的文本材料。

其次，新课标强化了课程育人导向，强调以培养学生的核心素养为主要任务。九年级上册第二单元的四篇议论文《敬业与乐业》《就英法联军远征中国致巴特勒上尉的信》《论教养》《精神的三间小屋》，它们或谈人生，或议社会，或论教养，无不闪耀着思想的光芒。多阅读此类文章，可以深化学生对社会、人生的认识，提高学生的思辨能力，从而树立正确的价值观、人生观，进而培养爱国主义情怀乃至热爱全人类文化的情感。为了实现这样的"育人"目标，教师可多挑选主题相似的好素材，给学生以拓展和启发。

最后，学生学习议论文，目的在于通过对教材上"范文"的学习，达到自己能阅读议论文、写议论文的目的。对于九年级学生而言，一方面要继续坚持议论文基础知识的教学，另一方面还要增加学生的课外阅读量，丰富学生的阅读积累，并能有的放矢地进行写作训练。"从语文教本入手，目的却在阅读种种的书。"这是叶圣陶先生的语文教学核心思想，也是我们要明确的教学方向。

二、分析文本，探究教学方法

《就英法联军远征中国致巴特勒上尉的信》是法国著名作家雨果写的一封信，同时也是议论文的典范。他在文中运用铺陈的手法，以热烈的情感、瑰丽的想象和夸张的笔法，细致描绘圆明园这个"世界奇迹"；同时，他巧用反语，辛辣嘲讽英法联军劫掠、毁灭圆明园的罪行，最后将自己对远征中国的强盗行为的严厉谴责说成"全部赞誉"，极具嘲讽与批判意味。在本文中，无论是作者的行文结构、论证方式、语言特点，还是作者清醒的头脑、正直的良知、公正的立场都是值得学生认真学习的。那么，究竟应该如何开展教学才能让学生深入探究和把握文本？如果只是在单篇文本中分析其议论文的结构、论证方式、语言特点等，会不会显得过于单薄、枯燥而又有局限性呢？

早在几年前，群文阅读教学便是很受大家关注的一种教学模式，它对学生核心素养的培养起着非常重要的作用。群文阅读教学内容较单元阅读教学内容在选择上更加自由、广泛。就教学内容而言，单元阅读的文本皆源于教材，而群文阅读的文本只要符合课堂教学需要，教师可选择教材之外的一切文本来进行教学。

《就英法联军远征中国致巴特勒上尉的信》这篇文章立场鲜明，"赞美圆明园"与"谴责侵略者"两大板块内容互相独立，共同支撑着雨果清醒的头脑、正直的良知、公正的立场。学习这篇文章，可采取群文阅读的模式，选择与此文情感态度一致的文章进行分类拓展，让学生在比较中感受艺术之美，在比较中了解侵略战争的罪恶，当然，也在比较中了解雨果的远见卓识。待学生形成了鲜明的感受之后，再引导学生进行深层反思，关注历史，探究圆明园被劫掠的根本原因，由此再把关注的目光投向艺术、文化、人类及整个世界，进而培养学生的爱国思想及热爱全人类文化的情感。

三、群文阅读，创新教学模式

九年级学生对议论文的了解并不多，加上议论文的教学模式一向比较严谨，教学内容也很少像记叙文一样生动有趣，让学生接受议论文始终存在一定难度。为了让学生能上好《就英法联军远征中国致巴特勒上尉的信》这节课，笔者尝试运用沉浸式学习的模式，即采用增强现实（augmented reality，AR）技术，为学生提供一个接近真实的虚拟学习环境，如带学生参观虚拟的博物馆，在参观过程中进行思考和互动，并在小组合作中提升语文学习技能。在这个虚拟学习环境中，视听材料和文字交替显现，学生的认知由此得到加深，思想得到升华。以下是笔者的大致教学思路。

（一）欣赏艺术之美，培铸家国情怀

"兴趣是最好的老师"，在课堂教学中要注重联系生活实例及学生感兴趣的话题，创设问题情境，使学生对学习内容有亲近感，激发学生主动参与的热情，从而迅速进入学习状态。

1. 感受视觉之美

为了激趣导入，同时也让学生沉浸在整节课堂里，笔者计划以 AR 博物馆游学参观为主线，让部分学生代表在电教平台上，通过触摸白屏的方式，进入虚拟的 AR 博物馆场内。由于大英博物馆是世界上知名的博物馆，馆藏

无数，汇集埃及、希腊、罗马和东方艺术的顶级文物，全人类文明的艺术精华触目可见！更不缺乏圆明园的旧文物！为此，笔者主要选择大英博物馆作为参观的主要场所，全体学生在教师的指引下对圆明园、帕特农神庙、巴黎圣母院等世界奇迹进行观赏了解。

设想，大英博物馆的中国厅里正在缓缓展出来自圆明园的古物，那里有东晋顾恺之的《女史箴图》摹本，它是我国古代卷轴画中的稀世珍品；还有圆明园原藏商周青铜器，尤其是商晚期的青铜双羊尊；历代的陶瓷器、玉如意、时钟、金塔、金钟、玉磬等精美的宫廷陈设品。而在大英博物馆希腊展厅的宽敞大厅里，里面单独摆设着来自希腊帕特农神庙的文物。走出大英博物馆后，再重新进入，马上就能欣赏到法国巴黎圣母院的建筑细节之美。

欣赏完博物馆的珍贵藏品后，组织学生进行口头议论分享，真实表达和描述所见景物之美。这样的口头表达训练，能为后面的书信写作训练奠定一定的语言基础。

2. 体会文字之美

在经过第一场的参观体验后，教师组织学生按照自己的意愿组合成三大组，组名分别为"圆明园组""帕特农神庙组""巴黎圣母院组"。每组要分别合作阅读一则材料，认真讨论材料问题，并最后选取代表解答问题。为了与主题统一，三则材料问题均设为：阅读课文，感受景物之美。附上两个小问题：一是画出文中赞美某建筑的词句；二是作者或者你是怎样评价这座建筑的？

通过对文本的认真研读，学生再次从文字中领略艺术之美，为后面的"艺术之殇"埋下强烈的情感基础。同时，运用合作学习的方式，让学生既向别人表述自己的观点，又能从别人那里得到不同的信息，共同完成学习目标，从而懂得与人合作的意义，体验群体合作的成就感。在肯定个性化阅读的同时，学生也懂得了如何从集体中汲取智慧。

（二）感受艺术之殇，控诉侵略罪行

在欣赏了以上这些伟大、壮观、令人叹为观止的作品后，可以切入英法联军火烧圆明园的画面，并为学生提供三则材料，第一则是原文中关于英法联军掠夺"战利品"、火烧圆明园的叙述；第二则是关于帕特农神庙遭到大面积破坏的文字；第三则是千疮百孔的巴黎圣母院的介绍。指导学生在阅读完材料后，完成一些思辨性的学习任务。

思辨性的学习任务旨在引导学生在语文实践活动中，通过阅读、比较、推断、质疑、讨论等方式，梳理观点、事实与材料及其关系；辨析态度与立场，辨别是非、善恶、美丑，保持好奇心和求知欲，养成勤学好问的习惯；培养学生负责任、有中心、有条理、重证据地表达，培养理性思维和理性精神。

如可以这样设置问题：这样人类艺术宝库中一颗颗璀璨的明珠，却并没有因为它们的美丽而免遭劫难。阅读三则材料，思考以下问题：文中的"两个强盗"指谁？这样说的作用是什么？作者对两个强盗的所作所为持怎样的态度？看完这三则材料，你作何感想？"我希望有朝一日，解放了的干干净净的法兰西会把这份战利品归还给被掠夺的中国。"这句话反映了雨果在这件事上的什么立场？

（三）编织艺术之梦，呼唤美好未来

经过前后强烈的视听感官对比，以及前后文字片段的阅读感受对比，学生心中已然有了主见，此时，继续利用 AR 小程序，播放一个中国流失海外的文物图片视频片段，造成美的视觉冲击，引发学生对中国流失文物回归的热切期盼。

在 PPT 上出示一则选自《民主与法制时报》的材料——《流失海外文物的回归之痛》，将中国流失文物回归之路的坎坷，以及中国政府对此作出的不懈努力加以叙述，让学生对此进行深入的思辨，同时继续感知作家雨果的崇高精神。材料内容如下：

作为一位法国作家，雨果公开抗议本国政府的强盗行径，表现了一个作家的正义、良知；雨果对东方艺术、亚洲文明的尊重，展现了一个作家的博大胸怀和对全人类文化成果的热爱。雨果以一个艺术家对人类文化的珍视，愤怒地谴责了英法联军的罪恶行径，表达了他对被侵略、被侵略者的巨大同情，也体现出他所具有的伟大的人道主义精神，这激励着学生要为中华民族的繁荣昌盛、建设和谐社会奉献自己的力量。

接着，教师可以继续向学生提供《国际流失文物返还公约》《关于禁止和防止非法进出口文化财产和非法转让其所有权的方法的公约》《关于被盗或非法出口文物公约》等条约，并提议让学生写信给雨果，与雨果一起探讨文物归还事宜。通过与雨果对话，学生有了自己的见解和愿望，既加深了对课文的理解，又升华了爱国思想，同时，也是对书信体的再一次熟悉运用。

综上，教学《就英法联军远征中国致巴特勒上尉的信》这篇文章，挑选了多份课外阅读材料，有针对性地对课内文本进行一一拓展延伸，同时，自主学习、探究学习、合作学习等学习方法也贯穿在课堂始终，再配以多媒体课件辅助，让学生在沉浸式阅读中共享"群文"智慧，于不知不觉中体会文本的语言特色，判断作者的爱憎情感。本课教学的最终目的是育人，让学生珍视人类文明成果，尊重人类文明创造，培养学生热爱全人类文化的情感，至此，便实现了教育的初衷。

在沉浸式阅读中共享"群文"智慧

▶ 设计意图

早在几年前，群文阅读教学便是很受大家关注的一种教学模式，它对学生核心素养的培养起着非常重要的作用。群文阅读教学内容较单元阅读教学内容在选择上更加自由、广泛。就教学内容看，单元阅读的文本皆源于教材，而群文阅读的文本只要符合课堂教学需要，教师可选择教材之外的一切文本。

《就英法联军远征中国致巴特勒上尉的信》这篇文章立场鲜明，"赞美圆明园"与"谴责侵略者"两大板块内容互相独立，共同支撑着雨果清醒的头脑、正直的良知、公正的立场。学习这篇文章，可采取群文阅读的模式，让学生在比较中感受艺术之美，培养爱国情感，同时，也在比较中了解雨果的远见卓识。学生在形成鲜明的感受之后，再进行深层反思，关注那段历史，探究圆明园被劫掠的根本原因，由此再把关注的目光投向艺术、文化、人类及整个世界，最终得以培养学生的爱国之情、强国之志。

▶ 教学过程

一、导入新课

同学们，今天，老师特地向哆啦A梦借了"任意门"，准备带大家去国内外的博物馆旅游一下，大家想去吗？（稍作停顿）大家别不信，我们可是真的能"身临其境"哦！

为了让大众足不出户就能欣赏到中外瑰宝，国内外许多博物馆、纪念馆借助 AR 技术纷纷转入"云端"。用户只需要通过手机下载专门的应用程序就可以访问这些内容，通过这些应用程序，普通用户、学生、研究人员及博物馆爱好者都可以更加仔细地查看博物馆中的展览、艺术品和陈列品，体验博物馆之旅。马上跟着老师出发吧！

二、欣赏艺术之美，见证文明汇聚

（一）感受视觉之美

教师打开从电教平台上下载好的中外博物馆的 AR 小程序，该小程序将为学生提供 30~45 分钟的导游服务。在 AR 技术的支持下，学生能在教室"白板"上自由控制参观路线和参观对象。由于授课需要，老师特地提议学生选取英国的大英博物馆和法国的巴黎圣母院来参观，并让学生根据参观感受选择自己最喜欢的展厅。

此时，大英博物馆的中国厅里正在缓缓展出来自圆明园的文物，那里有东晋顾恺之的《女史箴图》摹本，它是我国古代卷轴画中的稀世珍品；还有圆明园原藏商周青铜器，尤其是商晚期的青铜双羊尊；历代的陶瓷器、玉如意、时钟、金塔、金钟、玉磬等精美的宫廷陈设品。而在大英博物馆的希腊展厅，里面单独摆设着来自希腊帕特农神庙的文物。走出大英博物馆后，再重新进入，马上就能欣赏到法国巴黎圣母院的建筑细节之美。

欣赏完博物馆的珍贵藏品后，学生进行议论分享，口头表达描述所见之美。

（二）体会文字之美

通过参观体验，学生们按照自己的意愿组合成三大组，组名分别为"圆明园组""帕特农神庙组""巴黎圣母院组"。每一组分别合作阅读一则材料，讨论材料问题并选代表作小结回答。

第一小组：阅读课文，感受圆明园之美。

1. 画出文中赞美圆明园的词句。

参考答案："世界奇迹""巨大的典范""言语无法形容的建筑""恍

若月宫的建筑""某种令人眼花缭乱的洞府""令人惊骇而不知名的杰作""亚洲文明的剪影"。

2. 雨果怎样评价圆明园？

参考答案：

（1）先作总评，称圆明园是"世界奇迹"，肯定其艺术价值在世界的地位。

（2）接着与帕特农神庙相比较，指出圆明园的艺术性质和成就：圆明园是东方幻想艺术中的最高成就；圆明园几乎集中了超人的民族的想象力所能产生的一切成就；圆明园是幻想的某种规模巨大的典范。

（3）然后，具体讲述园中之物。

（4）最后讲圆明园是属于全人类的亚洲文明杰作。

3. 读完课文描写圆明园的片段，你最大的感受是什么？

参考答案：对于圆明园，我是心存骄傲的！圆明园为我们这个文明古国赢得过荣誉，曾经是我们中华民族的骄傲！

第二小组：阅读选文，感受巴黎圣母院之美。

【材料一】

巴黎圣母院直至今天无疑仍是一座雄伟壮丽的建筑。不过，虽说它阅尽岁月后风华不减，看到时间和后人藐视奠定第一块基石的查理曼和砌下最后一块石料的菲利浦·奥古斯特，给这可敬的丰碑同时带来不尽的毁损和残害，我们很难不因此而喟然长叹，不义愤填膺。

在所有主教座堂之中，这座教堂就如我国年迈的王后。在她的脸上，每一道皱纹边缘上却必有一道伤痕，正好给应上了一句拉丁文，我不妨译作"时间盲目，人类愚蠢"。

假如我们有闲暇与读者一起去逐一审视这座古老的教堂蒙受的破坏的痕迹的话，我们就会发现时间犯下的过失还较小，而最恶劣的是人为的毁坏，尤其是"才艺之士"的破坏。我必须说是"才艺之士"，因为过去二百年当中曾取得建筑师资格的大有人在。

我们仅举几个最重要的例子吧。首先要提到教堂的正面，在建筑史上就肯定没有更辉煌的篇章，即在同时，依次呈现在我们眼前的那三座尖顶拱门；门顶上二十八座列王神龛一字排开，组成那精工细雕的束带层；再往上，巨大的中央玫瑰花窗左右各有一扇侧窗，一如祭司两侧的那助祭和副助祭；更上一层，就是那高耸的、单薄的三叶草图案的拱廊，细巧的柱子却支撑着笨重的平台；最后的是两座黑沉沉的有石板前檐的伟岸的塔楼，上下又叠成壮观的五层，每层又各为一个宏伟整体的和谐组成部分。这整体在我们眼前展来，浩浩荡荡，有条不紊；牢牢依附在它上面的众多雕像、雕刻、镂刻及其无数细部正好增加了它的伟大与镇定。不妨说这就是曲石头的交响乐，是一个人和一个民族的鸿篇巨制，既一体浑成又繁复从杂，如同与它为姊妹的《伊利亚特》和《罗曼采罗》，它们也是同一个时代的所有力量齐心合作的神奇产物，每一块石头都是花样百出，体现出听命于艺术家们的天才的工匠的奇思妙想。总之，这既是人的创造，却也与神的创造同样强大，同样富饶，犹如将神的创造的双重性据为己有，既千变万化，又亘古如一。

我们在这里对于教堂正面所作的描述，同样适用于整个的教堂；我们关于巴黎这座主教座堂所作的描述，同样也适用于中世纪所有的基督教堂。在这来源于自身的艺术之中，一切都是相辅相成，比例匀称，合乎逻辑。等于量了足趾，也就量了巨人的身高。话题还得回到巴黎圣母院的正面。当今天，我们满怀虔诚地前去赞赏这座庄严雄伟的主教座堂时，看到它的正面仍依旧令人生畏，遵照它的编年史学家的说法是"厥状巨宏，见者怀惧"。

——[法] 雨果《巴黎圣母院》

1. 画出文中描写巴黎圣母院的形容词。

参考答案：雄伟壮丽；风华不减；辉煌；浩浩荡荡，有条不紊；不妨说这就是曲石头的交响乐，是一个人和一个民族的鸿篇巨制；同一个时代的所有力量齐心合作的神奇产物；既千变万化，又亘古如一。

2. 雨果怎样评价巴黎圣母院？

参考答案：总之，这既是人的创造，却也与神的创造同样强大，同样富饶，犹如将神的创造的双重性据为己有，既千变万化，又亘古如一。

第三小组：阅读选文，感受帕特农神庙之美。

【材料二】

帕特农神庙建于公元前 450 年左右，那正是雅典的黄金时代，政治家伯里克利开创的公民民主成为后世西方人倍加赞赏的体制。此前，雅典人刚刚率领希腊众城邦击败了波斯军队，爱琴海沿岸近 200 个城邦每年争相为雅典献上金银财宝，这也成为修建帕特农神庙的重要资金来源。

帕特农神庙用白色大理石砌成，显示雅典人对其城邦的保护神——雅典娜女神的尊崇。在希腊神话中，海神波塞冬和智慧女神雅典娜争夺雅典城，主神宙斯裁定：谁能给予雅典人一样有用的东西，城便归谁。波塞冬用他的三叉戟敲击岩石，一匹战马奔腾而出，象征战争；雅典娜用其长矛敲击岩石，岩石上长出一棵橄榄树，这是和平的象征。雅典人选择了雅典娜，这座神庙便用来供奉城邦的守护神。

帕特农神庙不仅意味着对神的尊崇，还体现了雅典民主制的萌芽。在帕特农神庙内有一幅巨型壁画描述雅典人庆祝节日的盛况，其含义是"所有雅典人的节日"，表明修建神庙的决定来源于城邦所有公民的直接投票。另外，工程的预算和开支都被刻在石头上，供城邦公民监督。

帕特农神庙正式启用是在公元前 438 年，完全用白色大理石砌成，借着盛大的帕那太耐节奉献给雅典娜。帕特农神庙是希腊全盛时期建筑与雕刻的主要代表，有"希腊国宝"之称，也是人类艺术宝库中一颗璀璨的明珠。

1.画出文中赞美帕特农神庙的词句。

2.你怎样评价帕特农神庙？

三、感受艺术之殇，控诉侵略罪行

过渡语：这些伟大、壮观、让人震撼的作品，这样人类艺术宝库中一颗颗璀璨的明珠，却并没有因为它们的美丽而免遭劫难。播放视频《火烧圆明园》，渲染氛围，让学生真切感受英法联军毁灭世界奇迹圆明园的罪行，激发学生的爱国之情和报国之志。

阅读下面三则材料，请学生继续分组作问题分析。

【材料一】

有一天，两个来自欧洲的强盗闯进了圆明园。一个强盗洗劫财物，另一个强盗放火。似乎得胜之后，便可以动手行窃了。他们对圆明园进行了大规模的劫掠，赃物由两个胜利者均分。我们看到，这整个事件还与埃尔金的名字有关，这名字又使人不能不忆起巴特农神庙。从前他们对巴特农神庙怎么干，现在对圆明园也怎么干，不同的只是干得更彻底，更漂亮，以至于荡然无存。我们把欧洲所有大教堂的财宝加在一起，也许还抵不上东方这座了不起的富丽堂皇的博物馆。那儿不仅仅有艺术珍品，还有大堆的金银制品。丰功伟绩！

收获巨大！两个胜利者，一个塞满了腰包，这是看得见的，另一个装满了箱箧。他们手挽手，笑嘻嘻地回到欧洲。这就是这两个强盗的故事。

我们欧洲人是文明人，中国人在我们眼中是野蛮人。这就是文明对野蛮所干的事情。

将受到历史制裁的这两个强盗，一个叫法兰西，另一个叫英吉利。不过，我要抗议，感谢你给了我这样一个抗议的机会。治人者的罪行不是治于人者的过错；政府有时会是强盗，而人民永远也不会是强盗。

法兰西吞下了这次胜利的一半赃物，今天，帝国居然还天真地以为自己就是真正的物主，把圆明园富丽堂皇的破烂拿来展出。我希望有朝一日，解放了的干干净净的法兰西会把这份战利品归还给被掠夺的中国，那才是真正的物主。

现在，我证实，发生了一次偷窃，有两名窃贼。

先生，以上就是我对远征中国的全部赞誉。

【材料二】

1687 年，帕特农神庙遭到大面积的破坏。威尼斯人派 Francesco Morosini 率领远征队攻击雅典和雅典卫城。奥斯曼土耳其人加强了对雅典卫城的防守，并把帕特农神庙当作一个弹药军火库。正是这个危险的用途导致了帕特农神庙的爆炸，作为当地土耳其社区人员避难所的通廊遭到严重破坏。1687 年 9 月 26 日，威尼斯人的迫击炮在费罗帕普斯的山顶开火，瞬间消灭了军火库，内部建筑也被部分摧毁。爆炸摧毁了建筑的中心部位，造成了内堂的墙壁倒塌，化为废墟。希腊建筑师和考古学家 Kornilia Chatziaslani 写道："三圣所的四面墙几乎面目全非，五分之三的雕塑跌坏。大约三百人死于这场爆炸，无数大理石碎片也飞落在这附近。"

1801—1803 年，英国贵族埃尔金勋爵将大部分残留的雕刻运走，损失最为严重。许多原属神庙的古物，现在散落在大英博物馆、卢浮宫、哥本哈根等地。19 世纪下半叶，曾对帕特农神庙进行过部分修复，但已无法恢复其原貌，现仅留有一座石柱林立的外壳。

【材料三】

巴黎圣母院始建于 1163 年，在 1345 年建成。该教堂曾经是全欧洲工匠组织和教育组织集会的地方。18 世纪末的法国大革命时期，教堂的大部分财宝都被破坏或者掠夺，处处可见被移位的雕刻品和被砍了头的塑像，唯一的大钟没有被熔毁，此时巴黎圣母院已是千疮百孔了。之后该教堂改为理性圣殿，后来又变成藏酒仓库，直到 1804 年拿破仑执政时，才将其还为宗教之用。

思考问题：

1. 文中的"两个强盗"指谁？这样说的作用是什么？

2. 作者对两个强盗的所作所为持什么态度？

3. 看完这三则材料，你作何感想？

4. "我希望有朝一日，解放了的干干净净的法兰西会把这份战利品归还给被掠夺的中国"，这句话反映了雨果在这件事上的什么立场？

四、编织强国之梦，呼唤美好未来

（1）继续利用 AR 小程序，播放一个圆明园数据复原视频片段，造成美的视觉冲击，再次引发学生对圆明园的赞叹。

（2）在 PPT 上出示最后一则材料：

有关数据显示，在全球 47 个国家的 200 多家博物馆中，有来自中国的文物精品 160 多万件，而流落民间的文物数量，相当于馆藏的 10 倍。这些中国流失文物的回归，不仅面临着文物价格不断攀升的新情况，还因为旧有的国际壁垒，而难以踏上回归之路。

流失文物占有者人为设置的障碍，是阻止中国流失文物回归故里的一道顽固壁垒。英国大英博物馆、法国巴黎卢浮宫博物馆、美国纽约大都会艺术博物馆等 18 家欧美博物馆在 2002 年 12 月联合发表的《关于环球博物馆的重要性和价值的声明》，即是这样的一道国际性壁垒。这项被称为"18 国公约"的《声明》，公开反对将艺术品特别是古代文物归还给流失文物的原产地国家。而在"18 国公约"出台之前，《关于禁止和防止非法进出口文化财产和非法转让其所有权的方法的公益》以及《国际流失文物返还公约》（以下简称《返还公约》）早已经出台，它在 1970 年确立了返还原则，并在 1995 年的时候细化了流失文物的返还程序和渠道。但遗憾的是，《返还公约》并未将公约出台之前通过非法及非正义渠道流入他国的文物的返还问题涵盖其中，它的返还规定不溯及以往。

1997 年 3 月 7 日中华人民共和国国务院批复加入国际统一司法协会，该协会于 1995 年 6 月 24 日在罗马通过《关于被盗或非法出口文物公约》。

新中国成立以后，政府除了积极回购流失海外的文物，还制定了严格的文物出口政策，杜绝文物特别是珍贵文物出境。这个政策出台以后，在新中国建立至改革开放的近 30 年中，有效避免了几经浩劫后留存下来的文物再度流失。

资料来源：王琪. 流失海外文物的回归之痛 [N]. 民主与法制时报. 2007-10-08.

学习任务：

请结合材料内容以及你在本节课中得到的感悟，给雨果写一封信，谈谈你对《返还公约》等的看法，与雨果一起探讨和平问题、流失文物保护问题等。

五、课堂小结

教学《就英法联军远征中国致巴特勒上尉的信》这篇文章，一共挑选了五份课外阅读材料，有针对性地对课内文本进行一一拓展延伸，同时，自主学习、探究学习、合作学习等学习方法也贯穿于课堂始终，再配以多媒体课件辅助，让学生在沉浸式阅读中共享"群文"智慧，于不知不觉中体味文本的语言特色，体会作者的爱憎情感。本课教学的最终目的是育人，让学生珍视人类文明成果，尊重人类文明创造，培养学生热爱祖国的情感，呼吁祖国文物回归……可以说，至此，便实现了教育的初衷。

15 创造宣言

在创造中被生命感动

《一代宗师》中，有句台词令人印象深刻，概括了一个人不同成长的阶段：见自己，见天地，见众生。借用这个模式，笔者读文本也有三个阶段：读出问题，读出技法，读出价值。

一、东城高且长，逶迤自相属——读出问题

笔者是在一个公园里重温陶行知先生的《创造宣言》的。此时，园中遍植各种花木，凤凰木、紫荆、木棉等，精巧秀茂，是匠心的设计；远处，土阜山丘，郁郁葱葱，是自然的手笔；近处，蝉鸣于树，蜂舞于花，是生命的忙碌；园外，大型工程机械臂不停地挥舞着，是工人在建造。笔者不由得问自己，万物生长，谁创造了精彩纷呈的万物？是万物本身吗？我是创造者吗？我有过创造的体验吗？

带着这些问题，笔者再一次读了《创造宣言》，答案在脑中渐渐明朗。

按照陶行知先生的说法，万物由创造主造，"未完成之工作，我们接过来，继续创造""处处是创造之地，天天是创造之时，人人是创造之人"。

可见，在陶先生眼中，万物皆有创造力。哥伦布发现美洲，是创造；平老静开包子铺也是创造；玄奘取得佛经是创造，蚕吐丝也是创造。无关能力大小，境遇逆顺，致力于生活者都是创造者。但需符合儒家的"苟日新，日日新，又日新"理念，因为，创造不是单调的重复，而是智慧的积累和变通。

作为教育工作者，对陶先生关于教育者的阐释，笔者产生了深深的共鸣。教育者"所要创造的是真善美的活人"，笔者深以为然；"教育者也要创造值得自己崇拜之创造理论和创造技术"，笔者感同身受。陶行知曾师从著名实用主义教育家杜威，在中国教育的实践中，他创造性地改进了杜威的教育思想，提出了以"生活即教育""社会即学校""教学做合一"为中心的生活教育理论。

特别是"教学做合一"对笔者产生了很深的影响，如果从一个创造者的角度来说，那笔者在这方面还是作出了努力的。为了锻炼学生的表达能力，笔者常组织学生以多种形式练笔，如写调查报告、说说座右铭、给对手写颁奖词、撰写演讲稿等。这些练笔活动，都是先创设情境，让学生在体验中发现问题，然后探究解决，从而习得解决问题的知识和本领，提升创造力。

学生在写作时遇到的问题，也是笔者教学的重难点，要攻克它，需要调动笔者的创造力。例如，学了演讲单元后，组织学生写作，在撰写《闪光的青春》演讲稿时，出现了很多问题：不会扣题，没有逻辑，思路不清，理论太多而且空泛，没有联系切身实际谈感悟，说理不透彻，衔接语不流畅，等等。针对这些问题，笔者自己进行练笔，从"为梦想而拼搏""直面挫折，不折不挠""脚踏实地，进取创新"三个角度入手写作文，结合自身的感悟，重主题、重思路，从校园发生的新闻事件谈起，很好地给学生做了示范。为了增强学生的参与感，开头笔者是空着的，让学生根据主题和文章的内容帮笔者添加，不断打磨、提炼切题又凝练的语言。在合作添加的过程中，学生掌握了开头的写作技法和撰写演讲稿的要点。而笔者在指导学生的习作中也增强了自身思维的广阔性和深刻性，体会到了"教学相长"，印证了陶先生的"学生也创造先生，学生先生合作而创造出值得彼此崇拜之活人"。

读懂了内容，有了创造的体验，有了思想的认同，再读《创造宣言》时，要在作者行文设计上下功夫了。议论文，结构如何，怎样阐明观点、论证观点让人心悦诚服，是一项严谨而艺术的创造。在学习时，需要再次深入文本，弄清深层蕴涵及文体特征。

二、白日地中出，黄河天外来——读出技法

古人说："凡制于文，先布其位，犹夫行阵之首次，阶梯之有依也。"

陶行知先生写《创造宣言》并没有用深邃的语言，而是用简明的语言向我们徐徐道来。开头由造神、造人、造石像三种现象引出分论点：我们的教育应是师生合作创造出值得彼此崇拜的活人，号召师生共同创造。

议论文按照论证方式可分为立论文和驳论文。本文就是驳论文。作者以听众的身份设想了五种"不能创造"的借口：环境太平凡了，不能创造；生活太单调了，不能创造；年纪太小，不能创造；我是太无能了，不能创造；山穷水尽，走投无路，陷入绝境，等死而已，不能创造。这五种借口确实很普遍，仿佛就是身边发出的声音，足见陶先生对人们的心理洞若观火。随后便以一连串的不可争辩的实例，一一予以反驳，从中确立"人人是创造之人"的中心论点。

有破才有立，接下来，如何创造呢？陶行知先生再一次把握了人们急于求成的普遍心理，于是，他谆谆教诲："像屋檐水一样，一点一滴，滴穿阶沿石。点滴的创造固不如整体的创造，但不要轻视点滴的创造而不为，呆望着大创造从天而降。"读至此，我们恍然大悟。原来创造也是一件花费心力和时间的事情，不能只凭一时的热情，要久久为功。

"创造之神！你回来呀！你所栽培的树苗是有了幻想，樵夫拿着雪亮的镰刀天天来，甚至常常来到树苗的美梦里。你不能放弃你的责任。只要你肯回来，我们愿意把一切——我们的汗，我们的血，我们的心，我们的生命——都献给你。""只要有一滴汗，一滴血，一滴热情，便是创造之神所爱住的行宫，就能开创造之花，结创造之果，繁殖创造之森林。"

最后，作者呼唤创造之神的到来，运用了呼告的修辞手法，抒发强烈的感情。结尾处热情洋溢地发表宣言，热血热情之处，就是创造之神的行宫，极具感染力。

整篇文章读下来，观点鲜明、逻辑性强、说理生动、富有感染力。论证有力，跟作者出色的语言驾驭能力分不开。例如："当英雄无用武之地，他除了大无畏之斧，还得有智慧之剑，金刚之信念与意志，才能开出一条生路。"把勇气比作斧，把智慧比作剑，把信念和意志比作金刚，说明了当陷入绝境、走投无路时，只有勇气、智慧、信念与意志，才能使人绝处逢生，闯出一条生路。运用比喻的修辞，使说理更生动形象。

除此之外，文中还举了大量的名人事例和格言警句，时空跨越古今中外，内容涉及雕塑、图画、音乐、数学、物理、地理等，显示了作者丰厚的文化素养和渊博的学识，读起来鲜活生动，深入人心，值得我们一品再品。

三、客心洗流水，余响入霜钟——读出价值

联系本文作者的经历和创作背景，会对这篇文章的深远意义理解得更为深刻。

陶行知先生（1891—1946年）是中国历史上伟大的人民教育家、教育思想家、民主主义战士。他先后创办了晓庄学校、生活教育社、山海工学团、育才学校和社会大学，生活教育理论是陶行知教育思想的理论核心，著作有《中国教育改造》《行知书信》《行知诗歌集》等。陶行知先生的一生是在生灵涂炭、国家多难、民族危亡之时度过的，他以"捧着一颗心来，不带半根草去"的赤子之忱，与劳苦大众休戚与共，为人民的教育事业、为中国的民族解放和民主斗争事业鞠躬尽瘁、奋斗终生，做出了不可磨灭的贡献。

本文写于1943年，正是旧中国国贫民弱之时，陶先生试图以教育来建设新社会。可见，创造教育是他结合国情、拯救教育时弊的创举。文中打消重重顾虑的谆谆之言，恳切而洋溢，至今读来，仍能感受陶先生那颗炽热的救国之心。让人联想到李大钊先生的"以青春之我，创建青春之家庭，青春之国家，青春之民族，青春之人类，青春之地球，青春之宇宙"，一样的热情和希望，一样的催人奋进！

放眼今天，在瞬息万变的信息时代，陶先生提倡的创造精神，也就是我们今天常提的创新精神，依然具有时代价值。

提到创造精神，有一个企业的名字熠熠生辉，那就是华为。从一个小企业成长为世界级的优秀企业，靠的就是脚踏实地的奋斗精神。信息技术领域的竞争异常残酷，从技术到服务，华为人都是用务实的态度应对，不管是战争还是天灾，世界各地的华为员工都会冒着生命危险去抢修，千难万难，风雨兼程，华为的成功离不开华为人的奋斗。然而，华为的强大引起了美国的惧怕，美国对它进行了芯片制裁。但华为并没有被扼喉，依然以踏实、创新应对困境，在研发自己芯片的同时，积极探讨手机的可持续发展方案，在可穿戴领域、全屋智能领域进行探索。创新是企业的灵魂，也是一个民族进步的灵魂。

泰戈尔曾经说："生命是永恒不断的创造，因为在它内部蕴含着过剩的精力，它不断流溢，越出时间和空间的界限，它不停地追求，以形形色色的自我表现的形式表现出来。"

处在日新月异时代的我们，更应该努力学习科学文化的基础知识和基本技能，在自己的岗位上灌注自己的创造热情，用日复一日的努力磨砺自己，为将来复兴路上的层层考验作准备。

以创造者之名学习

▶ 设计意图

《创造宣言》是伟大的教育家陶行知的文章，教育思想是：生活教育。本文启示我们：任何人都拥有创造力，人人都是创造之人。文章逻辑严谨，气势充盈，激情洋溢，对人很有启发和激励作用。但由于是议论文，用的又是驳论的论证方法，学生不易把握观点和材料的内在逻辑关系。因此，要求学生在领会本文内涵的基础上，掌握文体知识，培养独立解读议论文的能力。初中生处于活力四射、富有创造力的阶段，可设置不同的情境，创设系列以问题驱动的活动，让学生有沉浸式体验，多角度来探究问题。

▶ 教学过程

一、情境导入，学生来当创造者

课前播放家长委员会（以下简称"家委"）策划的《致青春》视频剪辑，该视频记录了学生初中生活的不同瞬间，学习、合唱、比赛等画面，从青涩到坚毅，并为初三的学子寄语，家委们的文案很棒，配文：飞扬的少年，灌风的校服裹着你整个盛夏；肆意张扬，野蛮生长，孤独也好，狂热也罢，终究属于你闪亮的日子。熬得住，出众；熬不住，出局。教室的门一关，再打开就是别人的故事。奔赴的少年，愿你挺直脊梁，活出你的姿态，赤诚、沟通、包容、担当，眼里有星辰，有大海，你还是你，此生尽兴。

请学生策划一个视频呼应家长《以最美的姿态迎战初三》，要求：内容诚挚，且富有创造性。

二、以创造者之名，盘点学生的疑难，小组合作探究

在实际创造中遇到的困难，学生自述：

（1）我在创造（策划）体验中思维枯竭，对应文中"山穷水尽，走投无路，陷入绝境，等死而已，不能创造"。

（2）我很想创造好，但才华匮乏，对应文中"我是太无能了，不能创造"。

（3）角色模拟，找到不能创造的困境，对应文中"环境太平凡了，不能创造""生活太单调了，不能创造""年纪太小，不能创造"。

教师释题，教授"宣言"的概念，并深入剖析"创造"的分量，唤醒学生的认同感。

三、以创造者之名，理清行文思路，思维导图辅助

（1）明确：生生对话中，产生了"不能创造"的观点，都被一一反驳。在文中也有对应，这种论证方法叫驳论。

（2）复习议论文三要素，并用思维导图呈现本文的结构。

明确文章的中心论点，概括证明观点的论据，提炼论证的方法，理清文章论证思路。

请同学们四人小组合作，尝试绘制本文的思维导图，明确本文的论证过程。

（3）（小组合作绘制并展示）各小组派代表展示绘制的思维导图，并据图讲解本文的论证过程。思维导图可多种形式，丰富多彩。

（4）教师对文章内容及文体进一步补充，明确以下三点。

明确：论证过程和驳论。

本文作者通过运用典型事例和名言警句对五种"不能创造"的错误观点进行了有力的批驳，从而得出了"处处是创造之地，天天是创造之时，人人是创造之人"的结论。

明确：论点归纳。

（1）教育者要创造出值得自己崇拜的人及值得自己崇拜的创造理论和创

造技术。

（2）处处是创造之地，天天是创造之时，人人是创造之人。

（3）要重视点滴的创造。

以上都是作者在文中的论点，中心论点必须能统摄全篇，中心论点可以概括为：人人都可以创造，生活离不开创造。

明确：论证方法为举例论证（本文的主要论证方法）、引用论证、比喻论证。

举例论证：

第5段：平凡无过于一张白纸……可以成为不朽的塑像。

第6段：单调无过于坐监牢……产生了平凡而伟大的平老静。

第8段：但是当你把莫扎尔特……他又只好哑口无言了。

第9段：但是鲁钝的曾参……传了黄梅的教义。

第10段：但是遭遇八十一难之玄奘……毕竟写出了《安魂曲》。

引用论证：

第9段：惠能说："下下人有上上智。"

第10段：歌德说："没有勇气一切都完。"

比喻论证：

第10段：当英雄无用武之地……才能开出一条生路。

四、以创造者之名，培养学生创造性思维，论据巧补充

（1）请为"勇于尝试，就有机会获得成功"补充一个事实或道理论据。

提示：请选择名人事例或名言，以增强论证的力量。

（2）准备丰富素材：天宫空间站的建立（国家层面）、苏炳添（个人层面）、参加比赛（自身体会）等，交流中更了解举例论证的写法。

设计意图：让学生在言语实践中明确材料和观点的联系，创造性思维在课堂显现出光芒。

五、以创造者之名，感悟精彩句子，体会情感

（1）"活人的塑像和大理石的塑像有一点不同，刀法如果用得不对，可以万像同毁；刀法如果用得对，则一笔下去，画龙点睛。"这句运用了什么修辞手法，有什么作用？

"刀法"比喻教育方法，"万像"比喻众多教育对象，"画龙点睛"比喻使众多教育对象成才。

（2）文中多次对创造之神直呼"你"，这是呼告的修辞手法，抒发强烈的思想感情，加强感染力，并引起读者强烈的情感共鸣。

（3）补充文章的写作背景。

陶行知是一位伟大的人民教育家，也是我国创造教育的开拓者。他目睹旧中国国贫民弱，试图以教育来建设新社会。他在反对传统教育和洋化教育的斗争中，逐步形成了系统的、独具特色的创造教育思想，为中国教育理论宝库做出独特贡献。

六、课堂拓展，以创造者之名，中学生该如何创造呢？

陶行知曾提出，实施创造教育必须实行"六大解放"：解放他的头脑，解放他的双手，解放他的眼睛，解放他的嘴，解放他的空间，解放他的时间。

学生可以结合生活和学习的点滴，畅谈该如何激发创造力。

例如：创造除了勇敢、自信之外，还要有智慧，而智慧主要来源于学习。努力学习科学文化知识和文化技能，为将来更好地创造奠定坚实的基础。

我们可以解放自己的眼睛，留心观察生活，多去参与一些公益活动，多和大自然亲近，多阅读，多参观。虚拟现实时代的到来，体验日新月异的科技带来的便利，将自己对生活的感受绘制成图画、写成随感、制作成视频等，将创造融入生活实际。改进自己的学习方法，改变生活方式，融入生活美学等。

只要我们做个有心人，生活处处皆可创造！

16 记承天寺夜游

以"字"入文，品读真意

《记承天寺夜游》篇幅短小，寥寥八十余字，却把写景、叙事和抒情融于一体，创造出空灵清幽的艺术境界，意味隽永，传达了作者似喜似忧的微妙心境。学生要理解表面文意并不难，但如果只把它当作普通的文言积累，未免暴殄天物。若想感悟其中真意，不妨尝试提纲挈领，抓住其中关键字词，以点带面，或许夜游承天寺的画卷便由此展开，与文豪苏轼心意相通，共赏月夜美景，共悟旷达之境。

一、"虚"中有实，理游之事

"庭下如积水空明，水中藻、荇交横，盖竹柏影也。"这一句是《记承天寺夜游》中的名句，此句固然写出了月色清冷皎洁的艺术美，读来摇曳生姿有暗香，但独取一句作赏析，只会觉得美得缥缈虚空，无法真正领悟其中真谛。其实，不妨换个角度，从文中常被忽略的虚词入手，由此串联解读其中真意。文中的三个虚词"遂""亦""但"不仅串联起苏轼的游踪，更是层层递进，剥开复杂微妙的思绪。

苏轼夜深不寐，被门外美好的月色打动，游念大起，"遂至承天寺寻张怀民"。行由念起，但此念之缘或许并不简单。月对于古人而言，似是一种召唤，以月为题材的诗词创作屡见不鲜，"月"作为诗词中一个常见的意象，代表了特殊的情感。苏轼"遂至承天寺寻张怀民"，其中固然有发现皎皎月色想要分享的喜悦之情，但苏轼孤身一人，在黄州无依无傍，孤独之意何尝不是暗从中生？"遂至承天寺寻张怀民"中的"遂"字何尝不是一种排解孤独的内心诉求？而张怀民是何许人也？同是天涯沦落人也。张怀民同样被贬谪到黄州，未找到合适住处，初时只能寄居承天寺。际遇相似，情感相通，苏轼不假思索地想到张怀民不无道理，而此处也为下文"怀民亦未寝"做了铺垫。情之所至，行之所向，"遂"译为"于是、就"，受此情此景感召，苏轼于是来到承天寺寻找张怀民，其中固然有苏轼欲与友人共赏月色的喜悦，但也暗藏难以化解的孤寂之意。

"怀民亦未寝"，这是意料之外，但也是情理之中，"亦"字暗藏玄机。"怀民亦未寝"是意料之外，苏轼奔着承天寺来，面临两种风险：一是张怀民可能已趁着这如水月光，安然入梦，苏轼久扣寺门无人开，惨吃闭门羹；二是张怀民尚未入睡，但即将就寝，对苏轼说时间太晚，咱们还是就此睡下吧。所以，苏轼前往承天寺邀约，是存在败兴而归的风险的。因此，"亦"字看似只是简单陈述了张怀民同样没有入睡的事实，但其中蕴藏了苏轼的惊喜。仔细想想，"怀民亦未寝"也是情理之中。张怀民是何许人也？高山流水知音也。张怀民虽惨遭贬谪，同样流落黄州，但于苏轼可以说是志同道合的人，心胸坦然，清高超逸，他后来在住所旁建造了一个亭子，以纵览江山之胜概，苏轼命名为"快哉亭"。在苏辙的《黄州快哉亭记》中也有记载，谓张怀民是虽屈居主簿之类的小官，但心胸坦然，绝不置碍于左迁之事，公务之暇，以山水怡悦性情，身处逆境却无悲戚之容，是一位有过人自制力和超然独立之士。面对这样的月色，张怀民同样也没有就寝，当然也不会就此入睡，张怀民果然没有"辜负"苏轼的期待，苏轼"喜"从中生，两人的知音关系表现得淋漓尽致，一双"闲人"由此产生。

两人在院子里共赏月色，竹子和柏树的影子在如水的月光里摇曳生姿，虚实相生，一时竟分辨不清。"但少闲人如吾两人者耳"中的一个"但"字却把笔触从眼前之景拉向赏景之人。"但"译为"只是，只不过"，眼前的月色和竹柏常有，只是赏景的"闲人"不常有。"何夜无月？何处无竹柏？"在前面两个"何"字反问的铺垫下，"但"的转折之意增强，蕴藏超拔不群、迥异流俗之意，表明赏景之人不仅不常有，而且也不寻常。"但少闲人如吾两人者耳"中的"闲"字固然是全文的中心，可"但"字并非闲笔，它为"闲人"增加了不少情感色彩，体现苏轼旷达乐观的人生态度。"但少闲人如吾两人者耳"的感叹已是本次夜游的尾声，"但"字却有余音绕梁之感，为读者进一步分析"闲人"蓄势，看似结束，实则开始，引导读者打开苏轼复杂微妙的情感之门，真正地走进他的内心世界。

二、角色代入，悟游之心

"闲"字是本文的中心，读懂"闲"字才能真正体会苏轼的心境。知人论世，才能悟游之心，读懂"闲"之多重深意。元丰二年（公元 1079 年），御史何正臣弹劾苏轼在移知湖州到任后谢恩的上表中，用语暗藏讥刺朝政，御史李定也曾指出苏轼四大可废之罪，此为震惊当时的"乌台诗案"。苏轼被捕入狱，幸而捡回性命，却被降职到僻远的黄州任团练副使，等同于民间的自卫队副队长，似是仍有官职在身，但实是流放，不得签书公事，人身自由还受到限制。因此，"闲"暗指的是政治处境，被贬谪之人无职无权，清闲无比，故能有空闲的时间欣赏一派空明月色。

苏轼在黄州的生活状态，在给李端叔的一封信中描述得非常清楚。信中说："得罪以来，深自闭塞，扁舟草履，放浪山水间，与樵渔杂处，往往为醉人所推骂。辄自喜渐不为人识……"未曾想到曾想致君尧舜的苏轼，现如今却是生活窘迫，难有作为。往昔把酒言欢的好友，日复一日的应酬，连篇累牍的唱和，如今烟消云散。"平生亲友，无一字见及"，千辛万苦地从黄州带出去笔墨书信，却换不回一点音讯。这时的"闲"体现在情感中，含有自嘲之意，苏轼成为一个被抛弃的"闲人"，他被曾经的朋友遗弃，不曾有问候起居的安慰话。他在孤独中惶恐，万物有如销声匿迹，只剩孤鸿影掠过心头。

苏轼历经坎坷，但正是岁月的辗转雕琢了他的本性，这种难言的孤独使他彻底洗去了人生的喧嚣，在无言的山水中寻找自解自适的方法，出淤泥而不染，他的心境在坎坷和泥泞中越发广阔与豁达。没有生活来源，他就在农舍附近租了荒地，当农夫，面对瓦片丛生的五十亩"荒地"，他将其取名为"东坡"，自称"东坡居士"。他自建的房子在大雪中完工，取名"东坡雪堂"，房外无景，就亲手画了带有森林、河流、渔夫的雪景。被贬黄州期间，他的作品甚多，《念奴娇·赤壁怀古》《前赤壁赋》《后赤壁赋》等名篇佳作先后涌现。因此，在承天寺悠闲漫步，欣赏朗朗月色，此时的"闲"既有自慰之意，也颇有自许之意，不能修齐治平，何不闲游赏月？此等美景，若不是富有雅趣，岂不浪费？

从苏轼到苏东坡，其中饱含被贬谪的痛苦、被遗弃的悲凉，但正是苦难让他洗尽铅华，在逆境中自解自适，将人生的挫折化为审美的机缘，成就豁达乐观的人生境界，而这些复杂的情绪都包含在一个"闲"字里。

三、对比阅读，品游之景

在《记承天寺夜游》中，月是写景的关键，"庭下如积水空明，水中藻、荇交横，盖竹柏影也"一句尤为出彩，不着一个"月"字，却运用比喻的修辞、正侧面相结合的手法，不仅写出了竹柏倒影清丽淡雅，更突出了月色清澈透明，让承天寺那一夜的月成了无数人心中的"白月光"。自古以来，月亮素来是文人墨客钟爱的描写对象，在不同文人的笔下有不同的寓意和内涵，月是李白的挚友，是"举杯邀明月，对影成三人"；月是张九龄的思念，是"海上升明月，天涯共此时"；月是杜甫的感慨，是"星垂平野阔，月涌大江流"。

问渠那得清如许？唯有源头活水来。《记承天寺夜游》中的月光描写篇幅有限，难以从字面挖掘，但可以通过对比阅读，分析苏轼在不同时期笔下的月亮，或许能让我们注入新的思维与活力，重新思考，品出不一样的味道。

在苏轼跌宕起伏的一生中，有不少与"月"有关的创作。在被贬黄州后，《记承天寺夜游》并不是苏轼第一篇写月的作品，《西江月》中描写的"酒贱常愁客少，月明多被云妨。中秋谁与共孤光，把盏凄然北望"是苏轼被贬黄州的第一个中秋月，其中的明月被云层掩盖，染上凄凉的色彩，正如苏轼掉入政治的泥潭，忠而被谤，这是满心的悲凉与凄楚，但人生何尝不需要打磨与积淀？谁说这不是峰回路转的一种蓄积呢？

"缺月挂疏桐，漏断人初静。谁见幽人独往来，缥缈孤鸿影。"这同样是苏轼初到黄州的作品。残缺的月，稀疏的桐枝，寂寞清冷，又何须漏壶提醒时间的流逝？孤独的心境一览无余。"孤鸿"掠过，也许就是苏轼心灵的投影，孤鸿"拣尽寒枝不肯栖"，宁宿荒凉沙洲，从中看出了苏轼兀傲坚守的影子和不愿随波逐流的心境。月缺而心不缺，这是苏轼对人生的反思，也是对理想的坚守。

165

苏轼在后来的《念奴娇·赤壁怀古》中感慨古今，把人带入历史的沉思中，雄浑苍凉，气势磅礴，唤起对人生无限的感慨和思索。他用一句"人生如梦，一尊还酹江月"给出了他铿锵有力的答案，向永恒的江月寻求解脱和慰藉。这是人生的喟叹，是拿得起、放得下的达观，一樽清酒献江月，用超然的目光审视人生起伏，走向豁达洒脱。

因此，境由心生，承天寺那一夜的月光"如积水空明"，既是一幅蕴藏生命律动的水墨画，也是苏轼彼时心灵的写照。那一夜苏轼醒悟，在这空灵的境界中，月化身为审美创造的主体，它借用自身的光华和竹柏的枝条"导演"了如梦如幻的美景，让他这个失意之人得到了心灵的慰藉与美的享受，明月并非无情物！而这也是苏轼释然开怀的豁达心境在现实中的投射。

全文寥寥数语，却胜过千言万语，贬谪的悲凉、漫步的悠闲、赏月的欣喜、内心的旷达——种种难以言表的情感，都如月光融在夜色里。苏轼的创作掺杂人生百态，却又跳脱之外，读来只觉"此中有真意，欲辨已忘言"。

说文品字，感悟真意

▶ 设计意图

全文寥寥数语，却胜过千言万语，贬谪的悲凉、漫步的悠闲、赏月的欣喜、内心的旷达，都在这溶溶夜色中。苏轼的创作掺杂人生百态，却又跳脱出来，以豁达之心看人生起伏，以闲适之情待世间万物。通过"了解游记，梳理思路""朗读课文，初探心境""知人论世，悟游之心""对比分析，赏游之景"等环节，理解"闲"的多重含义，感受作者乐观豁达的心境，品读此中真意。

▶ 教学过程

一、检查预习，落实基础

1.朗读课文，初步了解字音、字义。

2.学生互助释疑，教师提问点拨，落实文言文重点字词的理解与积累。

说明：强化落实预习要求，引导学生课前自主借助课本疏通文意，并记录疑惑，在课堂上提出疑点。

二、整体感知，理游之事

（一）了解游记，梳理思路

游记是一种将旅途的所见、所闻、所感描述下来表达自己内心情感的一种文体。结合游记的特点，填写表格，梳理文章思路。

时间	（十月十二日夜）
原因	（月色入户，想邀人同乐）
对象	（贬官之人张怀民）
地点	（黄州承天寺）
内容	（庭院赏月）

完成表格后，思考：作者游览承天寺时的心情又是怎样的呢？

设计意图：旨在让学生了解游记这一种体裁，并借用体裁的特点，梳理思路，初步理解文章内容，为之后深入解读作铺垫。

（二）朗读课文，初探心境

1. 让学生从文中寻找关键词，体会那天夜里苏轼是怎样的心情，先品后读。学生小组合作，讨论完成以下内容探究：

（1）欣然：心情愉悦。美好的月色让苏轼心情愉悦，游兴大起。

朗读指导：朗读时语调上升，读出欣喜的情感。

（2）念：想到。有"打算、计划"之意，也有"惦记，常常想"的意思。苏轼想到没有同乐之人，其中带有孤独、伤感之情。

（3）遂：于是，就。"遂"，毫不犹豫，苏轼毫不犹豫地就去承天寺寻找张怀民，因为张怀民是第一时间想到要找的人。张怀民同样被贬谪到黄州，初时未曾找到合适住处，只能寄居承天寺，际遇相似，情感相通，苏轼想到"无与乐者"后，马上想到张怀民，这是孤寂的排解，也是心灵的慰藉。

（4）亦：也。"亦"将苏轼与张怀民的心灵相通的知音关系表现得淋漓尽致，知我者，莫若张怀民也。面对这样的月色，张怀民同样没有就寝，当然也不会就此入睡，果然没有"辜负"苏轼的期待，苏轼"喜"从中生，这是心灵的契合。

朗读指导："念"指想到；"遂"指于是，就；"寻"指找。"念"字处需停顿，体现苏轼在思考，此时人生的感慨、幸有知音的喜悦尽在其中。

（5）相与：一起，在文中指与好友张怀民一起，漫步中庭心情愉悦。段玉裁在《说文解字注》中按"目接物曰相，故凡彼此交接皆曰相"，是相共、交互之义，如"相亲相爱"等。

朗读指导：苏轼和张怀民一起在院子里散步。用平缓的语速朗读，感受两人漫步时的悠闲，同时读出心情的愉悦。

（6）但：只是，只不过。耳：罢了。眼前的月色和竹柏常有，只是赏景的"闲人"不常有。"何夜无月？何处无竹柏？"在前面两个"何"字反问的铺垫下，"但"的转折之意增强，蕴藏超拔不群、迥异流俗之意。

（7）"闲人"，即清闲的人。这里并不是指闲极无聊、无所事事的人，而是包含着复杂的意味（预设学生答案：愉悦、沉醉、悠闲、孤独）。

朗读指导：读出转折，读出复杂的感慨。

2. 请各位同学画作者心理变化的曲线图，然后进行小组讨论、整理，最后请不同组的同学在黑板上画心理曲线图，进行比较。

再读课文，读出关键词中蕴含的情绪和情绪变化。

设计意图：主要是引导学生通过抓住关键字，进一步解读文本，感受文言字词的丰富内涵，以点带面，连点成线，感受作者的情绪变化。

（三）知人论世，悟游之心

"闲"字含义复杂，让学生联系苏轼的人生经历进行解读，教师补充相关背景资料，加深学生理解。

教师引导：刚刚的"闲"字，有的同学读出了苏轼愉悦、宁静的情怀，但是有的同学也读出了一丝孤独与清冷。能否联系苏轼的经历，说说为何苏轼的心境如此复杂？

1. 元丰二年（公元 1079 年），御史何正臣弹劾苏轼在移知湖州到任后谢恩的上表中，用语暗藏讥刺朝政，御史李定也曾指出苏轼四大可废之罪，此为震惊当时的"乌台诗案"。苏轼被捕入狱，幸而捡回性命，却被降职到僻远的黄州任团练副使，等同于民间的自卫队副队长，似是仍有官职在身，但实是流放，不得签书公事，人身自由还受到限制。

曾想致君尧舜的苏轼，现如今却是生活窘迫。往昔把酒言欢的好友如今不见踪影，杳无音讯。"平生亲友，无一字见及"。这时的"闲"体现在情感中，含有自嘲之意，苏轼成为一个被抛弃的"闲人"。

明确："闲"暗指的是政治处境，被贬谪之人无职无权，清闲无比，因此，"闲"中带有悲哀和孤独。

2. 苏轼面临变故，没有生活来源，却可以做百姓农夫，面对瓦片丛生的五十亩"荒地"，他将其取名为"东坡"，自称"东坡居士"；他可以做书法画家，自建的房子在大雪中完工，取名"东坡雪堂"，房外无景，就亲手画了带有森林、河流、渔夫的雪景；他可以做文人墨客，在黄州期间作品甚多，如《念奴娇·赤壁怀古》《前赤壁赋》《后赤壁赋》等名篇佳作先后涌现。

明确：因此，在承天寺悠闲漫步，欣赏朗朗月色，此时的"闲"既有自慰之意，也颇有自许之意。

总结："闲"是仕途失意的清闲，也是他与张怀民夜游赏月的闲情雅致，更是他无论身处何种人生境遇，都在心底保有一份积极与乐观情绪的表现，在逆境中自解自适，将人生的挫折化为审美的机缘。

设计意图：利用苏轼生平中的典型事件，加深学生的理解，进一步解读苏轼内在的"闲人"情怀和豁达的人生境界。

（四）对比分析，赏游之景

一切景语皆情语，作者乐观豁达的人生境界怎样体现在他的景物描写中？让我们从那一夜的美景体悟作者的心境。

1. 文中哪处具体描写景物？

"庭下如积水空明，水中藻、荇交横，盖竹柏影也"一句，写月色景致。

2. 对比分析，你认为哪一句更好？

第一组：

（1）庭下如积水空明，水中藻、荇交横，盖竹柏影也。

（2）庭下月色如积水空明，水中藻、荇交横，盖竹柏影也。

明确：原句更好，虽然不着一个"月"字，但无处不写月，更具空灵缥缈的美感。巧用比喻，把澄澈的积水比喻成皎洁的月光，把竹柏的影子比喻成水中藻、荇。直接描写和间接描写相结合，突出月光的空灵。直接把月光比作空明的积水，用竹柏的影子来间接表现月光的透亮。

第二组：

（1）庭下如积水空明，水中藻、荇交横，盖竹柏影也。

（2）庭下如积水空明，水中藻、荇交横，乃竹柏影也。

明确：原句的"盖"是"大概是"的意思。恍然大悟是因为沉醉其中。沉醉于月景的原因是"空明"的境界与"竹柏"的精神，进一步写出了月光的澄澈，也增添了夜的宁静。

3.追问：能感受到赏月人有着怎样的心境？

"空明"的境界是把静谧的庭院、银色的月光、高大的竹柏这些具体的景物，幻化成空明澄澈的世界，作者在此获得心灵的慰藉与美的享受，明月并非无情物，而这也是苏轼释然开怀的豁达心境在现实中的投射。

"竹柏"的精神是挺拔坚韧，岁寒不凋。自古以来，竹子是高洁不俗的人格的象征，松柏寓意傲骨峥嵘。苏轼在《於潜僧绿筠轩》中云："宁可食无肉，不可居无竹。无肉令人瘦，无竹令人俗。"

月、竹、柏组成一个意向群，它们不再是单纯的客观景物，而是作者高尚人格和理想的写照，月之宁静即心之宁静，"空明"月色的背后也是苏轼心中挣脱俗世纷扰的"空明"内心，是旷达超脱，是处逆境而不馁，是遇重压而不屈。

设计意图：从写月的修辞手法和不着"月"字的写作特色中，领悟这绝美的月夜；从"空明"月色中感悟月之宁静即心之宁静，进而理解苏轼的内心世界。

三、课堂小结

全文寥寥数语，却胜过千言万语，贬谪的悲凉、漫步的悠闲、赏月的欣喜、内心的旷达，都在这溶溶夜色中。苏轼的创作掺杂人生百态，却又跳脱出来，以豁达之心看人生起伏，以闲适之情待世间万物，让我们再次朗读课文，品读此中真意。

四、作业布置

拓展研读：《记承天寺夜游》仅仅是了解苏轼的开始，课后继续阅读《苏东坡传》（林语堂著）、《山居笔记·苏东坡突围》（余秋雨著），品读苏轼的作品，如《念奴娇·赤壁怀古》《前赤壁赋》《后赤壁赋》等，进一步感受苏公心境。

17　桃花源记

"桃花源"之美：神秀·神采·神秘

　　《桃花源记》是统编版教材初中语文八年级下册的一篇文章，是东晋文学家陶渊明的代表作品之一，课文以渔人的行踪为线索，描述了一个没有压迫、没有战争、没有剥削、没有阶级的和平、安宁的社会。文章表现了作者对东晋黑暗社会的不满，以及对和平、美好、安定的生活的追求与向往。文章篇幅不长，但是内容十分丰富，文笔优美，是一篇流传千古的美文。《桃花源记》具有丰富的思想内涵，处处洋溢着诗意之美，让我们一起走进那神奇美丽而又迷离梦幻的世外桃源。

一、桃花源之景充满神秀之美

　　《桃花源记》开篇映入读者眼帘的就是一幅浪漫缤纷、色彩绚丽的景象。桃花源仙境的出现，美好、梦幻、曲折。渔人一次偶然发现了一片桃林美景，收获了一份惊喜，随后进行了一场探访，开启了桃花源的发现之旅，为后文寻访桃花源埋下了伏笔。一条长长的小溪，不知其源头；一片美丽的桃林，不知其数量。一次偶然，渔人"缘溪行"，"忽逢桃花林"，探秘之旅就开始了。此片桃花林"芳草鲜美，落英缤纷"，放眼望去桃花似海，阵阵清香扑鼻。眼前的神秀美景，使渔人"甚异之"，于是怀有好奇心的渔人"复前行，欲穷其林"。渔人沉醉其中，以为林尽水绝却又发现有山路阻挡，仔细观察又发现那山有"小口"，从狭窄的小口透出了一丝亮光。于是，渔人探路而进，从"小口"中行数十步，继而"豁然开朗"。一幅美丽的"世外桃源"之景就呈现在眼前。桃花源是一个美好神奇所在，进去当然要费一番周折了。作者利用溪水、桃林、芳草、高山、小口来隔绝尘世间的污浊与黑暗，从一片神奇、秀美的桃林进入，更显得所探之景幽深而神秘。河水清澈，朵朵桃花盛开，片片绿叶映水上，繁花落入溪中，这番美景足以使人流连忘返。读者仿佛也沉醉在这片桃花林的美景中，为后文渔人进入桃花源作了铺垫。

进入桃花源以后，渔人看见了一幅更神奇秀美的图画，山重水复掀开了桃花源的"庐山真面目"。作者观察的角度变化转换，层次分明。目光自远而近："土地平旷，屋舍俨然，有良田、美池、桑竹之属"，开阔的土地一望无际，一排排的房屋排列整齐有序，肥沃的田地栽种着绿色的庄稼，美丽的池沼里养着鲜活的鱼儿，还有一排一排的桑树、竹子围绕其中。"阡陌交通，鸡犬相闻"，纵横的小路交错相通，能听到鸡鸣犬吠。美好的村景历历在目，平坦的农田、整齐排列的居舍、肥沃的土地、茂盛的竹子、美丽的池沼构成了一幅和平安宁的田园画面。"其中往来种作""黄发垂髫，并怡然自乐"，农田中是辛勤劳作的人们，他们享受劳动创造幸福的快乐，老人和孩子面带欢乐而祥和的表情。桃花源里的人们呢？有的在走路，有的在劳动，有的在嬉戏玩耍，有的含饴弄孙，他们笑着、聊着，描绘了宁静的村落图、忙碌的农耕图、老人孩子怡然自乐图，构成了和平而安宁的生活图景。

与外界的生活相比，桃花源的生活祥和安静、富庶幸福。陶渊明生活的年代，社会黑暗且动荡不安，战乱频繁，民不聊生，桃花源中如此悠闲的生活，在当世百姓心中是可望而不可即的。

陶渊明笔下的世外桃源具有神秀之美，渔人看到的是美丽的自然风光、安定的生活环境、幸福安宁的生活，此情此景使他心生向往。

二、桃花源之民充满神采之美

在这个如诗如画的桃花源里，作者展开丰富的联想和想象，用灵动的笔展现了一处不知外界纷扰，又洋溢着浓厚的人间生活气息的仙境。如前文所述，作者笔下的桃花源具有"土地平旷，屋舍俨然""阡陌交通，鸡犬相闻"的生活美境。正是有这样一犹如仙境般的桃花源，才有一群淳朴的村民，才有村中老百姓"闻有此人，咸来问讯""便要还家，设酒杀鸡作食"的淳朴民风，这透露出平凡、真实的农村生活气息。

桃花源中的社会风气是淳朴、美好的。渔人作为一个陌生人到访桃花源，并没有受到桃花源中人的攻击和排斥，反而是"闻有此人，咸来问讯"，"便要还家，设酒杀鸡作食"，"余人各复延至其家，皆出酒食"。桃花源人用热情、好客之心接待这一位素不相识的客人。村民热情地与渔人聊天，在交谈的过程中，毫不隐瞒、坦坦荡荡地为渔人解除疑惑。"自云先世避秦时乱，率妻子邑人来此绝境……无论魏晋"，桃花源居住了一代又一代的村民，他们在这里过得悠然自得，不与外界有任何纷争。渔人与村民们经过短短的几天相处，度过了一段短暂而难忘的时光。这一切美好的回忆，正是这一群热情好客、美好淳朴的桃花源人所给予的。桃花源人热情、淳朴、好客，充满了神采之美。他们抛开了世俗的尔虞我诈、趋炎附势，用善良、淳朴的心境接纳了渔人。

桃花源中没有战乱，没有纷争，没有压迫，没有剥削，没有阶级，而桃花源外却是战火纷飞，人民生活窘迫不堪，这鲜明的对比更衬托出桃花源人美好的生活状态和淳朴民风，使桃花源成为人们心中美好的向往。桃花源人用行动诠释了人性中的坚守及现实中的无可奈何，虽无力改变现实，却始终坚定如初，守护那份对人性美好的期许。陶渊明用具有神秀之美的自然环境与具有神采之美的人文环境，构筑了桃花源的美好，让读者对桃花源产生无尽的期盼和向往。

三、桃花源之迷充满神秘之美

真实与虚幻交织，作者在构思文章的时候采用了虚实结合的方法。行文中，既处处有现实的景象，又处处把桃花源写成一个似真亦幻的美好所在，使作品既具有浓烈的浪漫主义色彩，又有强烈的真实感人的力量。

其一是"实"。文章交代了时间是晋太元中，地点是沿着小溪找到了的桃花源，人物、职业、身份是一个武陵渔人，一切都交代得清清楚楚，大大增强了故事的真实性。渔人偶然发现了进入桃花源的路径，沿路而进，"忽逢桃花源—进入桃花源—做客桃花源—离开桃花源—重返桃花源"，这一条路径清晰、线索明了，所见所闻如真实存在一般。桃花林也非常绚丽美好，"芳草""落英"令人沉醉；桃花源中的景色有"良田""美池""桑竹"，宁静而美好；有"鸡犬""阡陌""屋舍"，勾勒出一幅恬静闲适的田园风光图；有"往来种作"的农民、"黄发垂髫"的老少，处处彰显着古朴而纯粹的风土人情，以及文末交代与作者本人同时代的名士"南阳刘子骥"，"高尚士也，闻之"也"欣然规往"，种种描写进一步使文章读来真实可信。

其二是"虚"。开头一个"忽"字，写出桃林的出现是渔人偶然所遇，不是已知之地的访寻，仿佛是渔人的幻觉。桃花林的神奇秀美又给全文笼罩了一层神秘的面纱。作者所处的东晋战乱频繁，社会动荡不安，桃花源的生活却和平宁静，这种强烈的反差形成鲜明的对比，让人产生强烈的不真实感。自秦汉到东晋历时几百年，但是这里的人们在"不复出焉"中，甚至"问今是何世，乃不知有汉，无论魏晋"，村民的衣着打扮"悉如外人"，攀谈过程中仿佛又暗示了桃源仙境的虚无。当渔人要辞别时，又说"不足为外人道也"，暗示了这世外桃源本不存在。当渔人离开桃花源后，他没有信守诺言，而是"处处志之。及郡下，诣太守，说如此"。渔人明明"处处志之"却"不复得路"，就连高尚士刘子骥想要寻访又是"未果"。南阳刘子骥是历史中有记载的人，他寻访桃花源而未果，再次证实了桃花源并不是真实存在的，更给桃花源增添了神秘的色彩。这就充分证明了桃花源根本不存在，是作者虚构的一个乌托邦。文章结尾呼应开头，营造了一个虚幻的、若有若无的梦幻之境。

经渔人的描述，桃花源成为人们苦苦追寻的理想圣地。陶渊明最终以没有人寻找到桃花源作为文章的结尾，可谓独具匠心，以留白的形式，激活人们对桃花源的各种美好的想象。看到此处，究竟这个世界上是否真的有一处桃花源，已经不重要了，因为每个人的心中都已构建起了一处精神上的世外桃源，那里花开不败，民风淳朴，没有战乱纷扰，是心灵的栖息地。这也是陶渊明写作此文的意图所在，虽然没有寻到桃花源，但是有无限的美好长留于人们心中。

四、结　语

如歌的语言，如画的景色，层层的疑团，让一处美丽的桃花源缥缈若仙，如梦似幻、扑朔迷离，读来令人欲罢不能！陶渊明有满腔的热忱，即使身处动荡的社会，依然对美好生活充满希望和向往，依然敢于以美好抨击黑暗，这是一种勇气，更是一种人生境界。《桃花源记》以其独特的神美，折射出陶渊明美好的精神世界。桃花源到底是不是真实存在的，其实并不重要，重要的是作者给了乱世之中的世人一块"恬静的心田"。无论身处何时何地，保持着对美好世界、美好生活的追求，这是我们今天去欣赏、去阅读《桃花源记》的真正意义所在。面对现实的困难、世俗的纷扰，我们更应如陶渊明一般，心中拥有一处桃花源，一路清风明月，一路浅吟低唱，始终相信未来可期！

"桃花源"之美在何处

▶ 设计意图

《桃花源记》是统编版教材初中语文八年级下册的一篇文章，是东晋文学家陶渊明的代表作品之一，课文以渔人的行踪为线索，描述了一个没有压迫、没有战争、没有剥削、没有阶级的和平、安宁的社会。文章表现了作者对东晋黑暗社会的不满，以及对和平、美好、安定的生活的追求与向往。文章篇幅不长，但是内容十分丰富，文笔优美，是一篇流传千古的美文。本课拟从渔人行踪入手，细读文章，一起走进那神奇美丽而又迷离梦幻的世外桃源。

▶ 教学过程

一、检查预习，落实文言文字词

1. 反复朗读课文。教师强调易读错字的字音、字义。

2. 让学生复述课文，梳理文章内容。

环节意图：强化落实教材的预习要求，督促学生课前借助注释和工具书自主阅读，理解课文大意，从学生的复述中判断其对课文内容的理解程度。

学情预估：学生按渔人的行踪复述，初步感受桃花源环境之优美，以及桃花源人的热情好客。

3. 落实文言文重点字词的理解与积累,学生逐句翻译课文,教师进行点拨。

环节意图：让学生疏通文意，积累文言词汇，加深对课文内容的理解。

二、整体感知课文，感受桃花源

（一）遇见桃花林

学生找出渔人遇见桃花林的句子，读出其丰富内涵，品味精美语言。

1. 学生范读句子："忽逢桃花林，夹岸数百步，中无杂树，芳草鲜美，落英缤纷。"

2. 学生小组合作，探究品味句子。

3. 教师作赏析指导：学会运用联想与想象的方法读出丰富的内涵。如这个句子写出了桃花林美丽的风景，桃花似海，清香扑鼻。从"落英"一词可以看出桃花长得很繁盛，清风吹拂，满地落花。粉色的桃花，苍翠的草地，红绿相间，构成了神美的人间仙境。

环节意图：学生品读欣赏句子，教师教导学生品读方法。

（二）发现桃花源

1. 学生找出描写桃花源的句子，读出丰富内涵，品味精美语言。

2. 指导学生找到句子："土地平旷，屋舍俨然，有良田、美池、桑竹之属。阡陌交通，鸡犬相闻。"

3. 教师指导学生：理解"土地平旷"的含义——"平"是平坦，"旷"是开阔、宽阔。运用丰富的联想和想象，将文字转化为画面，想象眼前就是一大片一大片平坦开阔的土地，从桃花林进入以后，经过狭窄的通道，就是豁然开朗的景致。

4. 指导学生继续沿着渔人走过的路径，找出描写桃花源的句子，并大声朗读，读出其丰富内涵。

5. 小组合作探究，品味这些优美的句子。

6. 教师指导学生："屋舍俨然"，指桃花源人的房子都是整整齐齐的，说明桃花源内人人能安居乐业。"有良田、美池、桑竹之属"，指桃花源里的土地非常肥沃，意味着有好的收成；美丽的池塘意味着农民有好的水源和赖以生存的条件；茂盛的桑树意味着可以用蚕丝制作足够的衣服，穿用都很充足，翠绿的竹林环绕，意味着他们都居住在环境清幽的地方，生活非常美好。"之属"指的是种类很多，种植业很发达。"阡陌交通，鸡犬相闻"，田间的小路交错相通，良田被分割成一块块的，表明家家有土地、鸡、狗，可以联想到也会有猪、牛、羊等家畜，粮食非常充足，生活非常富足。以上这些写出了桃花源环境清幽、风景秀丽、和平安定的农村田园生活。一句"黄发垂髫，并怡然自乐"又从自然环境联想到桃花源人过着一种美好、安宁、富足的生活。

环节意图：通过学生默读、想象、品味、描绘，体验作者笔下的诗情画意和自然淳朴，把握课文的丰富内涵。

（三）进入桃花源

1. 研读第3段，情景设计：一名同学扮作主持人，一名同学扮作渔人，其余同学扮作村民，教室作为桃花源，进入节目进行访谈。

（1）现场采访村民：您在这里生活了多长时间？你们是怎么来到这里的？你们知道现在是什么朝代吗？

（2）现场采访渔人：你对桃花源的整体印象如何？对桃花源人如何评价？

2. 学生作出回答，教师作引导。

环节意图：运用丰富多样的形式，进一步让学生理解课文内容，了解桃花源内淳朴的民风，引导学生深入探究文章的主旨。

（四）再寻桃花源

1. 运用阅读前文的方法与步骤，引导学生找出句子，读出丰富的内涵。

2. 教师引导学生找出词语："既出""遂迷""闻之""未果"，这几个短句有何深刻的内涵？

3. 教师引导：由简短的句式，可以读出渔人从桃花源出来后行动迅速、急切。

环节意图：一组短句突出了渔人走的速度快、记号做得很仔细，且太守遣人寻访很及时，但依然没有找到桃花源。这表面是写"再寻桃花源"，实际是暗示桃花源不存在。刘子骥寻之未果，后无人问津，也是在暗示桃花源不存在。通过对这一部分的学习，引导学生明确桃花源是子虚乌有的，是根本不存在的。

三、研读文章，品味寄寓的情怀

1. 既然桃花源不存在，作者为什么要写桃花源呢？

设计意图：引导学生探寻文章主旨。

2.学生再一次品读课文进行分析。小组合作、探究，把握文章主旨。

3.教师指导学生思考问题：作者用大量笔墨写了桃花源"里"，你能联想和想象桃花源"外"是怎样的吗？

教师引导学生理解：渔人"具言"的内容是桃花源外面的世界，作者没有写，只用一句"渔人——为具言所闻"带过；透过桃花源人"皆叹惋"，我们可以联想和想象到渔人所处的现实社会一定是不美好的。桃花源人叮嘱"不足为外人道也"，这份拒绝表明桃花源人当时"避秦时乱"，现在避当世之乱。作者所处的社会也不够美好，引导学生明确：作者是借桃花源表达对美好社会的期待。

4.教师介绍写作背景：东晋孝武帝年间，政治极度腐败，统治集团内部生活荒淫，赋税繁重，战争频发，短短二十一年就爆发了大小战争六十多场。《桃花源记》写于公元420年，距离陶渊明去世只有六年。这篇文章可以说是作者一生观察思考的结晶，是他思想的巅峰。作者隐藏了现实世界的不美好，用精美形象的语言为我们描绘了一个理想的社会，这美好的蓝图不仅是陶渊明的理想，也是古代贤哲的理想，更是千百年来一代又一代华夏子孙的理想。所以"桃花源"不仅是"桃花源"，它已经成为我们中华民族的一个生活符号、一个文化坐标、一种精神图腾。

四、课堂小结

作者虚构这样一个理想的世界，表达了作者对黑暗现实的不满，对和平美好生活的向往。其实世外桃源的生活，不仅是陶渊明的追求，更是当时广大人民的共同愿望。但是在当时的社会条件下，这种世外桃源的美好生活只能是一种空想罢了。

18 湖心亭看雪

凄凄冷雪，几多意味

　　《湖心亭看雪》是统编版语文教材九年级上册的一篇文章，它选自《陶庵梦忆》卷三（中华书局 2008 年版）。文章以优美、凝练的文笔，叙述了作者到湖心亭看雪的过程，描绘了一幅幽深辽阔、寂寥旷远的雪景图。

　　这篇短文不足两百字，短小精悍却精妙绝伦，充满了趣味和深意。文章通过写作者在寒冷的冬天外出看雪景，在湖心亭赏雪过程中偶遇知己，从而展现了作者凄清、孤独、寂寞的心境和那一份淡淡故国之思。在这个偶遇的过程中，作者有遇到知音的喜悦与离别时的感慨惋惜，也有作者不与世俗同流合污、不愿意随波逐流、孤芳自赏、希望远离世俗的情怀，同时寄托了作者对世事无常、人生渺茫的慨叹。

　　作者张岱出生于仕宦世家，年少时是一位富贵公子，过着一种风雅的生活，他喜爱游山玩水、鉴赏古玩、茶艺等。明朝灭亡后，他曾参加过抗清斗争，经历了人生跌宕后以消极避世表示其民族气节，后张岱归隐入山著书。他在明末清初堪称大散文家，其小品文声誉极高，多数是描写山水风光、风土民情和自己对往昔的追忆生活，常追忆往昔之繁华，从中流露出对前朝的缅怀。

　　通过写景、写人、写情三方面品读文章，让我们一起走进作者的精神世界。

一、景——淡雅宁静之雪景

中国古典美学讲究"意境"。《湖心亭看雪》原文开篇就描写了西湖冬天凄冷的雪景。"湖中人鸟声俱绝""雾凇沆砀，天与云与山与水，上下一白"。这是运用白描手法进行雪景的描绘。以"雾凇沆砀"起笔，冰花弥漫，将景物笼于朦胧雪气之中，如烟如梦、如梦似幻。张岱独立于舟上，仰观天地，目之所及，唯余莽莽。"天、云、山、水"四个意境相似，都有淡雅宁静之味。大雾弥漫，人鸟声都没有，水天一片，让人在视觉上产生一种辽阔的空间之感，俨然苍茫宇宙展现于眼前。

紧接着的描写更让人有一种广阔天地间的博大感觉："湖上影子，惟长堤一痕，湖心亭一点，与余舟一芥，舟中人两三粒而已。"随后，作者变换了视角，从高往低看，只有从高空俯瞰西湖，更有广阔之感。再加之一个"与"字打破空间的界限、一个"一"字浑然相成，便给人呈现出了天地开阔、天地一色的意境。

随即，张岱再次变换观察的角度，由远观到细看，万物已然入微。"痕""点""芥""粒"几个细小事物所用的量词，写出人、物的渺小；再用一个"而已"，更显得细微。运用变换的句式，将"一痕长堤""一点湖心亭"调整为"长堤一痕""湖心亭一点"，让文字更显灵动和意味，仿佛眼前的景象就是一幅山水国画。杭州冬日的西湖景色，苏堤水榭，也都渺小得只需信笔一画、轻轻一点，更增添了几分淡雅宁静。

一般人若深夜独往无人之地看雪，又遇此天地恢宏、万物渺小之境，当有孤独之感，但张岱不同，他不耽于此，他能发现天地之大美，并能全身融入其中。他不仅在"以我观天"和"以天观我"中实现视角的自如切换，达到了物我的两相融合。同时，他还在观察天地之景中，把人置身于广阔的天地，与天地相连为一体。除了写人与天地融为一体，更写"湖上影子"，人与影融合，人与天地融合，物我相融，天人合一，更显辽阔而静美。张岱文风崇尚清幽、淡远、自然、朴实，这样的审美意趣自然而然地流露在他的文字之中。在作者的笔下，雪后的西湖宛如一幅中国山水画。

一切景语皆情语。作者此时已然把自己的情绪融合在广阔的雪景之中。"独往湖心亭看雪"中的"独"字透露了作者的内心：并非一个人独身前往，而是一个人与他人世界的隔绝，是内心的一种孤独与寂寞。此时，在作者张岱眼中所见之景，除了茫茫的冬日雪景，更是作者内心的一种投射。张岱曾言："而善游湖者，亦无过董遇三余。"所谓"董遇三余"，就是"冬者，岁之余也；夜者，日之余也；雨者，月之余也"。难怪他能做出与世不同的选择，也只有他独特的审美品位，才能将这唯美、独绝的雪景呈现于世。

二、人——偶遇知音与亡国之殇

写景之后，作者笔锋一转，写湖心亭奇遇。开篇之初，作者还写到"独往湖心亭"，本来他是想一个人安静地享受这份寂寞和孤独，可是，一段奇遇不期而至。"到亭上，有两人铺毡对坐，一童子烧酒，炉正沸。见余大喜曰：'湖中焉得更有此人！'拉余同饮。余强饮三大白而别。问其姓氏，是金陵人，客此。"在这样寒冷的雪天，在这西湖凄冷冬日的亭子里，居然偶遇"金陵人"。本身"金陵"二字又隐含着无限的故国感慨。在看到金陵人的一刹那，张岱是惊喜万分的。金陵客的话"湖中焉得更有此人"，这也是张岱的心声啊！于是，偶遇知音的喜悦，痛快饮酒，可喝完了酒，即将分别，问其姓氏，对方却答非所问。可见这位湖上知己，原是他乡游子，言外之意是今日相见之后也即将永久分别。人海茫茫，恐怕再也没有相聚的时光了。

《湖心亭看雪》写于明朝灭亡以后，文中特别写到"崇祯五年""金陵人"，这些实际都是在暗示作者对故国的思念。作者以"独"往湖心亭开篇，实际是想重新回到那个万籁俱寂的雪夜，完成一次对故国的凭吊之情。在这次对故国的缅怀中，张岱本来是孤独寂寞的。"大雪三日"后的西湖，张岱一人出游，独享那一片凄冷的冬雪之景，又因巧遇知音给整个白色基调增添一点点的暖色。其中，"一童子烧酒，炉正沸"本是平常之语，但是一个"沸"字又富含深意，呼应开头的"大雪三日"和"雾凇沆砀"，写出冬天凄寒的环境，而此时有炉火升腾，沸腾的美酒便让冷峻的冬天有了温暖之感。炉火虽炽却不觉灼热，环境虽冷却有人情味，冷和暖交替融合。聊天饮酒本属寻常之事，但时间在"更定矣"，在"人鸟声俱绝"的冬季，便让原本沉寂的雪夜有了一丝人间烟火气。

独与不独，在此时都已不重要了。环境随着人的心情转变，唯独那一份情怀，能让雪景增添一丝暖意与烟火气。"湖心亭看雪"发生于崇祯五年，即 1632 年，而《湖心亭看雪》一文写于约 1647 年，这中间相隔了十五年。漫漫十五年，国破家亡，物是人非，但那一晚的奇景，那一晚的奇遇，却依然清晰地印在孤独的张岱的记忆中，如天地间的那场纷纷扬扬的大雪，黑夜里有着分明的白，如同那一晚的奇遇，也许十五年的光阴已经融化在那日的大雪中，但是那萍水相逢的惊喜，偶遇知音的怦然心动，一直镌刻在作者心里，记录着那一瞬间心灵相通的情致。

张岱"独往"看雪，看似只是选择不同，实则是因为他经历过前朝的繁华，在朝代更迭中，他却依然沉浸在故国的繁华梦中。身边都是道不同不相为谋之人，他又能与谁同往？他只能孤独看雪，在凄冷的雪景中，我们感受到他的孤独，仿佛明白他难觅知音，仿佛知晓故国破碎对他沉重的打击。也正因此，他的率性强饮，与金陵人的交谈，更显畅快淋漓。可以说，没有雪景所呈现的"独"，便难以体现得遇知己的"不独"。二者紧密相合，让作者的情感显得哀而不伤。

读原文到此，我们仿佛明白作者设置"金陵人"的用意了。在西湖雪夜这个梦境中，如果只是写景未免单调乏味，缺少情致。正是有了"金陵人"这一部分叙述，我们仿佛插上想象的翅膀，"金陵人"就是作者张岱灵魂深处的映照物，如同一面镜子，映照出整个繁华时代的远去，人生的悲欢离合。作者正是通过金陵人的意象，抒发自己的亡国之痛。在这种情感的统摄下，愈发能表达作者深层次的悲哀，当奇景与奇人相遇，相融相生，就有了别样的深意的情致！

三、情——孤芳自赏中的悲伤情怀

《湖心亭看雪》用舟子的一句话作结尾："莫说相公痴，更有痴似相公者！"纵观张岱这一生的作品，很多围绕着"西湖"来写，西湖是他的旧地，是他几度梦回的地方。此处写西湖的雪景，主要是用来表达自己对那个已逝去的王朝留着最后一丝思念。在那个逝去的时代里，有他的故园，有他曾经的繁华美梦。在明王朝即将灭亡时，他曾经作出了很多的努力，在复明无望后，他继续完成作品，表达忠烈爱国之情。张岱对明王朝忠心一片，凭借这一点，张岱的"痴"心、"痴"情可见一斑。"痴"是明知"梦"会被戳破，却偏偏要执着于梦幻中。由此可见，张岱只是借舟子的口，用以表达自己的情感。也可以说，舟子之言也是张岱之言，如此设置，既展现了自己的性情，又写出了自己不被世俗理解的孤独情怀。西湖的败颓之景令人伤感，西湖的繁华与衰败、人间的沧桑与变迁他都一一目睹，一一经历。张岱终将沉浸在自己清冷孤绝的世界里，无须人理解，无须人打扰，他只愿意痴痴地活在自己的世界里。他不愿意媚俗，不愿意接纳，没有奢求，没有期待，唯有哀怨，唯有梦忆。张岱的"痴情"展现出桀骜不驯的灵魂，他既知现实无法改变，只能用自己的悲伤祭奠一去不复返的明王朝。此刻，我们终将理解作者的痴是痴迷于天人合一的山水之乐，痴迷于世俗之外的雅情雅致，痴迷于对故国的深深思念。

　　综上所述，《湖心亭看雪》既写出了淡雅宁静的雪景，又写出了偶遇之金陵人，更写出了淡淡的愁情。景、人、情三者融合在一起，淡淡写来，情致深长。在写景叙事过程中展现了湖心亭看雪的唯美意境，也表达了诗人超然脱俗的情怀，那是一个属于遗民的精神世界，一个孤傲的灵魂，一颗孤芳自赏的悲伤心。

品赏写景之妙语，感受孤独之悲情

▶ 设计意图

　　《湖心亭看雪》是统编版语文教材九年级上册的一篇文章，它选自《陶庵梦忆》卷三。作者以优美、凝练的文笔，叙述了到湖心亭看雪的过程，描绘了一幅幽深辽阔、寂寥旷远的雪景图。

　　这篇短文不足两百字，短小精悍却精妙绝伦，充满了趣味和深意。文章通过写作者在寒冷的冬天外出看雪景，在湖心亭赏雪过程中偶遇知己，从而展现了作者凄清、孤独、寂寞的心境和那一份淡淡的故国之思。在这个偶遇的过程中，作者有遇到知音的喜悦与离别时的感慨惋惜，也有作者不与世俗同流合污、不愿意随波逐流、孤芳自赏、希望远离世俗的情怀，同时也寄托了作者对世事无常、人生渺茫的慨叹。

　　本课拟通过景、人、事、情四个维度品味雪后西湖的美景和作者游湖的雅趣，让我们一起走进作者的精神世界。

▶ **教学过程**

一、作者作品介绍

1. 学生结合注释及查找的资料介绍作者张岱的生平。

2. 教师补充介绍：字宗子，号陶庵，明末清初山阴人。寓居杭州。出身仕宦世家，少为富贵公子，爱繁华，好山水，晓音乐、戏曲，明亡后不仕，入山著书以终。著有《陶庵梦忆》《西湖梦寻》等。

二、初读课文，落实基础

1. 自由朗读课文，结合文下注释初步了解课文内容。

2. 学生互助释疑，教师提问点拨，落实文言文重点字词的理解与积累。

3. 小组汇报，提出尚未解决的疑难问题。

4. 学生逐句翻译课文，教师点拨。

三、细读课文，欣赏雪景

1. 作者张岱眼中的雪景是独特的、与众不同的，那么张岱看到了一幅怎样的雪景呢？让学生在文中找出原句。

赏析句子（教师点拨文言句子翻译）："雾凇沆砀，天与云与山与水，上下一白。湖上影子，惟长堤一痕，湖心亭一点，与余舟一芥，舟中人两三粒而已。"

2. 朗读课文，品味语言，让男同学来读第一句。

环节意图：第一句的雪景有浩大的气势，指导男生要读出浩大的气势来。

师生共评朗读：读出"上下一白"的浩大气势。

3. "天与云与山与水"，让学生思考三个"与"字的内在意味。

投影展示："天云山水"和"天与云与山与水"，让学生在朗读中感受其不同的味道。

环节意图：让学生领悟感知三个"与"字写出天、云、山、水万物融为一体，大地苍茫的意境，浩瀚广阔的景象。

4. 让女生读第一段最后一句"湖上影子，惟长堤一痕，湖心亭一点，与余舟一芥，舟中人两三粒而已"，品读其内在意味。

环节意图：让学生感受雪景中轻柔、渺小的味道。

5. 这一句能不能改成"长堤一条，湖心亭一座，与余舟一艘，舟中人两三个而已"？为什么？

环节意图：引导学生，这样写可以更好地表现景物的渺小。

6. 学习白描的手法：这样寥寥数笔，不加渲染，勾画景物的写法叫作白描。

屏显：白描原是中国画的一种技法，是一种不加色彩或很少用色彩，而只用墨线在白底上勾勒物象的画法。在写作中是一种描写的方法，指抓住事物的特征，以质朴的文字，寥寥几笔就勾勒出事物形象的描写方法。

四、再读课文，解读痴人

1. 学生再读课文，在文中找出一个最恰当的字评价张岱。

2. 让学生读第一段。你能发现张岱有哪些"痴"的表现？请同学们在文中找出句子。

（1）引导学生找出句子："湖中人鸟声俱绝"。

环节意图：引导学生感受情景，天寒地冻，人和鸟的声音都消失了。"绝"字一词多义拓展。课本收录了柳宗元的诗《江雪》，看一看哪个句子和课文的意境相似？"千山鸟飞绝，万径人踪灭。"

（2）引导学生找出句子："独往湖心亭看雪"。真的是一个人去的吗？有没有同行的人？表现出作者怎样的性情？

环节意图：引导学生领悟，舟子只是撑船的随从，不是看雪人，不能说同往看雪。表现出张岱清高孤傲，不愿与舟子为伍，表现了张岱的遗世独立。

（3）"是日更定"。世人游西湖多是春秋或七八月份，而张岱却选择了冬天游湖，选择了晚上，表现他的"痴"。

3. 从以上的句子中，可以看出张岱有什么样的性格？

环节意图：引导学生归纳总结张岱的人物形象，特立独行、清高自赏。

4. 指定学生朗读，读出张岱的"绝"的心情，"独"的心境。

五、品读探究，触摸痴情

1. 古人说："一切景语皆情语。"同学们在此基础上揣摩一下，张岱夜观雪景时是带着孤独的情感的，但在亭中偶遇金陵人，他的情感是怎样的？请同学们齐读课文，找出表现作者情绪的语句。这些语句表现了张岱的什么情绪？

（1）引导学生找到句子："见余大喜曰：'湖中焉得更有此人！'"

环节意图：引导学生感受作者此时的情绪，金陵人大喜，张岱也大喜。张岱满心欢喜，金陵人也满心欢喜。独行中遇到知音，因而满心欢喜。

"余强饮三大白而别。""强饮"表现了作者此时的什么情绪？

环节意图：引导学生领悟，张岱在此情此景下喝酒。"强"字表示张岱不能够喝三大杯却还要尽力饮酒，足以体现他的喜悦之情。酒逢知己千杯少，他们是知音。

（2）偶遇知音，为什么如此喜悦？能不能化解他心中的愁绪？

环节意图：引导学生探寻文章的主旨。

（3）从作者的简介中我们知道，在张岱内心深处，应该还隐藏着一种更深沉的情绪。你能从文中找出这种潜藏的情绪吗？

2. 屏幕展示作者及文本背景资料。

（1）作者写《湖心亭看雪》时，清已入关，但作者仍用明朝的年号"崇祯"，其中有什么深意？

（2）除了喝酒，他们还有什么对话？请一位同学和老师配合，表演这段对话。问的是姓氏，答的却是"金陵人，客此"。为什么？

屏显背景资料：金陵是南京旧称，明朝开国之都。张岱在改朝换代之际，隐姓埋名，遁入山林，潜心著述，在落寞衰败中固守着一份对故国的痴心，世间有几人能懂？

环节意图：引导学生探寻文章的主旨，同样是金陵人，同样是远离家乡来到这里。同是天涯沦落人，相逢何必曾相识。

3. 张岱写这篇文章还展现了什么情感？

环节意图：引导学生由写作背景和作者身份探寻主旨，即故国之思。

4.舟子对作者有怎样的评价？

"莫说相公痴，更有痴似相公者！"

（1）"痴"不是简单的断语，有其深邃的内涵，它是一份痴迷，一份执着，更是一份坚守！作者痴迷于天人合一的山水，痴迷于高雅脱俗的情致，痴迷于昔日繁华的故国。

（2）好一个痴情的张岱！让我们化身为张岱，读出他的痴情，全班同学再一起齐读课文。

六、课堂小结

《湖心亭看雪》虽是写景写人写情，但其绝不似一般明人小品那样仅仅把山水当作盆景般玩赏，把事件当作奇闻分享，而是在写景叙事过程中展现了一个属于"遗民文人"的精神世界。深入其文，我们看到的是张岱桀骜不驯的灵魂。

19　愚公移山

凡人与天神无形的对抗

　　《愚公移山》出自《列子·汤问》，《列子》这部书属于中国先秦时期道家的著作，相传是战国初年的列御寇著。《列子·汤问》虚构了十五个诙诡奇谲的海外奇谈，这些奇谈皆以寓言故事形式出现，又多以问答方式表述，俨然是战国时代的"十万个为什么"，如《两小儿辩日》《夸父逐日》《大禹迷途》等。《愚公移山》是《列子·汤问》中的第二篇。《愚公移山》所体现的思想，带有一定的道家思想色彩。追溯本源，愚公的行为缘由便有迹可循。这则寓言故事，因为最后天神的出场，使其增添了神话色彩。处于不同"阶级"的人与神，无形之间展开了一场对抗赛。

　　一、愚公为什么不搬家？

　　读完《愚公移山》这则寓言故事，大部分读者会产生一个疑问："愚公为什么不搬家？"依今人思维而言，搬家的难度比移山的难度小许多。对于愚公而言，移山面临着多少困难？

　　故事的开篇，便介绍了故事背景。"太行、王屋二山，方七百里，高万仞，本在冀州之南，河阳之北。"这句简洁明了地写明太行、王屋二山准确的地理位置，并用"万仞"注明两山的高大、宽广，开篇衬托了愚公移山之艰难，也暗示了移山的结局。"本"字意味着太行、王屋二山本来在"冀州之南""河阳之北"，但现如今已经不在了。那它们去哪了呢？这为下文故事的展开埋下了伏笔。

接着,愚公出场。"北山愚公者,年且九十",移山的难度不仅在于山的高大,还在于人力的孱弱。"且"字说明愚公接近九十岁,耄耋之年,行走都不太利索,怎么有力气移山？这是愚公移山的两个基本难点。但是这山不得不移,因为"惩山北之塞,出入之迂也",出入不便已经造成了困扰,不仅是为了自己,更是为了子孙后代谋福祉。愚公自身也清楚所面临的难度,于是"聚室而谋"。这就让个人的行为上升为家庭的行为,甚至可以上升为部分地区人们的共同行为。众人的出谋划策,确定了移山方案。在移山时,"率子孙荷担者三夫,叩石垦壤",统编版教材课下注释中,将其解释为"三个能挑担的人"。这与方七百里、高万仞的大山相对比,实在是过于渺小,也显示出人力的匮乏,这是移山所面临的第三个难点。"箕畚运于渤海之尾",移山所使用的工具是"箕畚",即用竹篾、柳条等编织的器具,说明了移山工具的简陋,这是移山所面临的第四个难点。在困难之际,邻人过来帮助一起移山,"孀妻有遗男,始龀","孀妻"即寡妇,说明了这家人的男主人已经去世,留下一个七八岁、刚换牙的孩子。虽然多了一个人力帮助,但对于移山这个艰巨的任务来说,依旧是杯水车薪。挖了山,自然要处置土石,众人按照原计划将土石"投诸渤海之尾,隐土之北",但"寒暑易节,始一反焉",冬夏换季,才往返一次。往返时间之久,说明路途遥远,移山这项工作的进度极慢,这是移山面临的第五个难点。

愚公移山这个行为,虽然得到了众人"杂然相许",但也不乏反对的声音。故事中,愚公的妻子与智叟对此产生了质疑。愚公的妻子与智叟质疑的内容相似,但愚公的妻子属于质疑派,智叟属于反对派,他们代表了愚公移山过程中的两种质疑声音。我们对比两者,可以发现其本质上的不同。愚公的妻子是"献疑",从身份上来看,她是愚公的妻子,是愚公身边最亲近的人,她的质疑是基于关心的一种疑问,担心愚公年老力衰,不能完成这项艰巨的任务。智叟则是"笑而止之",纯属站在局外人的角度看热闹,他不关心愚公是否能够成功,也不在意太行、王屋二山给愚公家造成的不便,更不在乎太行、王屋二山是否会被铲平。智叟的笑带有"嘲笑、讥笑"的意味,直接指出愚公的行为是"不惠"的。因此,移山过程中面对的质疑声,是愚公移山的第六个难点。

既然移山如此之艰难,何不全家一起搬走呢？每一次处置土石,要一年的时间，举家搬迁，花费的时间肯定比移山的时间短。从时代背景看，《列子·汤问》编撰于先秦时期，处于小农经济。在自给自足、以家庭生产为单位的经济基础上，形成了深厚的乡土情结，人们把土地视为安家立业之本，对自己世世代代生存的土地产生眷恋之情。从这一经济背景来看，愚公一家不会轻易搬离原有的环境。在《列子·汤问》中，讲述这则寓言故事前，还有一则故事：吴楚之国有大木焉，其名为櫾，碧树而冬生，实丹而味酸；食其皮汁，已愤厥之疾。齐州珍之，渡淮而北而化为枳焉。鹦鸲不踰济，貉踰汶则死矣；地气然也。虽然，形气异也，性钧已，无相易已。这则寓言故事的意思为吴国、楚国生长着一种高大的树木，名字叫柚。碧绿的树叶冬天常青，朱红色的果实味道酸甜。吃它的果皮和果汁，可以治愈痉挛昏厥。中原一带的人将其视为珍宝，但渡过淮河来到北方种植，它就变成了不可食用的枳实。鹦鸲不能飞过济水，貉渡过汶水就死，是地方水土使它们这样的。虽然事物的形体气质都不相同，但各自的性情对于各自生长的环境都是相适宜的，不能相互交换改变。这就说明，在《列子》的思想中，事物都是选择自己合适的环境而生存，一旦搬离原环境，便失去了事物本身的特性。若违背自然法则，随意迁离，就会变成櫾、鹦鸲和貉，命运的走向脱离了原来的轨道。因此，在道家的哲学里，是不提倡搬家的。对于愚公提出移山这件事，他的家人纷纷表示赞同，这就说明，不搬家得到了大家的一致认同。

二、天神为什么惧怕？

如果说愚公移山一举，是愚公作为人类发挥自己主观能动性的体现，证明渺小的人类面对大自然，依然有将其改造的勇气和决心。那么在课文结尾，操蛇之神听到愚公移山一事时，为什么会惧怕？在中国神话体系中，山神属于最高等级，人类在神面前，只是微小的一个个体，力量悬殊。而操蛇之神惧怕愚公移山，这得从人类对神的崇拜谈起。

在统编版教材中，对"操蛇之神"的翻译是"神话中的山神，手里抓着蛇"。手中握着蛇，是战国时期神怪中常见的一种形象，吴荣曾先生认为，在操蛇之神的形象中，蛇其实是神怪身体的组成部分，蛇作为被克制压抑的象征用以突出神怪的伟大威武。也正由于神怪形象的伟岸英武，才引得人类的崇拜。人类对神怪的敬畏与崇拜，是神存在的根本。虽然愚公残年余力，他的家人及邻人孀妻弱子寿命都有限，但"子子孙孙无穷匮也，而山不加增，何苦而不平？"虽然愚公将会逝去，但他的子孙会继续这一事业，而邻居孩子的加入，也代表着邻居孩子的后人也会继续这一事业。由此可看出，这已经不是愚公及其家庭所面临的事情，而是已经上升到部分地区的集体性行为，移山这项事业已然成为传承性行为。若最终人类凭借自己的力量把两座大山移开，那么山神的威严性便不复存在，人类也会因此不再惧怕山神的力量。这涉及了山神的自身利益和最终命运，愚公移山这件事自然就会引起山神的恐惧。而愚公移山这件事，也就使凡人与天神之间形成了一场对抗赛，故事继续发展，总有一方会失败。

山神不得已，只能告知最高领导者——天帝。"帝感其诚"，"诚"一字是对愚公人定胜天、面对困难毫不退缩、坚持不懈精神的肯定，也是神界对人类的妥协，最终"命夸娥氏二子负二山，一厝朔东，一厝雍南"。面对人类与山神之间的对抗赛，天帝作为两者的裁决者，最终选择了一个对双方都有利的办法——把山搬移，既可以让愚公一家不用苦于大山阻塞，交通不便；又让山神保住了自己的地盘，保住了自己的地位。看似皆大欢喜，但最终还是愚公更胜一筹，愚公最终的目的不是把山铲平，而是让自己与家人出入方便，造福一方人民，也为后代谋福利，他的目的最终达成了。

愚公作为凡人，充分发挥了自己的主观能动性，用自己微小的力量展现了不懈奋斗、勇往直前的精神。在这场无形的对抗赛中，以愚公为代表的凡人获胜。愚公的力量在于对有限和无限、无穷小和无穷大的深刻认知。显然，愚公持长远的、发展的观点，认为山是有限的，而人类一代代传承的力量是无限的，这也形成了千百年来被人称颂的不畏艰难险阻、不达目的不罢休的愚公精神。

假如把《愚公移山》拍成微电影

▶ 设计意图

《愚公移山》出自统编版语文教材八年级上册第六单元的第二篇文章，是一篇带有神话色彩的寓言故事。基于寓言体裁的特点，《愚公移山》蕴含着不惧怕困难、雄心壮志、实干精神、持之以恒的道理。本文刻画了愚公移山过程的艰难，通过"愚公"和"智叟"的对话，展现"愚公"之智与"智叟"之愚，体现其中的讽刺意味。本文反映了中国古代劳动人民改造自然的雄伟气魄，表现了中国古代劳动人民不畏困难、坚持不懈的精神。

本节课借鉴当前网络上较为热门的直播形式，大胆设想，将愚公这一古人形象与现代环境有机结合，以"愚公开设直播间，直播移山"这件事为蓝本，构建课堂环节。

▶ **教学过程**

一、音乐导入，激发学习兴趣

1. 播放《愚公移山》音乐。

2. 同学们，这是以一则寓言故事为主题的音乐，但它缺少画面。今天，就让我们做一回导演，将《愚公移山》这则寓言故事拍成微电影。

二、创设情境，明确文章大意

作为一名合格的导演，拍摄的内容很重要。朗读全文，思考：

1. 这则寓言故事的主要内容是什么？请讲述故事梗概。

预设答案：一位年近九十岁的老愚公，面山而居，他想和家人一起将两座大山挪走，帮助他的人只有家人和邻居家的小孩，但是他依旧坚定不移地想要实施自己的移山计划，最终天帝为之感动并帮助他挪走了两座大山。

2. 各位导演，请设计微电影拍摄的镜头。找出原文相对应的句子，填写镜头脚本。

教师示范：

	场景	内容	人物对话
镜头一	室外	出现太行、王屋两座山，方七百里，高万仞，坐落在冀州之南，河阳之北。	无

镜头一注意字词：方，古代计量面积用语，可译为方圆。

预设答案：

	场景	内容	人物对话
镜头一			
镜头二	家门外	出现一名将近九十岁的老者，眉头紧皱，看着远处的山，在苦恼大山阻碍了自己出行的路。	无
镜头三	愚公家里，室内	愚公召集家人，围在一起商量对策。	愚公："我和你们尽全力铲除险峻的大山，使它一直通向豫州南部，到达汉水南岸，好吗？"众人纷纷表示赞许。愚公妻子担忧："凭你的力量，连魁父这样的小山丘都不能削减，又能把太行山、王屋山怎么样？况且往哪里放置土石呢？"众人："把它扔到渤海边上，隐土北面去。"
镜头四	移山现场	愚公带领子孙中三个能挑担的人，敲石头，挖泥土，用箕畚装土石运到渤海的边上。这时，有一个七八岁的男孩跳出来帮助愚公挖山，冬夏季节更替，才往返一次。	无
镜头五	移山现场	河曲的智叟出场。	智叟笑："你也太不聪明了！凭你老迈的年纪和残余的气力，连山上的一根草木都动不了，还能把土石怎么样呢？"愚公长叹："你思想顽固，顽固到了不可改变的地步，连寡妇小孩都不如。即使我死了，还有儿子在呀。儿子又生孙子，孙子又生儿子；儿子又有儿子，儿子又有孙子；子子孙孙没有穷尽，可是山不会增高，为什么还担心挖不平呢？"智叟哑口无言。
镜头六	神界：天帝宫殿内	山神忧心忡忡地向天帝报告了这件事。天帝被愚公的诚心感动，命令夸娥氏的两个儿子背走了两座山，一座放在朔方东部，一座放在雍州南面。	山神："我害怕愚公这个人类终有一天把我的两座山铲平，请天帝评判。"

镜头二注意字词：且，将近；惩，苦于；塞，阻塞；迂，曲折、绕远。

镜头三注意字词：谋，谋划、商量；险，险峻的大山；许，赞同；如……何，把……怎么样；置，放置、安放。

镜头四注意字词：荷，肩负、扛；叩，敲、打；孀妻，寡妇；始龀，刚换牙，指七八岁；反同"返"，往返。

镜头五注意字词：惠，同"慧"，聪明；毛，指草木；长息，长叹；彻，指改变；不若，不如、比不上；穷匮，穷尽；亡以应，没有话来回答。

镜头六注意字词：感其诚，被他的诚心感动；厝，放置、安放。

三、精读品析，明确人物形象

过渡句：镜头脚本已写好，在拍摄现场，演员有一些疑问，作为一名导演，请你为他们解答。

1. 愚公的"诚"体现在哪里？愚公移山的困难有哪些？找出原文相应的句子。

预设答案：①"方七百里，高万仞"，说明山高大、宽广，移山难度大。②"北山愚公者，年且九十"，说明愚公自身已年老力衰。③"遂率子孙荷担者三夫，叩石垦壤"，说明可利用的人力资源较少。④"箕畚运于渤海之尾"，说明工具简陋。⑤"寒暑易节，始一反焉"，说明路途遥远。

2. 妻子与智叟都在质疑愚公，他们所表现出来的态度情感是一样的吗？

预设答案：作为妻子，更多的是疑问关怀，由"君"字可看出；而智叟更多的是看热闹不嫌事儿大，面对愚公移山的行为，更多的是嘲讽和轻蔑。

3. 请导演们示范表演妻子和智叟与愚公的对话，展现两者对话中的不同情感态度。

4. 面对智叟的嘲笑，愚公是怎么反驳的？两者的观点有什么不一样？

预设答案：愚公长叹，说："虽我之死，有子存焉。子又生孙，孙又生子；子又有子，子又有孙；子子孙孙无穷匮也，而山不加增，何苦而不平？"

两者观点的不同：看问题的角度——愚公认为人无穷匮，但山不加增；智叟认为愚公残年余力，在太行、王屋二山面前太渺小。移山的动机——智叟认为愚公移山是为了自己享受，而愚公是为了子孙后代甚至父老乡亲出入不迁。人的力量的认同——愚公看到一个人的力量是有限的，但群体的力量是生生不息的，智叟只看到了愚公的残年余力。

5. 作为一名山神，为什么要惧怕愚公？

预设答案："惧其不已也"，也就是说，山神害怕愚公及其后代会一直不停地把山铲平，如果人类把山铲平，那么他就失去了作为山神的尊严，也就失去了他作为山神的供奉之地。

四、揣摩心理，领悟愚公精神

1. 在拍摄现场，随时需要导演为演员讲解角色特点。请各位导演相互讨论，揣摩人物心理，把各个角色的心理活动说出来。

预设答案：

人物	心理活动
愚公的妻子	夫君这么大年纪了，能不能把这两座这么高大的山移开呢？他的身体允许他这么辛苦操劳吗？他的力气够大吗？敲下来的土石又该放到哪里去呢？家门口也不大，堆满家门口也不方便。如果夫君的愿望不能实现，那又该怎么办？
智叟	愚公你这么大年纪了，不好好待在家里，跑出来移山干什么？这是多么荒唐的一件事！你这是异想天开。来回放置土石一趟就花费一年的时间，你年纪这么大了，能跑几趟呢？万一你的寿命已尽，移山这件事就搁置了，你真的是太愚蠢了。
愚公	移山不只是为了我一个人的方便，更是为了我的家人、我的邻居们，还有我的后人们的幸福。把山移走，那我们世代就不用苦于交通、行走不便，出门不用绕远路。即使我不在了，还有我的子子孙孙，他们的力量是无穷无尽的。山是有限的，人力是无限的，总有一天会成功把山铲平。我更想为我的后代子孙做点有意义的事情啊。
山神	愚公一直坚持不懈地搬运山石，不只他，还有他的家人、邻居，越来越多的凡人加入了移山计划。天啊！怎么办？如果让他们把山挖掘完，那我岂不是没了立身之所？那我这个山神就不会受人们的崇拜，失去威严了。我不能让愚公这么干下去，我得去报告天帝。

2. 电影的最后，需要你为主人公愚公作一个评价，你怎么评价愚公？

预设答案：愚公代表了一种不惧怕困难、有雄心壮志、有实干精神、持之以恒的精神。

五、总　结

电影的完成，得益于各位导演们的认真、细心。《愚公移山》作为一则寓言故事，自然是想告诉我们一定的道理。愚公精神告诉我们，面对移山这样的看似不可能完成的事情，除了坚持不懈的努力，更要保持不急不躁、不紧不慢的心态，一点一点地去做，也许，大和小之间力量的对比，就会慢慢改变。

20　骆驼祥子

"无根之树"的毁灭

《骆驼祥子》不只是老舍本人的代表作，也是中国现代文学史上特别优秀的一部现实主义作品。最初，笔者在读《骆驼祥子》时，常因为祥子的遭遇而"哀其不幸，怒其不争"，为他的堕落沉沦而感慨。

但学生对《骆驼祥子》的兴趣并不是很浓厚，不仅因为作品年代久远，而且故事本身也相对不够精彩：一个三轮车夫祥子想尽办法买一辆属于自己的车，经历了"三起三落"后，他失败了，堕落了。在阅读过程中，学生会产生很多疑问，例如：祥子为什么一定要拉车？他不能去做其他的营生吗？在存钱买车的过程中，他为什么不把钱放在更稳定的银行？面对自己完全不爱的虎妞逼婚，他为什么要懦弱痛苦地接受，而不离开？为什么小福子死了后，他就完全堕落了，之前却不去拯救她？

学生对经典作品存在这么多的疑问，笔者认为，一方面是缺乏同时代的情感共鸣，另一方面是学生在思考作品的主题时并未有透彻的领悟。其实，个人奋斗的成功与失败，与其所处的时代是紧密结合在一起的。

于是，笔者决定再细读文本，并希望通过更形象可感的祥子的变化，来带领学生分析作品主题。毕竟对于小说而言，只有理解了作品主题，才谈得上真正理解了整部作品。在这个过程中，祥子的变化，可以说是从人到"兽"的变化，更可以理解为社会环境的残酷，如何把"树"一样充满生机的祥子连根拔起、彻底摧毁的一个过程。

一、生机勃勃的树

故事一开始就介绍祥子"生长在乡间，失去了父母与几亩薄田，十八岁的时候便跑到城里来"。寥寥几笔，就交代了祥子的身世和身份。祥子本是一个朴实的农民，因为失去了田地，为了活命，所以只能去往城市，成了一个城市的"无根者"。

紧接着，作者又精细地描绘了祥子的外貌"铁扇面似的胸""直硬的背"，宽宽的肩膀威严有力，大大的脚跑得飞快又稳当，"他确乎有点像一棵树，坚壮，沉默，而又有生气"。我们看到，作者着力为我们描述了一棵生机勃勃的"树"的形象。祥子生长于农村，有着农民最美好的品德：老实健壮、善良淳朴，能吃苦耐劳，有着美好的理想。即便因为失去了田地，去往城市讨生活，他仍然有着农民最朴实的愿望，希望自己能像树一样深深地扎根于地下，在这个城市立足，让自己活得更好。他不油滑讨巧，只想着凭自己的力气，一步一个脚印，赚得真正属于自己的一辆车。

祥子省吃俭用，不吸烟，不喝酒，不赌钱，终于经过了三年时间，他买了属于自己的第一辆车。祥子特别高兴，把买车的日子定为自己的生日，从此他的生活也越过越起劲。他怀着对未来美好的希望，想在这个城市真正扎根。可是，残酷的社会现实狠狠地给了他一击，为贪图两元钱的车费，他拉车去清华园，却被大兵连人带车一起带走了。

为什么第一辆车会被拉走？笔者以为，有个人的因素。他未必一定是贪图两元钱的车费，更重要的是顾客对他的赞美。文中说道："'大个子'三个字把祥子招笑了，这是一种赞美。他心中打开了转儿：凭这样的赞美，似乎也应当捧那身矮胆大的光头一场。"我们能看到，这是一个生活在农村、孤独自卑的人，急欲融入城市这个社会中，希望得到别人的肯定和赞美的心理愿望。作为一个社会的底层人物，他只能通过拉车来养活自己，让自己更快、更稳地在城市立足，但从心底里说，他的性格要强，没有不良嗜好，为人木讷，不善言谈，一个农民最朴实的性格，能让他脚踏实地迅速赚得了理想中的第一辆车，但这样的性格，却与残酷丑陋的城市环境格格不入。于是，面对别人的关注和赞美，他立马就有了动力，也愿意接这个拉车的活儿。然而，正是这样的一次侥幸心理，让他失去了最爱的第一辆车。当然，作者一直未忽略对社会环境的描绘，当时到处都有战争的消息传来，西苑来了兵，长辛店打上了仗，但祥子的身份与见识决定了他对现实缺乏准确的判断，如无根飘摇的蓬草，无法自己主宰时代，更无法决定自己悲剧命运的走向。

二、风雨打击下的树

与其说，祥子的悲剧是一个理想破灭的小市民的悲剧，笔者更倾向于理解为这是一位农民妄图融入城市，思想观念却与城市格格不入、情感寄托错位的悲剧。祥子虽然来到城市打拼，但骨子里仍是彻底的农民，他想在城市扎根立足，如一棵树一般茂盛生长，买一辆车，再买一辆车，但残酷黑暗的现实给了他深刻的打击。而在面对生活中突发的事件时，祥子对问题的认识仍展现出狭隘的、落后的小农意识。

例如，笔者发现，在祥子第一次丢车后，他发出了"凭什么"的呐喊，他恨那些兵，恨世上的一切。在祥子被孙侦探敲诈了所有的积蓄后，他哭着叫道："我招谁惹谁了？"通过两次灾难下祥子的呐喊，我们能感受到祥子绝望痛苦的心情，但也能看到祥子只想通过个人的努力，一点点地赚钱，实现自己买车的梦想。然而这样狭隘的个人主义，注定是无法了结灾难的根源，也无法真正实现自己的梦想的。尤其是看到孙侦探对祥子的敲诈这一情节时，笔者更深地感受到祥子的老实和木讷、软弱和无知。对于孙侦探，以祥子的力气，如果他要反抗到底，孙侦探绝对无法得逞，也不至于促成之后祥子和虎妞的悲剧婚姻。但是，像祥子这般老实本分的农民，向来是畏惧所谓的"兵"与"官"的，所以，被孙侦探这样的恶狼咬住了后，便是完全的软弱，毫不抵抗，甚至一点点的转弯也不会，老老实实地把所有的积蓄全部交给了孙侦探，真是让人"怒其不争"啊！

如果说孙侦探是给予祥子命运深深一击的人，是促使他由人到"兽"转化的关键人物，那另一个关键人物虎妞就不得不提了。祥子在城市里打拼，如此要强，希望实现自己买车的梦想，也希望以后能规规矩矩地找一个合他心意的农村女子，同他一样，清清白白，年轻力壮，能吃苦，能劳作，这就是祥子对未来最美好的畅想。但是，在虎妞的诱惑下，祥子未来的婚姻梦也被彻底打碎。祥子觉得，他"没有办法，仿佛是碰上蛛网上的一个小虫，想挣扎已来不及了"。所以，在虎妞骗祥子已怀了孩子，威胁祥子和她结婚的时候，祥子的痛苦不仅通过心理描写细腻地展现出来，还着力写了祥子在乡间保持的一个习惯——蹲下身子。这似乎是祥子急欲摆脱虎妞、自我保护的一个防御动作，源自他曾经在乡下的习惯，脚踩黄土，弓着身体，如一棵树一般，希望土地能给予他最大的安全感。但现实是残酷的，除了祥子自己，没有人能救他。

可以说，这段不幸的婚姻加剧了祥子的悲剧命运。祥子从心底里不喜欢虎妞，的确，虎妞在祥子眼里，不仅老而丑，行为不端，她对祥子极强的近乎变态的掌控欲也让祥子痛苦。同时，从本质上说，虎妞和她的父亲刘四爷一样，都是属于这个城市的剥削者。不仅如此，他们还深深地以这样的身份为傲。所以，虎妞对祥子的要求，也是希望他和刘四爷一样，通过剥削别人来养活自己。可这样的要求，对于祥子来说，却是加诸在与虎妞婚姻上的另一层痛苦——不被理解，妄图掌控他的生活和未来的痛苦。祥子本可以挣脱这样的悲剧命运，但在痛苦地思考后，他却选择了不思不想，听之任之，麻木地去接受虎妞对他的情感"绑架"。为什么明明不喜欢虎妞，面对自己的婚姻却不去抗争？笔者以为，仍然是祥子根深蒂固的小农思想在作祟。他十八岁离开农村，身无分文地来到北平城打拼，想法简单而执拗，就是希望在这个城市扎根，实现自己的城市梦，希望由之前失去农田的"无产者"变为城市的"有产者"。所以，对这个城市的依恋及他的梦想深深地"圈禁"住了他。祥子最终选择了痛苦地接受命运的安排，正如他心里所想的："没了自己，只在她的牙中挣扎着，像被猫叼住的一个小鼠。"

三、被彻底毁灭的树

虽然祥子与虎妞的婚姻谈不上幸福，但虎妞毕竟给了祥子一个家，也给了他对未来孩子的期盼。然而，这样微小的愿望，随着虎妞的难产而死，又一切化为泡影。一个个梦想，即便如此微弱，却都无法点亮这个冰冷的世界，给人们带来一点点的温暖，梦想最终只能毁灭，让梦想与个人一起毁灭。正如巴金曾说过："死了的星球是不会发出热力的。"因而，人们只能在这样的沉默中灭亡，或在沉默中呐喊。

之于鲁迅先生而言，他是后者；之于祥子而言，他是前者。

看似故事中的祥子最终堕落为行尸走肉，是因为小福子的自杀，让他所有的希望都破灭了，再也没有了活下去的意义。然而，真是如此吗？既然小福子之于祥子有那么重要，那当小福子提出想和祥子在一起，希望和祥子同甘共苦、去面对未来时，祥子为何会退缩？笔者以为，祥子的懦弱在此也可见一斑。当他看到小福子背后沉重的负担时，他退却了。之后，他被夏太太引诱，对自己的身体也不再那么爱惜，对自己的未来也没有目标，抽烟、耍坏、犯懒的他逐渐堕落。

一个人对价值的认定和对幸福的追求，如果完全寄托在别人身上，总有烟消云散的一天。当时的祥子，真的就到了穷途末路吗？未必。曹先生答应祥子让他继续住在曹宅，可以继续拉包月。之于他而言，作为人而存在，是可以继续坚守自己的本心的，但他选择了堕落，成了个人主义的末路鬼。究其原因，笔者认为是祥子的个人主义思想决定的。他的世界太小，只有一辆车，一个家。对于勤苦的劳动人民而言，这样的个人奋斗，哪怕再拼搏、再要强，在那个吃人的黑暗社会，在那个风雨飘摇的战乱年代都是不会有出路的。车夫老马的悲惨命运不就是最好的见证吗？

在革命的大风暴下，在残酷冰冷的现实中，一棵孤零零的"树"是没有力量去抗击风浪、去紧紧地扎根于地底的。所以，个人主义的祥子或"祥子们"只可能被连根拔起，被时代的洪流冲垮。正如老舍先生在故事结尾所说的："不知道何时何地会埋起他自己来，埋起这堕落的，自私的，不幸的，社会病胎里的产儿，个人主义的末路鬼！"

性格决定命运，时代成就你我。一方面，笔者感叹于恶魔般的社会环境残酷地、一点一点地剥掉了祥子的美德，将他的性格扭曲变形，直到把一棵"生机勃勃的树"一样的祥子彻底摧毁，无情地抛到城市流氓无产者的行列中去，个体的消亡与人性的毁灭让人感伤。但另一方面，笔者更感伤于贫困而无知、短视而狭隘、麻木而愚蠢的底层劳动者们，他们因缺乏对当时社会的认知，毫不挣扎、毫不反抗、毫不觉醒的悲剧。面对重重的打击和盘剥，只能如"阿Q"般进行自我精神安慰，苟且地活着，直至生命无意义、无价值地消亡。那么，宁愿清醒而痛苦地去抗争，去唤醒更多的灵魂，也许就能以星星之火，形成燎原之势，唤醒一个民族的觉醒，最终成就后人的幸福。

祥子的爱情悲剧谁之过？

▶ 设计意图

祥子的情感历程起伏坎坷。可以说，祥子的悲剧命运和其情感错位、渴而不得是紧密相连的，而祥子的情感悲剧在很大程度上也就决定了他的命运走势。因此，从这个点切入，能够由点及面，在整本书的情节联系中，引导学生深入挖掘祥子悲剧的根本原因。

《简·爱》作为经典名著，学生耳熟能详。同样是身份低微，同样是深陷艰难，同样面对着爱情，但是追寻爱情的结果却大相径庭。

本节课拟以祥子与简·爱的爱情历程异同点为切入点，引导学生在比较中读懂祥子，读懂祥子的爱情，读懂祥子的人生悲剧，进而对人生选择有更理性的思考。

▶ 教学过程

一、情境导入

爱情是人类永恒的主题，它像春雨过后的翠绿嫩芽，像夏荷露水般的晶莹剔透，像秋叶落下更护花的丝丝关怀，像冬雪覆盖下暖暖的情意绵绵。从古至今，多少轰轰烈烈的爱情留在了人们心中，不管是梁祝化蝶的传说，还是木石前盟的约定，抑或是"在天愿作比翼鸟，在地愿为连理枝"的誓言，都让我们感叹于爱情的巨大魅力。在很大程度上，我们对待爱情的态度，会影响我们的一生。之于祥子，亦是如此。以往，对祥子悲剧的分析，我们多站在"三起三落"、买车丢车的角度来分析，今天，让我们关注祥子的情感经历，看看他的爱情悲剧，到底是谁之过。

二、整体感知祥子的爱情理想与现实

快速阅读小说第四章、第十一章、第二十一章，完成祥子的情感线索图表题。

人物	祥子理想中的妻子	虎妞	小福子	夏太太
外貌				
能力				
性格				
祥子对其感受				

寻找书中的关键信息，在比较阅读中概括人物的外貌、性格、能力及祥子对他生命中几个女人的感受。了解到：祥子极度讨厌虎妞，却最终和虎妞结婚；祥子喜爱小福子，却没有把小福子一起带走；祥子从心底里害怕夏太太，却被夏太太引诱，并得了淋病。

三、讨论交流

为什么祥子在爱情和婚姻的选择中，永远无法遵从自己的内心？为什么每一次的选择都再次加深了他的悲剧？

提问：重点研读小说第九章、第二十章，圈点勾画两章中人物的语言、神态、动作描写，分析祥子爱情悲剧的原因。

学生朗读，角色扮演。

例如：虎妞来曹宅找祥子，祥子连说了三次"别嚷"，说了一次"别嚷行不行"，我们能看到祥子害怕虎妞的泼辣。他谨小慎微，深怕泄露了风声，落下一个坏名声，让别人认为他是一个"偷娘们的人""玩弄女人的人"。同时，他面对虎妞的逼迫，不敢表达自己的真实感受，一个"蹲"、一个"躲"，能看到祥子的懦弱和胆怯。他害怕虎妞嚷嚷，让别人以为自己是一个拈花惹草不负责任的男人。正是因为害怕世人对他的负面评价，他失去了处理情感事件的智慧和魄力，只能步步退让。所以，爱面子、要名声的祥子，最终被虎妞哄骗逼迫，答应结婚。值得注意的是，祥子在被虎妞逼婚后感到无限的苦闷，通过喝四两老白干这一情节淋漓尽致地表现出来。而在第二十章，虎妞难产而死后，祥子的痛苦和无奈则是通过狠狠地吸了一包"黄狮子"烟表现出来。通过这样的细节能看到，曾经要强朴实的祥子，在一次次的痛苦中逐渐放纵和堕落，最终成了行尸走肉。

　　而在面对小福子的渴求时，祥子虽然认为她是自己理想的另一半，却付不起养她两个弟弟和一个醉爸爸的责任。他刚刚从一场婚姻中脱离，获得所谓的"自由"，可是，正如老舍先生所说的："在没有公道的世界里，穷人仗着狠心维持个人的自由，那很小很小的一点自由。"是啊，喜爱又如何？"爱与不爱，穷人得在金钱上决定，'情种'只生在大富之家。"对于小福子而言，祥子是她摆脱悲苦现状的唯一出路；可对于祥子而言，当时的他承担不起小福子整个家庭的拖累，尤其还有一个好吃懒做、麻木不仁的二强子。或者说，经历了与虎妞的这场婚姻，手头上只剩下三十多元钱的他，面对一个"无底洞"般的小福子，他没有破釜沉舟的勇气去选择与小福子在一起。所以，祥子又一次失去了获得幸福的可能。

四、比较阅读

　　对照阅读《简·爱》第二十三章，试着圈点勾画简·爱与罗切斯特相处的细节描写。

　　提问：在追寻爱情的过程中，为什么祥子总是情感错位，一步步酿成悲剧，而简·爱却最终获得了幸福？祥子和简·爱在困苦中的不同结局给了你什么启示？

　　分析与人物相关的语言描写、动作描写、神态描写等，进行小组交流，并形成观点。

　　例如：从自身性格来说——

　　简·爱虽然出身贫寒，身份地位不高（家庭教师），但她自尊自爱，不卑不亢，正像她所说的："你以为因为我穷、低微、不美、矮小，我就没有灵魂，没有心了吗？——你想错了！——我跟你一样有灵魂，——也一样有一颗心！"我们能看到，这一位自立自强、重视自我感受、重视灵魂交流的女性。她在情感中未曾迷失自我，一方面她追求精神上的自由与平等，另一方面她也有着顽强的生命力，绝不向命运低头。她爱罗切斯特，但绝不以牺牲自我、人格受到侮辱作为代价。也恰恰是因为她的正直、纯洁、心灵没有受到世俗社会的污染，所以罗切斯特把她看作一个可以和自己在精神上平等交谈的人，并深深地爱上了她。在爱情的选择和相处中，简·爱爱得纯粹，但出于重视道德的评价和世人认可的法律，所以，即便是爱着罗切斯特，她仍然要坚持自己作为个人的尊严。而祥子不同，他的内心其实极度自卑，心理脆弱，车被抢，钱被讹，人被骗，一件件坏事给了祥子极大的精神打击，导致他对问题的看法越来越灰暗消极，正如他所说："洋车夫的命就如同一条狗，必定要挨打受气。这样的一条命，要它干吗呢？豁上就豁上吧！"

人的尊严，是自己给自己的。自尊自爱，才有人真正地爱你，正如简·爱。而一味消极地看待问题，完全认命，不把自己当人看，最后就真不是人了，正如祥子。

当然，老舍先生在作品中，以全知的视角来进行叙事，将祥子和祥子们的悲剧更深刻地进行了剖析，将悲剧的根源直指冷酷黑暗的旧社会，将军阀混战下底层百姓的悲惨生活暴露无遗。但是，每个时代都有每个时代的问题。简·爱的形象不也颠覆了当时社会生活中女性婚姻以追求财富地位为目的的价值观念，不也颠覆了女性仅仅作为男权社会附庸的固有观念吗？

因而，我们能发现：爱情是人生重要的课题，但它的成功与失败，在很大程度上是取决于个体的成熟度和精神世界自我的构建的。对于我们每个人来说，人的一生都会遇到无数的磨难。这些苦难的存在，可以看作我们人生路上的垫脚石而不是拦路石。命运掌握在自己的手中，愿你我都能发出"我命由我不由天"的呐喊，坚定内心，扩大视野，挑战困难，勇于面对自己的人生，去感受生命的价值，才能真正活出生命的意义。

五、拓展延伸

仔细阅读小说结尾，进行想象写作：如果小福子没死，试创作祥子人生的另一种可能。

21　简·爱

简与繁，爱与恨

《易经》云："一阴一阳之谓道。"读《简·爱》发现文中满篇阴阳要义——阴阳相对，亦相承。

《简·爱》是一篇故事情节非常吸引人的外国小说，很多读者把它当成一本"灰姑娘"的逆袭史来读。笔者在想，除了读出"灰姑娘"的逆袭外，是不是还应该有点别的呢？比如：为什么以主人公简·爱来命名小说？简·爱的名字除了来自她父母外，是否有别的用意？小说的内容只是简单的爱情故事吗？似乎并非如此。于是，笔者陷入了深深的思索……

一、简与繁

简：故事情节简单，人物背景复杂。故事背景相对于初中阶段的推荐篇目来说，《简·爱》是一部故事情节相对简单而有趣的小说。小说讲述的是简·爱这个小姑娘从童年到成年的成长史。文章涉及的人物不多，人际关系图也不复杂。

繁：但是，其人物背景就不一样了。例如：文中的里德太太，在简·爱的眼里或者在读者的眼里，都觉得她是一个恶劣凶残的坏舅妈形象。可是，小伙伴们，大家是否想过，假如您是文中的里德太太，您是她这样的处境：一个三十岁左右的寡妇，带着自己的三个小孩，还要帮忙带一个自己非常不情愿带的，是丈夫临终前未经她同意强加给她的托付，还要管一大家子的事务，您的脾气会好吗？您会不会经常发脾气？作为一个寡妇，自己的情绪又能找谁安抚呢？文中似乎并没有太多的文字写到里德太太辛酸的生活，这或许是与文章中心关系不大，也或许会不会是作者故意隐藏的，留给我们的思考？这是笔者的思考之一。

又如：简·爱的背景。您又是否去了解到简·爱的背景呢？简·爱的父母是在什么情况下结婚的？简·爱的妈妈出生在一个贵族家庭，简·爱的父亲是一个一穷二白的牧师，在结婚时，简·爱妈妈家里是极力反对的。也许您会说这是世俗、市侩，试想，假如简·爱的妈妈是您的家人、是您的女儿，您会同意吗？毕竟生活需要爱情，更需要面包。在当时的社会，一个女人要自己去争取面包是一件很难的事，笔者坚信没有面包的爱情是海市蜃楼，是不切实际的。这是笔者的思考之二。

再如：罗切斯特真的是个渣男吗？您又是否站在他的角度考虑呢？笔者觉得读书，一定要边读边思辨。假如文中的角色是自己，您会怎么做？这也许算是读书的一点反思吧？罗切斯特渣在哪儿？有没有好的一面？细想，也还是有的吧？例如：他对他的疯妻子始终是没有抛弃的。哪怕疯妻子伤害了他，他也并没有反抗。文中还说到简·爱的学生阿黛尔，罗切斯特为阿黛尔请家庭教师，为她提供好的生活环境。以上的林林总总，算不算得上罗切斯特在为自己曾经的行为负责、买单呢？如果这么看，罗切斯特是不是不再那么渣了？这是笔者的思考之三。

二、爱与恨

爱：在《简·爱》中，简·爱爱罗切斯特，罗切斯特爱简·爱，这看似美好的爱情中间却有一条深深的鸿沟，那就是恨。

恨：当简·爱喜欢罗切斯特，罗切斯特对她冷漠时，简·爱是恨的。在作品第十六章中，作者这样写道："我站在自己的法庭上受审……你是罗切斯特先生喜欢的人吗？你有什么天生的本领能讨他喜欢？你又有哪一点可以受到他的看重？去你的吧！你愚蠢得让我恶心……"从这段简·爱对自己的内心独白中，我看到的是简·爱对自己的不满，甚至还有一点点的恨，恨自己长相平庸，恨自己没有才能，恨自己不能有分身术……这些想法都很符合青春期少女的心。这是笔者的思考之四。

爱：海伦对人是怀着爱的。海伦面对不公时，她是包容、接纳的。例如：

一次宿舍检查，宿管检查抽屉，海伦的东西很乱，被宿管一顿痛骂，还要海伦第二天把那六件折得不够整齐的东西别在肩上。"我的东西的确乱得丢人"，海伦喃喃地悄声说："我原本想整理一下的，可是给忘了。"这个场景像不像我们现在的孩子，或者生活中的我们？可是，如果自己的东西乱，有多少人会主动承认？

恨：早期的简·爱对人常常是怀着恨的，而对于海伦的东西很乱而遭罚的事，简·爱的态度就不一样了。"我跑到海伦跟前，把那纸板一把扯下来，扔进了火里，整整一天，她没能发出的怒火一直在我心中燃烧……"这看似是对海伦的爱，其实也是对海伦的恨。试想，在我们的生活中，是不是很多这样的人呢？我们在处理事情的时候是不是也会失去理智而满怀愤怒呢？这是笔者的思考之五。

再如，简·爱对里德舅妈说的那番话："我里德舅舅就在天上，不管你想什么做什么，他全能看见。我爸我妈他们也看得见。他们知道你怎么把我关着，还巴不得我死掉。"我们有时是不是一愤怒起来就容易失去理智，说一大堆伤人的话语。这是笔者的思考之六。

三、卑微与高贵

简·爱出身卑微，父母去世后寄人篱下，在书中开篇就有交代。例如：当她和约翰·里德发生矛盾冲突时，约翰·里德是这样说的："你没资格动我们家的书。我妈说了，你是个靠别人养活的人。你没钱，你爸一分钱也没给你留下。你该去讨饭，不该在这儿跟我们这种上等人的孩子一起过活，跟我们吃一样的饭菜，穿我妈花钱买来的衣服……"从这段话语中，不难看出简·爱的处境之卑微。可是，你再往下看。

在简·爱将要和罗切斯特举办婚礼前的一段对话："对于一个既不能给丈夫带来财富、美貌，又不能带来亲友关系的女人来说，这样的方巾是不是已经够好了？我能清楚地想到你会有怎样的神情，而且听到你那激烈的共和国主义者式的回答，你会高傲地说，你无须靠一个富豪的钱袋或者贵族小冠冕来增加你的财富或者提高你的地位。"看，这看似贫穷的简·爱在骨子里并不因为自己贫穷而自卑，反而大大方方地追求自己的爱情。这就是骨子里的高贵。这是笔者的思考之七。

她甚至还对罗切斯特说："你以为因为我穷、低微、不美、矮小，我就没有灵魂，没有心了吗？——你想错了！——我跟你一样有灵魂，——也一样有一颗心！要是上帝赐给了我一点美貌和大量财富，我也会让你感到难以离开我，就像我现在难以离开你一样。我现在不是凭着习俗、常规，甚至也不是凭着肉体凡胎跟你说话，而是我的心灵在跟你的心灵说话。"相信许多人看到这句话的时候，内心会为之震撼。一个看似平凡、卑微的小女子也有骨子里的高贵，这些不正是给平凡的我们的底气和力量吗？这是笔者的思考之八。

四、贫穷与富贵

在小说中简·爱物质是贫穷的，但她爱读书、善良，所以她遇见了海伦、谭波儿这样优秀善良的人。而罗切斯特出身在贵族家庭，出入各种名流贵族的活动，但真正能和他交心的人却一个都没有，他看似坚强的表面，内心却是无比的空虚寂寞。小说中的各种情节是不是也在告诉我们物质的贫穷不是真的穷，精神的贫瘠才是真正意义上的穷人呢？这是笔者的思考之九。

五、矮小与高大

在出场中，作者是这么描述简·爱的，阿博特回答道："要是她是个漂亮可爱的孩子，那她的孤苦伶仃也能让人同情，可她偏偏是这么一个鬼丫头，实在没法让人喜欢。"从这段描写不难看出，简·爱的长相平庸，甚至就是一个典型的"丑小鸭"。可是，这"丑小鸭"到小说的最后不是变成了"白天鹅"了吗？她摒弃世俗的观念，大胆地追求自己的爱情，这些行为举止都让我们霎时感到她的高大。

六、好舅妈与坏舅妈

小说里的舅妈给人一种坏舅妈的形象，但换位思考，如果您是里德太太的角色，当听到自己抚养了这么久的孩子冲着自己说"恨你"的时候，你是什么感觉？你们觉得舅妈仅仅是因为自己与简·爱没有血缘关系，才不喜欢简·爱的吗？可是她养育了她从婴儿到十岁呢。这个舅妈在临终前又是怎么忏悔的？她是不是善良的、委屈的？林林总总，您有反思过吗？它像不像一部《易经》中的阴阳相对？

…………

看完笔者的解读后，您还觉得这是一部爱情小说或者是"灰姑娘"的逆袭史吗？非也！在小说中还有很多很多的意义值得我们去探究。

透过《简·爱》看见爱

▶ 设计意图

《简·爱》这部名著，情节相对比较简单，学生容易对人物产生绝对性的评价，认为一个人要么是好人，要么是坏人，甚至会把这种偏见带到我们的生活中。其实这种看法是绝对的，读经典名著其中的用意之一就是透过名著关注生活，观照自己，也希望学生明白世界上没有绝对的对错，只是站的角度不同而已。而且，世界上也不是只有对与错，有时候可能是彼此都有错，有时候还可能是谁都没错，当生活中出现了这些现象，我们该如何做？这才是我们学习名著的目的——透过名著来感悟生活。

▶ 教学过程

第一环节：理情节，明人物

问题设置：

1. 本文讲述的故事内容是什么？

一个普通女孩——简·爱的成长史。

2. 小说中简·爱生活的重要的五个地方分别是哪里？

盖茨海德—洛伍德女子学校—桑菲尔德—沼泽山庄—芬丁庄园。

3. 围绕这五个生活环境，发生了哪些故事呢？

盖茨海德：红房子事件是导致简·爱离开盖茨海德的重要原因。

洛伍德女子学校：在洛伍德，简·爱很幸运遇到了海伦和谭波儿小姐。在这里，海伦教给简·爱许多道理。如文中有这么一段，当简·爱说她不喜欢斯凯德小姐时："我会讨厌她，对她反抗。她要是拿那个鞭子打，我就从她手里夺过来，当着她的面把它折断。"海伦是这么开导她的："你也许不会那么做，可要是你真的那么做了，勃洛克赫斯特先生准会把你从学校开除出去，那么会让你的亲戚非常痛心。宁可忍受一点除自己之外谁都感受不到的痛楚，总比冒失行事，让所有和你有关的人都受牵连好得多。再说，《圣经》也要我们以德报怨。"这些都是简·爱在人生路上遇到的贵人，也为她人生观的变化奠定了基础。

在桑菲尔德度过的时光是简·爱人生的重要时期，在这里她遇见了罗切斯特，并产生了爱情，人生也开始走上巅峰。看似美好的事情，让人尽是欢喜，也为她的命运走向另一个极端作了铺垫。

在沼泽山庄度过的时光是简·爱陷入泥潭的时期，她努力地挣扎着，也是她学会思考和走上成熟的关键期。

芬丁庄园是简·爱在追寻路上开花结果、收获爱情、过上幸福美满生活的标志。

4.说说文中出现了哪些人物？厘清人物关系，理出主要人物。

文中的主要人物有：简·爱、罗切斯特、里德太太、海伦、谭波儿小姐……

第二环节：品人物，思人心

讨论一：是不幸的简·爱还是幸运的简·爱？

不幸的简·爱：在文中，作者似乎极力地在塑造一个不幸的简·爱的形象，如身世、生活、感情等方面的不幸。但细想，简·爱所遭遇的这些不幸，除了客观原因外，有没有主观的原因呢？文中似乎没有花很多的笔墨在写简·爱的不讨人喜欢之处。但仔细寻找，总是能发现一些痕迹的。如：在简·爱与约翰表弟吵架后，贝茜和另外一个仆人把她绑起来的时候，对她说："你也应该学得乖一些，多讨他们喜欢，那样也许你还能在这个家里待下去。要是你再粗暴无礼，使性子，我敢说，太太准会把你撵出去的。"从这段简短的话语中，我们除了看到里德太太对简·爱的惩罚外，是不是也有简·爱性格的粗暴无礼，使性子？设想，假如你家里有这样一位成员，你会喜欢吗？性格的倔强无礼等会不会是生活不幸的其中一个原因呢？

再往下看：生活有痛苦也有美好。简·爱对苛刻的人情，尤其是对勃洛克赫斯特先生和舅妈里德太太曾经表示过憎恨，可是，海伦说："对待憎恨的最好方法不是暴力，治愈创伤的最好方式也不是复仇。要爱你们的敌人，祝福那些诅咒你的人，善待那些恨你们的、凌辱你们的人。生命太短暂了，不能用来怀恨记仇。"海伦说："在这世上，肯定人人都有一身的过错，但我相信很快就会有一天，我们摆脱了腐朽的身躯，也就摆脱了这些过错。堕落和罪过会随着累赘的血肉之躯离开，我们只留下精神的火花，这才是生命和思想的源泉。就像当初它离开造物主，赋予万物生命的时候一样纯洁。"想想，在人生路上遇见海伦、谭波儿这样的朋友、老师，是不是很美好，很幸运？再看看，自从遇到海伦、谭波儿之后，简·爱的变化简直是脱胎换骨的。请看原文的描述，当简·爱在结婚前的那一刻听说罗切斯特有妻子时，她的反应是："我把自己关进房间，插上门闩，不让任何人闯进来，然后就开始——不是哭泣，也不是悲叹。我依然十分冷静……"试想，如果没有之前的豁达，哪来今天的淡定？在苦难中成长，这是不是不幸中的幸运？

讨论二：是好舅妈还是坏舅妈？

在简·爱的亲友团中，里德太太曾经是最遭简·爱恨的。可是，简·爱最终为什么选择了原谅舅妈？我们怎么客观看待里德太太这个小说人物？读一读简·爱反抗里德舅妈的段落和里德舅妈在临终前请仆人找来简·爱说出的最后的心里话。

看简·爱对舅妈说的话："要是里德舅舅还活着，他会跟你怎么说呢？""我里德舅舅就在天上，不管你想什么做什么，他全能看见。我爸我妈他们也看得见。他们知道你怎么把我整天关着，还巴不得我死掉。"一个坏舅妈的形象通过几句言语就可以看出来了。可是，大家是否想过，简·爱是在什么情况下说出这样的话的？

再看看里德太太实际的处境又是怎样的。

简·爱离开盖茨海德几年后，罗伯特给她带来的消息。"府里的人都好吗，罗伯特？""真过意不去，我没能给你带来好消息，小姐，眼下他们的情况很糟糕——遇上大麻烦啦！……约翰先生去世了……太太自己身体也不好，已经有一些日子了……她身子骨弄得全垮了。约翰先生的死讯及死法来得太突然，又害得她中了风……"

而实际上，从作品中我们还可以了解到，简·爱的父母原本就不是门当户对，简·爱的父母结婚时，简·爱妈妈家里是极力反对的。而简·爱是在双亲去世后，舅舅接到自己家里，并且爱简·爱胜过爱自己的孩子。试想，在自己的家里，自己的父母爱别人的孩子胜过自己的，这样的家庭会不会产生矛盾？另外，简·爱是从婴儿时期就来到舅舅家，而舅舅家也有三个孩子，舅舅去世前是求着里德太太要对简·爱好。换位思考，里德太太容易吗？自己三十多岁就成了寡妇并要抚养自己的三个孩子，加上一个性格倔强、个性极强的简·爱，还要打理家庭，她是什么感受呢？在文中是否有写简·爱被舅妈虐待的语句？似乎没有吧。是不是也可以看出里德太太在尽心尽力地抚养简·爱，而当舅妈听到自己抚养了这么久的孩子冲着自己说"恨你"的时候，她是什么感觉？

讨论三：是钟情男还是渣男？

在很多人的印象中，觉得罗切斯特是个渣男。他曾经欺骗简·爱的感情。确实是有。但是，罗切斯特婚姻的背后是怎么样的？

罗切斯特的妻子——"伯莎·梅森是个疯子，她出生于一个疯子家庭——三代人中都是白痴和疯子！她的母亲，那个克里奥尔人，既是个疯女人，又是个酒鬼！这是我娶了她女儿之后才知道的，因为以前他们对家中的秘密守口如瓶……"从这段话中，不难看出罗切斯特的婚姻是家族利益的牺牲品，根本不存在爱情。这也是他追求简·爱的重要原因。

我们再看看罗切斯特对待这段没有爱情的婚姻：面对妻子的发疯，甚至伤害到罗切斯特的生命，罗切斯特也没有抛弃她，没有抱怨，只是默默地忍受着这一切。

再看看，他对阿黛尔，阿黛尔根本不是他的女儿，但是他还是把她当作自己的孩子，让孩子上学，尽到做父亲的责任，这些是不是可以看到罗切斯特钟情的另一面呢？

…………

第三环节：透人心，更懂爱

我们阅读文学作品，绝不能只发出一种声音。《简·爱》教会了我们如何对待恨，如何去爱，如何做一个真女性，如何去宽恕别人，如何做更好的自己。里德太太这个艺术形象美在立体，美在丰富，美在真实。在我们的生活中没有绝对的好人或坏人，爱恨之间的纠纷有时也可以化解。希望你能合理地评断一本书，从书中找到与自己相关的，像镜子一样反思自我，像一束光一样照亮他人。

22 钢铁是怎样炼成的

在思辨细微中解真惑

《钢铁是怎样炼成的》这部名著的成书时间距离我们较为久远，故事发生的背景久远，与现代生活有点脱节，不符合时代的潮流，教师该怎么引导学生学习？于是，笔者决定再次跳进名著的深海中素读，看能读出什么。是否真的与时代脱节？除了书本说的"人最宝贵的东西是生命……"这段耳熟能详的话外，还能读出什么？为什么编者又这么极力地推荐而且久经不衰？

一、思辨性地阅读

1. 苦难的童年还是淘气的童年？

许多资料说保尔经历着苦难的童年，但深入文本后，笔者却不这么看。你说保尔苦难，苦难在哪？丧父？丧母？失亲？病痛？文中似乎都没有描述到。有人会说他吃不饱，小小年纪被开除，辍学去打工。这些不是苦难吗？看清楚哦！在那个年代，保尔这样的家庭可是极其普通的千千万万家庭的代表！他与《童年》中的阿廖沙比，好多了吧？他与约翰·克利斯朵夫比，强很多倍吧？至少有吃的，有温暖的家，有慈爱的母亲和疼爱他的哥哥。他要是不把烟灰撒在神父复活节的面包上，也许不至于让神父生气而被开除吧？试想一下，假如班里有一个像保尔一样经常扰乱课堂秩序的学生，那会是怎样的场景呢？当然，神父也有不对的地方。所以，笔者觉得我们在评判一个人的时候，一定要学会运用理性思维，人不是非好即坏的。任何一个人都有优缺点。当然，这只是这本书的开端部分，我们能否从书中的一角读到保尔童年时淘气的样子呢？如果班里有这么一个孩子，或者你有这么一个同桌、这么一个哥哥或者弟弟，你是否会生气呢？

2. 落伍的篇章还是时代的楷模？

语文课本上的导读中有这么一段话：我们这一代人也是在这样的斗争中、在艰苦的考验中锻炼出来的，并且学会了在生活面前不颓废。这是这篇文章带给我们的一个启示。当读到此句时，笔者问自己也问学生，你们有没有觉得这句话有什么问题？我们现在依然生活在斗争中吗？依然生活在艰苦的考验中吗？如果是，我们在与什么斗争？我们在接受怎样的考验？如果不是，那书中的这句话，我们又应该如何理解？为什么《钢铁是怎样炼成的》离我们那么久远，编者依然要选进语文课本，并且许多人说是经典名篇，经典在哪儿呢？让我们收获了什么呢？这样的问题抛出了，笔者和学生都陷入了一阵沉思后，就出现了"百家争鸣"的场面。其实，我们现在恰恰就是生活在和平时代，并没有接受艰苦的考验，正因为生活条件好了，我们很多人才过着"躺平"的生活，成了"空心人"。这不就是我们现在大多数人的常态化生活吗？咦？看到了吗？这部小说用思辨的思维一读，它的意义就出来了——不就是在告诉我们无论生活在什么样的环境中都不要颓废吗？这个意义在保尔的时代适用，在现代更适用啊！看来，经典之所以成为经典，我们是要进行琢磨、进行思辨的。打通生活，积极思考，才能打开经典著作的人门啊！

3. 面对困难，都选择自杀了还称为坚强？

随着文章情节的渐进，笔者慢慢地读到了保尔自杀的章节。读到这个章节时，笔者不由得吸了口气，停了下来问自己：保尔在走不下去的时候都选择自杀了，人们还称之为"坚强的战士"？这对学生有说服力吗？连笔者自己都说服不了的东西就别跟别人说吧！于是，笔者反复看书中作者写保尔自杀的原因，自杀前后的心理活动的描写。这个问题的答案，留给大家去读课文，仔细地去品品，一定能读出其中的真意。

二、感同身受地阅读

如果你是保尔，你经历了那么多苦难，你又会怎么想呢？这就是需要我们感同身受地阅读经典。

例如：在保尔自杀这一章节中，保尔为什么会有自杀的念头？我们且看原著第二部第七章的篇尾："我哪儿也去不了，住院没什么用处……我才二十四岁，不能靠着一张残废证度过余生……"设身处地地想象，一个二十四岁的青年，靠着残疾证度过余生，换了自己，是什么感受？也许很多人不能代入，那我们就设想自己在情绪最糟糕的时候是怎样的痛苦，这样的话，或许你就能理解一点保尔当时的心情了。

作者在第二部第八章中还这么写道："保尔双手抱着头，陷入了沉思。他的一生，从童年到现在，一幕幕地在眼前闪过。他这二十四年，过得好还是不好呢？他一年又一年地回忆着，像一个铁面无私的法官似的审查自己的生活……""双手抱着头，陷入了沉思"，这个动作我们常人也有吧，通常也是在思考问题的时候才出现的。这个经典动作在《骆驼祥子》中，也有一处是这样描写祥子的。这就是经典名著之细节之经典啊！连动作都是经典的，思考的问题也是经典的……

"既然他已经失去了最宝贵的东西——战斗的能力，那么活着还有什么用呢？在今天，在凄凉的明天，他将用什么来证明自己生命的价值呢？用什么来充实生命呢？……"保尔这一段的情绪至低点跃然纸上。失去了战斗力，保尔不痛苦吗？成为别人的累赘不难过吗？我们还记得《秋天的怀念》中的史铁生吗？他跟保尔处在差不多的年龄，也产生过自杀的念头；《平凡的世界》中的李向前在车祸后也产生过这样的念头，说明人在遇到重大灾难或者困难时难免会产生消极的念头，这是人性的弱点啊！

读书就是读者和作者的对话，从作者的身上找到自己的一点影子、一点思考、一点启迪而已。所以，笔者建议大家在读书的时候不仅要思考，还要感同身受，如此才能体会到书中的精髓所在。

三、前后对比地阅读

对比阅读是促进我们通读全文、梳理全文、理解全文的重要方法。通过对比，我们会去反复翻阅，重新思考，并且通过这样的咀嚼，才能读出文章的味道。

例如：年少时的保尔是淘气的，那成人后的保尔又是什么样的呢？通过这样的对比，我们不难发现人的成长，也能接受我们曾经的不完美，曾经的糊涂甚至是混账；也能接受别人的不完美，让我们养成了宽人之心，律己之行；同时也在鞭策我们少犯浑，少做混账事。

再如：保尔一生中所遇的三段恋情，有什么不同？从对三段恋情不同的态度、方式、结果看，他经历了怎样的变化？你从中得到怎样的启示？笔者细细品味发现，保尔第一次见到冬妮娅时，作者在第三章是这样描绘的："一个陌生的女孩站在那里，手扶着柳枝，身姿低低地俯在水面上。她穿着领子上有蓝条纹的白色水兵服和浅灰色短裙子，一双绣花短袜紧裹着晒黑的匀称小腿，脚上穿着一双棕色皮鞋。"这一段对冬妮娅的描写，从字里行间看到的都是一个清纯富家少女的形象，这种打扮让人喜欢，但同时也是有距离感的，这是否在暗示他们初恋的结局？而在写丽达时，作者是这样描写的："她穿着条纹衬衫，下面是蓝色的粗布短裙，肩上搭着一件透软的皮夹克。蓬松的头发映衬着晒得黝黑的脸。"看，这是对丽达的描写。丽达穿的是粗布短裙，而冬妮娅穿的是水兵服。水兵服在当时可是家庭条件好的孩子才能穿上的呀！哪个少女不爱美？可是，条件有限呀！根据丽达穿的粗布短裙，她的家境也就一目了然了。而保尔见到冬妮娅和丽达的反应也是不一样的。见到丽达，文中是这样写的："保尔第一次用这样的目光审视着他这位同志兼老师。同时，他也是第一次意识到，丽达不仅是共青团省委员会的委员，而且也是……不过他一发觉自己竟然出现这种荒唐的念头，马上责备自己……"从这段描写中，不难看出保尔对丽达的喜欢但又懂得控制自己，这就是人不断成熟的表现。这是之前见到冬妮娅时没有过的感觉。见冬妮娅只是觉得她漂亮，是喜欢之情并无爱慕之意。这就是细微之处。保尔见到达雅又是在什么场合？如何遇见？作者又是怎么描绘的呢？留着给您去书中寻找吧！

如何面对死亡？

▶ 设计意图

针对目前学生难以走进名著阅读文本，教师教名著干枯、乏味，考试中名著比例加重等情况，以及现在新课标的要求，学生必须进行大量的阅读方能走得更远。细读名著，深入文本，势在必行！所以，只有用新的方法教学生阅读经典才能深受学生的喜爱，只有与生活联系起来，学生才觉得其意义深远。笔者这几年一直在做一个课题研究，即"阅读名著，打通教法与活法"。把名著课与生活相连，分成一个个小专题来讨论，这样就大大地提高了学生对名著的兴趣。在《钢铁是怎样炼成的》这部名著上，笔者看到保尔自杀的片段时，就想到了部分中学生在心理方面有问题，针对这一现象，再结合保尔的这个片段，不是很有教育意义吗？于是笔者就想到"如何面对死亡"这个专题。

▶ 教学过程

第一环节：导入"死亡"

生活中怎样面对困难？保尔已经教给我们处理方法，这就是我们读书的用意，从书中找到处理事情的办法。我们今天讨论的话题是"如何面对死亡"。

如何理解"死亡"的含义？死亡的含义有三种：① 生命结束，代表作为个体的消失；② 精神的萎靡、空虚；③ 在人们的记忆中消失。

第二环节：寻找"死亡"

请同学们阅读第二部分第七、第八章，找出有关"保尔自杀"的内容。

一、分析保尔自杀的原因

1. 说说你从哪里看出了保尔已经产生了自杀的念头？为什么他会产生这样的念头？

原著第二部第七章的篇尾："我哪儿也去不了，住院没什么用处……我才二十四岁，不能靠着一张残废证度过余生……"保尔才二十四岁，一个花一样的年龄，面临的却是终生残废，换了你，你会怎样想？可见，这时候保尔已经产生了自杀的念头。

原著第二部的第八章中有这么一句话："既然他已经失去了最宝贵的东西——战斗的能力。那么活着还有什么用呢？在今天，在凄凉的明天，他将用什么来证明自己生命的价值呢？用什么来充实生命呢？光靠吃喝和呼吸吗？只做一个毫无作用的旁观者……我不能接受生活的施舍，既然成了党的累赘，就没必要继续活下去了……"从这些句子中可见保尔自杀的念头越来越强烈。

2. 联系生活：从上文这段话中，哪些句子的描写跟现代有些人的生活有相似之处？

小结：你是否每天都只是吃喝和呼吸？只做一个毫无作用的"空心人"？打游戏时的快乐和打完后的空虚，这是不是就是"空心人"的表现？为什么那么多孩子喜欢打游戏？因为他们在游戏中能得到现实中没有的满足。当今有些孩子沉溺于游戏中，这导致其与父母发生争吵，甚至会让其产生自杀的念头。

二、分析保尔自杀前后的心理活动

1. 找出文段，进行朗读品析。

例句1："海浪拍打着保尔脚下的乱石堆……古老的郊区公园里静悄悄的，长期无人打扫的小径上布满了杂草，枯黄的枫树叶随着秋风，缓缓地飘落在小径上。"

这些看似描写风景的句子，细细品读，就可以了解到保尔自杀的原因及心情。从第七章中我们可以看到，保尔是觉得自己残疾了，所以产生了生活没有意义的念头。第八章开篇的一个"乱"字其实就是保尔此时此刻的心境。"静悄悄""长期无人打扫""枯黄""秋风""缓缓地飘落"这些词看似写环境，其实无一不是保尔心情的反映。

2. 灵魂拷问：保尔产生这样的心理正常吗？为什么？

英雄也并不是完人，心灰意冷时想自杀也是人之常情。这样共情地指引学生，把英雄的形象从神坛上请下来了，让学生觉得我们正常人在情绪不佳的时候都会产生一些负能量，要学会接纳并排解自己的负面情绪。

3. 自主阅读推荐——《平凡的世界》。

《平凡的世界》中李向前自杀的章节。插入李向前和田润叶的爱情，当自己爱上不爱自己的人的时候，怎么办？

4. 总结他们自杀的原因。

三、他们是怎么走出困境的？

1. 读《钢铁是怎样炼成的》选段。

枪口轻蔑地望着保尔的眼睛。他把手枪放到膝盖上，恶狠狠地骂起来：

"老兄，这不过是虚假的英勇行为！任何一个笨蛋都会随时冲着自己开一枪。这是摆脱困境的最怯懦也是最容易的办法。活得艰难，就自杀——对于胆小鬼来说，没有比这更好的出路了。可你试过去战胜这种生活吗？你是否已经尽了一切努力来冲破这个铁环呢？难道你已经忘记了在诺沃格勒－沃伦斯基城下，是如何一天发起十七次冲锋，克服千难万险，最终攻克了那座城市吗？把手枪藏起来，永远不要对任何人提起这件事。纵然生活到了难以忍受的地步，也要能够活下去。要竭尽全力，让生命变得有益于人民。"

2. 分析保尔是怎样走出困境的？

"活得艰难，就自杀——这是胆小鬼的行为！你是否已经尽了一切努力来冲破这个铁环呢？纵然生活到了难以忍受的地步，也要能够活下去。要竭尽全力，让生命变得有益于人民。"

3. 反复品读这几句话，说说其内涵所在。

明确：自杀是胆小鬼的行为！面对困难是否尽了一切努力？纵然生活到了难以忍受的地步，也要能够活下去！让生命变得有益于人民！

4. 播放当代社会现实生活中自杀原因的调查报告视频。

产生自杀的原因有：身体的残疾、病痛的折磨、感情的波折、工作的压力、金钱的纠缠……

第三环节：直面"死亡"

人生总会遇到困难，人的情绪都有高潮和低谷，当遇到困难或者低谷的时候，我们该如何面对？这就是人生的意义！保尔·柯察金是怎么理解人生的意义的？

1.齐读并背诵选段：

"人最宝贵的东西是生命。生命对于我们只有一次。一个人的生命应当这样度过：当他回首往事的时候，他不因虚度年华而悔恨，也不因碌碌无为而羞愧——这样，在临死的时候，他能够说：'我整个的生命和全部精力，都已献给世界上最壮丽的事业——为人类的解放而斗争。'"

2.怎样才能不虚度年华？怎样才不会碌碌无为？

有目标并付出行动；做有益于人的事；拓宽生命的厚度。

3.除了《钢铁是怎样炼成的》，还有哪些作品教会了我们人生的意义？

史铁生的《秋天的怀念》提出好好儿活，活出精彩。路遥的《平凡的世界》中田润叶接纳了李向前并有了爱情的结晶，田润叶为丈夫找了一份补鞋的工作，在平凡的世界中也能感受到生活的美好。杨绛的《老王》一文告诉我们即使在卑微的生活中也要活出高贵的生命！即使临终也要懂得感恩！余华的《活着》……

4.看视频：维克多·弗兰克尔《活出生命的意义》。

第四环节：除了"死亡"，还有什么

经典之所以能成为经典，就是常读常新，从不同的角度可以读出不同的感受。请说说《钢铁是怎样炼成的》除了"死亡"这个话题外，还能从中吸取什么？

珍贵的友情、美好的爱情、良好的习惯、个人的成长、坚持的力量……

请从这本书中任找一点进行分析，说说对你的启发。

▶ 课堂小结

老师将这句话送给大家："纵然生活到了难以忍受的地步，也要活下去！"以后，在人生路上就算遇到天大的困难，过一段时间再看，它都是小事。记住：再难也要超越自我，做自己的主人！读名著的最大意义在于反思我们自己。让我们一起去阅读吧！

23　水浒传

英雄战力比较之思考

小时候看连环画，就很喜欢《水浒传》中的英雄人物，那么多英雄人物，究竟谁打仗最厉害呢？武松？林冲？李逵？这个问题是作为学生时代最想探究的。大家都知道，《水浒传》这部小说主题是揭露封建社会的黑暗和统治阶级的罪恶，歌颂各个阶层敢于反抗作恶官僚，尖锐地指出"官逼民反"的社会矛盾。但历史毕竟久远，时代已经不同。学生看《水浒传》，也许不满足于此。结合现在风行的游戏《王者荣耀》，很多学生也会关注《水浒传》中英雄人物的战斗力。

于是，笔者通过《水浒传》"五虎将""八骠骑"的评比，思考关于《水浒传》的几个问题：①《水浒传》人物中战斗力最强的是哪些人？②《水浒传》的"英雄排座次"，为什么战斗力很一般，甚至说没有武功的宋江却在后来的排座次中稳坐"第一把交椅"？③《水浒传》的"忠义"思想在当时有一定的局限性，但对我们中学生有什么启发？

带着这些问题，仔细探究《水浒传》，也许别有一番情趣，下面就从这几个问题出发，去细读《水浒传》。

一、《水浒传》人物中战斗力最强的是哪些人？

《水浒传》中的人物形象栩栩如生，武艺高强的如林冲、鲁智深、武松等，很多同学耳熟能详。但谁的战斗力最强？这就要我们更详细地了解小说的描写内容，如果能从小说的细节去挖掘，更仔细地品读小说，相信这些问题就会得出答案。带着这一疑问去读小说，是不是更有趣味呢？

《水浒传》中最吸引学生的也许是英雄排座次，梁山英雄中有"五虎将""八骠骑"，如果从这些人物关系中探讨人物武功，研究他们的战力，再去看《水浒传》的有关人物细节，会比漫无目的地去读小说更有趣。

纵观整部小说，笔者提出个人观点：河北玉麒麟——卢俊义，是当之无愧的梁山第一战力。阅读中，我们可以找到有关人物的战力对比，例如：卢俊义上得山来，首战就生擒了曾头市曾家府武术教师史文恭，报了一箭射杀晁盖之仇；史文恭曾与霹雳火秦明搏杀，仅用了二十回合，就一枪将其刺于马下，要知道，秦明可是当时梁山排名前几的战将。又如征战辽国时，关胜、呼延灼、徐宁、索超，分别与耶律宗云、耶律宗霖、耶律宗电和耶律宗雷大战，加上张清助战，不仅没有取胜，还箭伤了张清，宋军大败。关键时刻，卢俊义一马一枪，力敌四将，无半点惧怯，约斗了一个时辰，一枪刺耶律宗霖于马下，其余三兄弟落荒而逃。这些精彩的描写，让笔者认为卢俊义是当之无愧的梁山第一高手。

看看《水浒传》的有关情节：卢俊义首次出场，对战是和李逵打的。李逵在他手里撑不过三回合，就被他一枪挑飞，李逵也不是很弱的那种人，但在卢俊义面前撑不了多久。再来看卢俊义与"五虎将"，"五虎将"代表了梁山武功最高的战将，文中没有直接地介绍他们与卢俊义武功的对比，我们就只有通过不同的对战来分析他们的战斗能力。

我们通过战力对比，更细致地去看原著，了解原著。如"第六十八回　宋公明夜打曾头市　卢俊义活捉史文恭"写道："斯时史文恭出马，横杀过来。宋江阵上秦明要夺头功，飞奔坐下马来迎。二骑相交，军器并举。约斗二十余合，秦明力怯，往本阵便走。史文恭奋勇赶来，神枪到处，秦明后腿股上早着，倒撷下马来。吕方、郭盛、马麟、邓飞四将齐出，死命来救。虽然救得秦明，军兵折了一阵。收回败军，离寨十里驻扎。"可见，作为"五虎将"的秦明对阵史文恭，被史文恭打败。

卢俊义出场却是另一番景象，小说这样描写："史文恭正走之间，只见阴云冉冉，冷气飕飕，黑雾漫漫，狂风飒飒，虚空之中一人挡住去路。史文恭疑是神兵，勒马便回。东西南北四边，都是晁盖阴魂缠住。史文恭再回旧路，却撞着浪子燕青，又转过玉麒麟卢俊义来，喝一声：'强贼待走那里去！'腿股上只一朴刀，搠下马来，便把绳索绑了，解投曾头市来。"卢俊义的战力比秦明高出很多是无可争议的了。

又如在征战辽国的战役中，他遇到了武功几乎不输梁山"五虎将"的耶律四将。这四个人的武力真实值，可以从八将对决中看出来。当时梁山派出的是大刀关胜、双鞭呼延灼、金枪手徐宁，还有急先锋索超，对战耶律四将。他们四个都是梁山的顶尖高手，而且各有所长，搭配起来无人能敌。但是没过多久，战斗局势就变成了梁山四将被逐、耶律四将追着跑。后来卢俊义也遇到耶律四将，卢俊义一人一骑，面对四将，打了一个时辰之久，可以说这场战斗是非常持久的。最终是以对方四将一死三伤，而玉麒麟毫发无伤结束了这场战斗。从这场战斗中可以很明显地看出卢俊义的战斗力是非常强的。

从几次战斗中，卢俊义表现出了惊世骇俗的武功。整个水浒世界，仔细研究，武力最强的应该是河北玉麒麟——卢俊义。卢俊义独步天下，作为梁山泊的副统帅，武功排名第一实至名归，然后是"五虎将""八骠骑"。这也就可以理解为什么宋江要千方百计地把卢俊义"诓"上梁山。

研究梁山英雄好汉的战斗力，让我们更喜欢《水浒传》，也让我们更仔细地去阅读原著，了解原著。

《水浒传》中能战的人很多，有智谋的也不少，但为什么是不会枪棒、也没什么智谋的宋江成为梁山的头领？带着这疑问，我们又可以从另一个角度去细读《水浒传》。

二、宋江为何能坐上"第一把交椅"？

《水浒传》中的宋江刚上梁山，就被尊为梁山第二首领，而大头领晁盖死后，宋江更成了梁山的头领。《水浒传》中的"英雄排座次"，为什么战斗力很一般甚至说没有武功的"宋江"，却稳坐"第一把交椅"？

梳理《水浒传》的英雄排座次，经历过四次：

第一次是王伦时代，按上山先后排座次。

第二次排座次就是晁盖等人上山，林冲火并王伦之后。

第三次排座次是在打无为军、宋江等人上山聚义之后，此时新老头领已增至四十人。这次座次实际上并未排定，只是让宋江坐了"第二把交椅"，这是晁盖、吴用等七人的意见，依据是："当初若不是贤弟担那血海般干系，救得我等七人性命上山，如何有今日之众！你正是山寨之恩主。你不坐，谁坐？"这就是贡献或功劳。

第四次排座次是在打了东平、东昌府之后，此时梁山已有一百零八位头领。这次座次的排定，可说是集前几次排座次原则之大成。

宋江坐第一把交椅，既是情理之中，又符合当时的情况。大家都知道，梁山英雄聚在一起，讲究的就是一个"义"字，而宋江恰恰最符合当时公认的"义"。

先来看《水浒传》写宋江的词句："起自花村刀笔吏，英灵上应天星。疏财仗义更多能。事亲行孝敬，待士有声名。济弱扶倾心慷慨，高名冰月双清。及时甘雨四方称。山东呼保义，豪杰宋公明。"

宋江有两个外号，一个是"及时雨"，另一个是"呼保义"。抛开第二个外号不谈，从当时的人给宋江取的外号"及时雨"，就可以很好地理解宋江受到众人尊重的原因。宋江的"义"，通俗地说，就是乐于助人，不单是金钱助人，甚至会冒着生命危险去帮助别人。这么一位热心助人的人，你说，谁不服他？

宋江的助人，从几个例子可见一斑：在柴进府上，宋江第一次见到武松，先后送二十两银子，二十两银子按购买力就是现在的一万多块钱；在发配江州的路上，遇到在街头打把式卖艺的薛勇，马上就给了五两银子，也就是现在的两三千块钱；遇到李逵，当知道李逵家境困难时，二话不说，一出手就借给十两银子，而且还再三叮嘱："贤弟，但要银子使用，只顾来问我讨。"宋江乐于帮助别人，放到现在，就是一个"活雷锋"，大家想想，这样的好人，谁不尊重？所以他这"及时雨"可不是浪得虚名。

除了不吝钱财帮助别人，他也会尽自己所能帮助朋友，他给晁盖通风报信也说明了这点。

所以，读《水浒传》也让我们明白一个道理：为人处世，要乐于助人，要懂得帮助别人。由此，我们从《水浒传》中得到什么启示呢？

三、读《水浒传》给我们带来什么启示？

从《水浒传》中英雄的排座次及宋江的受人尊重，让我们明白，人与人相处，人与人之间要互相帮助。帮助别人，别人得到快乐，也成就自己的快乐！读

《水浒传》可以感受英雄人物的传奇，可以领会宋江的乐于助人。联想到现在的学生，优越的家庭环境，长辈的过度溺爱，使许多学生形成了"唯我独尊"的心理，再加上社会上不良风气的影响，许多学生不懂得，也不会关心别人，缺乏爱心。

读《水浒传》，可以多视角地感受《水浒传》给我们的启示，培养学生团结友爱的品德，让学生能懂得关心人、帮助人、尊重人等。

一本书，不同的视角可以得到不同的收获。从一个侧面去了解人物，可以更详细地了解原著。小说"来源于生活，高于生活"，读《水浒传》可以让我们领悟更多。

兴趣问题引领，读悟小说细节

▶ 设计意图

《水浒传》的故事距离我们生活的时代比较久远，学生难以产生共鸣，但很多学生也喜欢历史，喜欢英雄人物。有感于学生对游戏《王者荣耀》的喜爱，不少同学，尤其是男同学喜欢讨论英雄好汉的战力。如何引导学生去阅读名著，在阅读中找到乐趣，是笔者教学的出发点。通过对人物的探究对比，让学生深入了解原著，了解细节，从而达到教学目的。

找一个切入点，引导学生更有兴趣地探讨原著。由此，笔者想到了《水浒传》的英雄人物，如"卢俊义""五虎将"。从这些英雄人物引入他们战力的对比，让学生从战力对比中去细看原著，达到"细读"的目的。当然，仅仅是"读"还不够，笔者觉得梁山"英雄排座次"也是很有趣的情节，但为什么战力及智谋都很一般的宋江能成为众英雄好汉推举的头领，这就需要从另一个角度去探究，也就是小说阅读的另一阶段——"悟"。一读一悟，贯穿下来，学生了解乃至细读了原著，又可以从中得到启发，这就达到了读名著的目的。

▶ **教学过程**

一、兴趣"导入"：走入《水浒传》

教师开始以问题导入，学生探究：

（1）《水浒传》的"五虎将"都是哪些人？"八骠骑"又是哪些人呢？

（2）《水浒传》人物中战斗力最强的是谁？

（3）《水浒传》中的"英雄排座次"，为什么战斗力很一般甚至说没有武功的宋江稳坐"第一把交椅"？

（4）《水浒传》的"忠义"思想在当时有一定的局限性，你们读了之后有什么启发？

带着这些问题，仔细探究《水浒传》，下面就从这几个问题出发，我们一起去细读《水浒传》。

二、细读研究：《水浒传》人物中战斗力最强的是谁？

教师点拨，问题指引：《水浒传》的"五虎将"都是哪些人？"八骠骑"又是哪些人呢？《水浒传》中谁的战斗力最强？

《水浒传》中的人物形象栩栩如生，武艺高强的如林冲、鲁智深、武松等，很多同学耳熟能详。谁能说出"五虎将"的名字？同学们七嘴八舌，也许能说出"武松、鲁智深"等这些人物，但真正记住"五虎将"名字的估计没有几个。这个时候适时请同学们细读《水浒传》。

请同学们阅读《水浒传》"第七十一回　忠义堂石碣受天文　梁山泊英雄排座次"。

宋江当日大设筵宴，亲捧兵符印信，颁布号令：

"诸多大小兄弟，各各管领，悉宜遵守，毋得违误，有伤义气。如有故违不遵者，定依军法治之，决不轻恕。"

计开：

梁山泊总兵都头领二员：

呼保义宋江　　玉麒麟卢俊义

…………

马军五虎将五员：

　　大刀关胜　　豹子头林冲　　霹雳火秦明　　双鞭呼延灼　　双枪将董平

马军八骠骑兼先锋使八员：

　　小李广花荣　　金枪手徐宁　　青面兽杨志　　急先锋索超　　没羽箭张清　　美髯公朱仝　　九纹龙史进　　没遮拦穆弘

　　从以上情节可以清楚"五虎将""八骠骑"的名字。

　　这时候再进一步推问："《水浒传》中谁的战斗力最强？"这时候，也许很多同学会说"五虎将"的其中一位。

　　教师可以引出，《水浒传》中战斗力最强的应该是"卢俊义"。

　　这样，学生的兴趣点被调动起来，看名著的热情也就更高，然后老师引导学生去细读有关情节。

　　例如：《水浒传》"第六十一回　吴用智赚玉麒麟　张顺夜闹金沙渡"中的《满庭芳》："通天彻地，能文会武，广交四海豪英。……遂使玉麟归伏，命风雷驱使天丁。梁山泊军师吴用，天上智多星。"

　　话说这篇词，单道着吴用的好处。因为这龙华寺僧人，说出此三绝玉麒麟卢俊义名字与宋江，吴用道："小生凭三寸不烂之舌，尽一点忠义之心，舍死忘生，直往北京说卢俊义上山，如探囊取物，手到拈来。只是少一个粗心大胆的伴当，和我同去。"

　　宋江要想方设法把卢俊义请上山，可见卢俊义不凡。

　　且看原著怎样描写卢俊义："目炯双瞳，眉分八字，身躯九尺如银。威风凛凛，仪表似天神。惯使一条棍棒，护身龙、绝技无伦。京城内、家传清白，积祖富豪门。杀场临敌处，冲开万马，扫退千军。更忠肝贯日，壮气凌云。慷慨疏财仗义，论英名、播满乾坤。卢员外，双名俊义，绰号玉麒麟。"

　　一出场，就看到卢俊义仪表堂堂，战力超群。

　　教师进一步明确：纵观整部小说，个人认为，河北玉麒麟——卢俊义，是当之无愧的梁山第一战力。阅读中，我们可以找到有关人物的战力对比，例如：卢俊义上得山来，首战就生擒了曾头市曾家府武术教师史文恭，报了一箭射杀晁盖之仇；史文恭曾与霹雳火秦明搏杀，仅用了二十回合，就一枪将其刺于马下，要知道，秦明可是当时梁山排名前几的战将。又如征战辽国时，关胜、呼延灼、徐宁、索超，分别与耶律宗云、耶律宗霖、耶律宗电和耶律宗雷大战，加上张清助战，不仅没有取胜，还箭伤了张清，宋军大败。关键时刻，卢俊义一马一枪，力敌四将，无半点惧怯，约斗了一个时辰，一枪刺耶律宗霖于马下，其余三兄弟落荒而逃。这些精彩的描写，让笔者认为卢俊义是当之无愧的梁山第一高手。

我们通过战力对比，更细致地去看原著，了解原著。如"第六十八回　宋公明夜打曾头市　卢俊义活捉史文恭"写道："斯时史文恭出马，横杀过来。宋江阵上秦明要夺头功，飞奔坐下马来迎。二骑相交，军器并举。约斗二十余合，秦明力怯，往本阵便走。史文恭奋勇赶来，神枪到处，秦明后腿股上早着，倒攧下马来。吕方、郭盛、马麟、邓飞四将齐出，死命来救。虽然救得秦明，军兵折了一阵。收回败军，离寨十里驻扎。"可见，作为"五虎将"的秦明对阵史文恭，被史文恭打败。

卢俊义出场却是另一番景象，小说这样描写："史文恭正走之间，只见阴云冉冉，冷气飕飕，黑雾漫漫，狂风飒飒，虚空之中一人挡住去路。史文恭疑是神兵，勒马便回。东西南北四边，都是晁盖阴魂缠住。史文恭再回旧路，却撞着浪子燕青，又转过玉麒麟卢俊义来，喝一声：'强贼待走那里去！'腿股上只一朴刀，搠下马来，便把绳索绑了，解投曾头市来。"卢俊义的战力比秦明高出很多是无可争议的了。

小结：细读名著，通过比较，可以看出人物的战力，也可以更好地赏析名著如何写人。从几次战斗中，卢俊义表现出了惊世骇俗的武功。整个水浒世界，仔细研究，武力最强的应该是河北玉麒麟——卢俊义。卢俊义独步天下，作为梁山泊的副统帅，武功排名第一实至名归，然后是"五虎将""八骠将"。这也就可以理解为什么宋江要千方百计地把卢俊义"诓"上梁山。

研究梁山英雄好汉的战斗力，让我们更喜欢《水浒传》，也让我们更仔细地去阅读原著，了解原著。

扩展阅读：玉麒麟卢俊义的师傅是周侗。在《说岳全传》中，卢俊义是周侗的徒弟，与林冲、岳飞是师兄弟。《水浒传》及民间评价卢俊义多次被塑造成《水浒传》中第一猛将。

在评书中，周侗因为主张抗辽抗金，在政治上不如意，因此专心武学，他悉心传授武功，在御拳馆期间正式收徒二人：一个是玉麒麟卢俊义，另一个是豹子头林冲。卢俊义广有田产，不做官；林冲担任宋军八十万禁军中的一个教头；第三个徒弟是曾头市的史文恭，民间传说武松的玉环步和鸳鸯腿也是周侗所教授；最后收的闭门徒弟就是岳飞。

《水浒传》中能战的人很多，有智谋的也不少，但为什么是不会枪棒、也没什么智谋的宋江成为梁山的头领？带着这疑问，我们又可以从另一个角度去理解《水浒传》。

三、悟读：宋江为什么被推举为头领？

教师提出引语：众所周知，《水浒传》中的宋江刚上梁山，就被尊为梁山第二首领，而大头领晁盖死后，宋江更成了梁山的头领。《水浒传》中的"英雄排座次"，为什么战斗力很一般甚至说没有武功的宋江却稳坐"第一把交椅"？

学生讨论：为什么宋江能坐"第一把交椅"？从中领悟到什么？

教师明确：宋江坐"第一把交椅"，可以说既是情理之中，又符合当时的情况。大家都知道，梁山英雄聚在一起，讲究的就是一个"义"字，而宋江恰恰最符合当时公认的"义"。

先来看《水浒传》写宋江的词句："起自花村刀笔吏，英灵上应天星。疏财仗义更多能。事亲行孝敬，待士有声名。济弱扶倾心慷慨，高名冰月双清。及时甘雨四方称，山东呼保义，豪杰宋公明。"

宋江的外号是"及时雨"，从表面意思，就能理解宋江是一个怎样的人——乐于帮助别人。宋江能受众人尊敬，关键在一个"义"字。宋江的"义"，通俗地说，就是乐于助人，不单是金钱助人，甚至会冒着生命危险去帮助别人。这么一位热心助人的人，你说，谁不服他？

教师进一步结合原著给学生解释：

宋江的助人，从几个例子可见一斑：

1. 在柴进府上，宋江第一次见到武松，先后送给二十两银子，二十两银子，按购买力就是现在的一万多块钱。

2. 在发配江州的路上，遇到在街头打把式卖艺的薛勇，给了五两银子。

3. 遇到李逵，当知道李逵家境困难时，二话不说，一出手就借给十两银子，而且还再三叮嘱："贤弟，但要银子使用，只顾来问我讨。"

宋江乐于帮助别人，放到现在，就是一个"活雷锋"，大家想想，这样的好人，谁不尊重？所以他这"及时雨"可不是浪得虚名。

除了不吝钱财帮助别人，他也会尽自己所能帮助朋友，他给晁盖通风报信也说明了这点。

所以，读《水浒传》也让我们明白一个道理：为人处世，要乐于助人，要懂得帮助别人。由此，作为中学生的同学们，又从《水浒传》中得到什么启示呢？

四、启发：人的品性决定事业的成就

教师提问：宋江的助人为乐，让我们从中得到什么启发？

学习过程：学生分小组讨论。

教师小结：

《水浒传》中英雄排座次及宋江的受人尊重，让我们明白，与人相处，人与人之间要互相帮助，帮助别人，别人得到快乐，也成就自己的快乐！读《水浒传》可以感受英雄人物的传奇，可以领会宋江的乐于助人。

联想到现在的学生，优越的家庭环境，长辈的过度溺爱，使许多学生形成了"唯我独尊"的心理；再加上社会上不良风气的影响，许多学生不懂得，也不会关心别人，缺乏爱心。教师因势利导，从《水浒传》中宋江因"义"而受到别人的尊重，引导学生也要学会互相帮助，乐于助人。

引申：一个人一生中有许多良好的个人品质，包括勤奋、正直、善良、宽容、乐观和助人等，人的品质决定人生成败！一个人能成就的事业有多大，取决于他的胸怀有多宽。在日常生活与学习中，要学会与同学相处。

所以说：人的品性决定事业的大小。

总结：《水浒传》里面描写的人物复杂多样。读名著，要细读，细读让我们更好地了解原著；也要从细读中领悟名著带给我们的启示。阅读《水浒传》，可以多视角地感受《水浒传》给我们的启示，让我们从中学会团结同学，也在生活中懂得关心人、帮助人、尊重人。

一本书，不同的视角可以得到不同的收获。从一个侧面去了解人物，可以更详细地了解原著。小说"来源于生活，高于生活"，读《水浒传》可以让我们领悟更多。